天津财经大学研究生培养机制创新系列丛书

学位与研究生教育教学改革研究

XUEWEI YU YANJIUSHENG JIAOYU JIAOXUE GAIGE YANJIU

——天津财经大学2014年度学位与研究生教育教学改革研究项目成果汇编

TIANJIN CAIJING DAXUE 2014NIANDU XUEWEI YU YANJIUSHENG
JIAOYU JIAOXUE GAIGE YANJIU XIANGMU CHENGGUO HUIBIAN

陈 南 任碧云 主编

南开大学出版社

天 津

图书在版编目(CIP)数据

学位与研究生教育教学改革研究：天津财经大学
2014年度学位与研究生教育教学改革研究项目成果汇编 /
陈南，任碧云主编. —天津：南开大学出版社，2019.8
（天津财经大学研究生培养机制创新系列丛书）
ISBN 978-7-310-05813-6

Ⅰ.①学… Ⅱ.①陈… ②任… Ⅲ.①研究生教育－
学位教育－教学改革－天津－文集 Ⅳ.①G643.7－53

中国版本图书馆 CIP 数据核字(2019)第 137731 号

南开大学出版社出版发行
出版人：刘运峰
地址：天津市南开区卫津路 94 号　　邮政编码：300071
营销部电话：(022)23508339　23500755
营销部传真：(022)23508542　　邮购部电话：(022)23502200

*

天津泰宇印务有限公司印刷
全国各地新华书店经销

*

2019 年 8 月第 1 版　　2019 年 8 月第 1 次印刷
240×170 毫米　16 开本　20.25 印张　337 千字
定价：56.00 元

如遇图书印装质量问题，请与本社营销部联系调换，电话：(022)23507125

总　序

经过 30 多年的改革开放，我国研究生教育稳步发展，并取得了举世瞩目的重大成就，已成为培养高层次人才的主要途径和各行各业骨干力量的主要来源，基本实现了立足国内自主培养高层次人才的战略目标。2013 年是研究生教育历史上具有重大意义的一年，《财政部、国家发展改革委、教育部关于完善研究生教育投入机制的意见》《教育部、国家发展改革委、财政部关于深化研究生教育改革的意见》两份重要文件的出台以及全国研究生教育工作会议的圆满召开，标志着研究生教育进入新的发展时期。

《完善研究生教育投入机制的意见》解决了研究生教育改革的政策瓶颈，《深化研究生教育改革的意见》提出了研究生教育的"一二四四"原则，即一条主线，服务需求、提高质量；两个着力点，分类推进培养模式改革，统筹构建质量保障体系；四个更加，更加突出服务经济社会发展，更加突出创新精神和实践能力培养，更加突出科教结合和产学结合，更加突出对外开放，为提高国家创新力和国际竞争力提供有力支撑，为建设人才强国和人力资源强国提供坚强保证；四个转变，发展方式从注重规模发展转变到注重质量发展，培养类型结构从以学术学位为主转变为以学术学位与专业学位协调发展，培养模式从注重知识学习转变为知识学习和能力并重，质量评价方式从注重在学培养质量转变为在学培养质量与职业发展质量并重。

天津财经大学自 1979 年开始招收学术型硕士研究生，1986 年开始招收博士研究生，1987 年我校与美国俄克拉荷马城市大学合作，举办工商管理硕士（MBA）专业学位项目，经过 30 多年的探索和努力，研究生教育事业取得了显著发展，学位与研究生教育质量保障体系日益完善，学科结构不断优化。学校目前拥有应用经济学、工商管理学和管理科学与工程 3 个一级学科博士点和博士后流动站，博士点下设 21 个博士授予专业或方向；7 个一级学科硕士点，下设 44 个硕士授予专业，以及 13 个专业硕士学位点。研究生教育实现了从培养学术型人才为主向学术型、应用型人才培养并重的转变，初步形成了部门行业参与、与职业资格制度衔接的专业学位研究生教育体系，科学道德和学风建设得到加强，培养质量稳步提高。

　　面对新的外部发展环境和新的战略机遇期，我校研究生工作积极贯彻落实学校关于学科立校、人才强校、质量提升、国际化等四大发展战略，进一步推进研究生教育综合改革项目，即以主动服务社会需求、全面提高质量为主线，以分类推进培养模式改革、统筹构建质量保障体系为着力点，培养上更加突出创新精神和实践能力培养，模式上更加突出科教结合和产学结合，方式上更加突出开放合作。

　　"天津财经大学研究生培养机制创新系列丛书"是我校研究生教育综合改革项目的重要成果之一，涵盖了研究生教育质量保障机制建设、研究生创新促进机制建设、专业学位研究生实践共享平台建设、会计硕士（MPAcc）教学案例建设、公共管理（MPA）教学案例建设、财经类专业学位教学案例建设等内容。本套丛书内容丰富、观点鲜明、资料翔实、适用面广，可供高等学校的一线教师、教学管理人员、研究生及各专业学生阅读、参考和使用。

任碧云

2018 年 12 月

前　言

研究生教育阶段培养的是各个学科领域的专门人才，其培养质量的高低直接影响到学科的学术研究水平。在高等教育扩招和国际化浪潮的冲击下，研究生教育作为高等教育的重要组成部分，在其独特性和相对独立性进一步明朗化的同时，质量问题也逐步受到重视，并日益成为全社会关注的焦点。目前研究生教育在高校学生教育中所占比重越来越大，然而研究生的培养质量却有下滑趋势，如何实现规模与效益的统一，采取切实措施，适应社会需求，是我们需要面临的一个大问题。

天津财经大学为进一步深化研究生教育教学改革，以教学研究成果促进教学质量和水平的提升，设立了学位与研究生教育教学改革研究项目，2014 年度共立项 48 项，其中重点项目 17 项、一般项目 31 项，项目主持人既有硕士、博士研究生指导教师，也有从事研究生教育管理工作的工作人员，选题覆盖研究生招生选拔机制、培养模式、课程体系、培养质量监控、思想政治教育、职业生涯规划、学位点评估、导师评价等，基本达到研究生教育培养全环节覆盖，经过各项目团队的积极工作，全部项目均按计划顺利结项，研究成果已应用于天津财经大学研究生培养的各个领域，并取得了较好的效果。本论文集作为天津财经大学研究生培养机制创新系列丛书之一，收录了该项目部分优秀研究成果，供我国各研究生培养单位的研究生指导教师和管理人员参考，以期对我国研究生教育质量的提升起到积极的推动作用。

本书由天津财经大学研究生院陈南书记、任碧云院长担任主编，负责统筹全书结构，本书的编纂得到了天津财经大学研究生院各位老师的支持和帮助，特别是研究生院贺硕怡老师在文稿的整理和编辑过程中开展了卓有成效的工作，在此表示衷心的感谢。同时，南开大学出版社的王乃合主任对丛书的出版给予了鼎力支持，在此深表感谢！

书中观点和认识可能存在偏颇之处，恳请广大读者给予批评和指正。

作者

2018 年 12 月

目　录

我国研究生招生制度改革研究①

马 森②

摘要 随着我国研究生大规模扩招，研究生人数呈逐年递增趋势，同时也意味着我国研究生教育将面临巨大的考验，如研究生教育如何应对新的社会环境，如何在大规模的基础上保证质的飞跃，如何在公平、公正的前提下选拔出高素质高能力的生源，研究生招生考试制度改革势在必行。文章通过分析研究生教育的历史变革，将我国研究生招生制度分为创建阶段、成长发展阶段、恢复与稳步发展阶段、阔步发展阶段、深化改革阶段五个阶段，并通过与美国、法国、德国的研究生招生制度进行比较，针对我国研究生招生体制存在的招生专业设置僵化、招生规模与社会需求脱节、入学选拔难以适应高层次人才培养需求等问题，提出了我国研究生招生考试制度改革的建议。

关键词 研究生招生 选拔制度 招生改革

自 20 世纪末实施高等教育大众化发展战略以来，我国研究生教育进入了快速发展轨道，在校生规模从 1997 年的 17.6 万人增长到 2014 年的 184.8 万人，规模可比肩美国。总体上看，研究生教育规模不足问题已基本得以解决。但值得注意的是，在研究生教育规模扩大的同时，质量不仅未同步提升，还遭受了许多指责，改革势在必行。《国家中长期教育改革和发展规划纲要（2010—2020年）》已明确提出要"大力推进研究生培养机制改革"。笔者认为，为适应研究生培养机制改革，研究生招生制度同样也需要改革创新。本文对我国研究生招

① 本文是天津财经大学学位与研究生教育教学改革研究项目"优化我校研究生招生选拔 促进生源质量对策研究"（项目编号：2014YJY23，主持人：马森）的中期研究成果。
② 作者简介：马森，男，天津财经大学研究生院招生科科长。

生制度的历史沿革进行了梳理，对当前存在的问题进行了深入分析，以明确改革的方向和策略，促进我国研究生质量的整体提高。

一、我国研究生招生制度的历史沿革及现状

把握好研究生教育的历史变革，可以更好地梳理我国研究生教育招生制度改革的脉络。经过对诸多学者的理论研究进行梳理，并将以中华人民共和国成立、1980年《中华人民共和国学位条例》颁布、1999年研究生扩招、2014年研究生教育进入全自费阶段作为标志分界线，可将我国研究生招生的发展大致分为以下五大阶段。

（一）第一阶段：创建阶段（1902年至中华人民共和国成立前）

1902年，清政府颁布实施了《壬寅学制》，1904年实施了《癸卯学制》，将高等学堂分为大学预科、大学堂、大学院三级，其中大学院相当于现在的研究生教育。文件的颁布实施标志着中国研究生教育概念的形成，随之开始了小规模具有实验性质的研招活动。1912年，北洋政府颁布实施《大学令》，对大学院学生的入学资格、修业年限首次做出规定。1918年7月，段祺瑞政府公布了我国研究生教育史上第一个较为全面具体的《研究生总章》。在这一时期，北京大学等有条件的大学开始对研究生教育进行探索，这是中国大学最早招收研究生的时期，为中国研究生教育开展了基础性工作，从此掀开了研招教育的篇章。1929年民国政府颁布《大学组织法》，1931年颁布《学位授予法》，在一定程度上促进我国研究生教育步入正轨。各大学开始要求设立研究院（所）招收研究生，国民政府效仿英美教育体制。这一时期，研究生教育特别是硕士教育有了较大的发展。1935年4月，南京国民政府颁布《学位分级细则》和《硕士学位考试细则》，对学位授予的级别、学位候选人资格和学位评定的办法等做了规定。这一时期，招生制度多采用个人申请入学、院校自主招生的办法，学校享有较大自主权，这是中国现代学位制度和研究生教育结合的开端。但由于政局不稳、战乱频繁等原因，研究生教育未能得以发展，研究生教育规模极小，直至1949年中华人民共和国成立前，全国仅有232人获得硕士学位。

（二）第二阶段：成长发展阶段（1949—1966年）

中华人民共和国成立后，国民经济发展和国防建设对高层次人才的需求日益迫切。1951年，中国科学院、中央教育部联合发布《1951年暑假招收研究实

习员、研究生办法》，1953 年高等教育部发布《高等学校培养研究生暂行办法（草案）》，明确招收研究生的目的是培养高等学校师资和科学研究人才，标志着中国研究生教育的基本模式的确立。1956—1965 年间，国家又先后出台了若干规范研究生教育发展的文件，如 1957 年高等教育部制定的《关于今年招收四年制研究生的几点意见》、1961 年中共中央印发的《中华人民共和国教育部直属高等学校暂行工作条例（草案）》，1963 年教育部召开了新中国成立后的第一次全国性研究生教育工作会议，讨论通过了《高等学校培养研究生工作暂行条例（草案）》，其对研究生培养目标、招生对象、录取方式、学习年限和培养方法等都做了具体规定，这标志着新中国的研究生教育正走向规范化、制度化。

1966 年，我国经历了长达 10 年的"文化大革命"，高等教育遭受严重破坏，研究生教育与本科教育一度停滞。

（三）第三阶段：恢复与稳步发展阶段（1978—1999 年）

由于"文化大革命"的影响，从 1966 年开始，我国的研究生教育停滞了12 年之久。1977 年，我国恢复高考，1978 年恢复招收研究生，当年全国报考研究生人数达 6.3 万人，经过严格考试，1 万人被录取。到 1980 年，全国在学研究生已达 2.1 万人。1980 年，第五届全国人大常委会第十三次会议审议通过了《中华人民共和国学位条例》和《暂行实施办法》，规定我国实行学士、硕士、博士三级学位制度，进一步明确了学位授予的负责单位、学位申请的原则程序、学位的课程学分要求、论文答辩的流程规范等。从根本上解决了我国高校发展研究生教育的学位制度问题，为招收研究生、开展研究生教育实践提供了制度上的保障。1981 年，修订了《高等学校和科研机构授予博士和硕士学位的学科、专业目录（草案）》（征求建议稿），规定共设 10 个门类，60 个一级学科，666个二级学科。1982 年，颁布了《关于招收攻读博士学位研究生的暂行规定》。在此文件的影响下，我国博士生招生渐成规模、培养工作步入正轨。1984 年，国务院批准拟决定北京大学等 22 所具备条件的高等学校试办研究生院。1988年，制定了《国家教委关于高等学校招收定向培养研究生暂行规定》及《关于进一步改进研究生招生工作的几点意见》，明确了在职研究生的招收范围、招生计划编制、在读期间工资福利待遇、人事关系、毕业去向等，同时提出编制招生计划的原则和办法，增加选拔方式，开始组织对工作突出、成绩优异的在职人员进行单独考试，鼓励科研机构和高等院校联合培养。1996 年，原国家教育委员会发布了《国家教育委员会关于招收攻读硕士学位研究生管理规定》，将硕士生分为国家计划非定向培养、国家计划定向培养、委托培养和自筹经费四类；招生方式分为全国统一考试、单独考试、推荐免试三种，同时对学科专业目录进行重新修订和调整。进一步明确了中央、省市及招生单位在研究生管理工作上的权责，对招生计划、考生报名、考试录取等具体工作进行了详细的补充完善，标志着我国硕士研究生管理体制走向成熟。全国在读研究生从 1978 年的 1.1 万人增加到 1988 年的 11.3 万人，到 1998 年进一步增加至 19.9 万人，在读研究生数占全国普通高校在读学生数的比例从 1978 年的 1.26%递增至 5.51%。这一阶段，我国研究生教育发展平稳，招生规模随着我国高等教育和社会经济的发展逐步扩大。

值得一提的是，在这个阶段我国开始重视并试点推行专业学位研究生培养制度。1988 年，国务院学位委员会第八次会议首次讨论了设立专业学位的问题。1992 年，国务院学位委员会第十一次会议批准了"关于按专业授予专业学位证书的建议"，自此，我国学位类型被分为学术学位和专业学位两类；授予方式也分别按照学科门类及专业学位类型授予，标志着专业学位制度正式建立。1996 年，国务院第十四次会议审议通过了《专业学位设置审批暂行办法》，对专业学位设置目的、特点、审批、培养、管理等方面做出详细规定。1999 年，教育部和国务院学位委员会召开首次全国专业学位教育工作会议，下发了《关于加强和改进专业学位教育的若干意见》，进一步明确专业学位的地位和作用，有力地促进了专业学位研究生教育快速发展。

（四）第四阶段：阔步发展阶段（1999—2013 年）

·1999 年 1 月 13 日，国务院批准了教育部制定的《面向 21 世纪教育振兴行动计划》。2001 年 3 月 15 日，第九届全国人民代表大会第四次会议批准《中华人民共和国国民经济和社会发展第十个五年计划纲要》，在教育方面提出了"加快教育发展，提高全民素质"的发展目标。于是，1999 年，国家科教领导小组决定，高等学校包括本专科和研究生层次在内要大幅度扩招，我国研究生教育规模出现大幅度增长，标志着我国研究生教育进入阔步发展时期，这一时期也可以说是我国进入高等教育大众化阶段。

在扩招政策的影响下，1999 年全国招收研究生 9.22 万人，增长 21.4%；2000 年全国招收研究生增长比例为 39.4%；2001 年全国招收研究生增长比例为 28.6%；2002 年全国招收研究生增长 22.8%。2002 年，教育部又进一步提出 3 年内使研究生的招生规模翻一番的目标。2005 年，我国研究生规模已接近百万

（97.9 万），顺利完成了 2002 年所确定的目标。到 2010 年，全国在读研究生规模达 153.8 万人，占全国普通高校在校生数的比例超过 6.45%。可以说，我国仅用 10 余年的时间就实现了研究生教育规模的跨越式发展，也标志着我国已进入研究生教育大国前列。

研究生数量的快速增长在满足我国社会经济发展要求和逐步实现建设人力资源强国的同时，也带来了一些不容忽视的问题：长期存在的高等教育资源短缺问题显得更加突出，高等学校在办学经费、师资队伍、教学和实验设施以及学生的生活条件等方面面临着前所未有的巨大压力，研究生的培养质量也受到明显影响。

（五）第五阶段：深化改革阶段（2013 年至今）

随着研究生规模发展到一定阶段，2013 年 9 月，教育部颁布了《2014 年全国硕士学位研究生招生工作管理规定》，其中正式规定"国家对所有纳入国家计划的全日制硕士研究生均安排定额拨款，所有纳入国家计划的全日制研究生都要缴纳学费，国家和招生单位通过设立奖学金、助学金、助学贷款、三助岗位、绿色通道等制度，建立多元奖助体系，提高研究生待遇水平"。这标志着我国研究生教育走向自费阶段，研究生报名人数首次出现下降趋势。同时教育部对研究生招生计划及招生计划增长比例开始进行严格控制，各高校将提高研究生培养质量作为发展研究生教育的首要问题。

二、我国现行研究生招生制度存在的主要问题

（一）招生专业设置僵化，招生规模与社会需求脱节

1981 年，教育部制定了《高等学校和科研机构授予博士和硕士学位的学科、专业目录（草案）》（征求建议稿），并于 1996 年对招生目录进行了修订，2011 年增加了部分专业学位，虽然学科门类专业设置趋向规范，但依然存在许多经济社会发展急需的学科专业以及交叉学科、边缘学科设立不及时，学科体系僵化老化等问题，脱离了经济社会发展的实际需求。同时招生规模虽然快速增长，但直接推动力并非来自劳动力市场，而是行政干预的结果。研究生规模在短期内迅速膨胀，随之带来了过度教育、文凭贬值等诸多问题，研究生教育的经济社会效益不仅没有发挥充分，还带来了严重的人力、物力资源浪费。在学生就业方面频频出现就业供大于求、专业不对口、高学历低能力等现象，充分体现

了研究生招生规模与社会需求脱轨。这样不仅挫伤了社会公众接受研究生教育的积极性，同时"读书无用论"等错误思潮有所抬头。

（二）入学选拔难以适应高层次人才培养需求

研究生入学考试是研究生教育质量保障的第一个环节。目前，我国研究生入学选拔制度存在诸多问题，主要表现在三个方面：一是行政权力过度干预研究生入学考试和招生，学术人员在确定选拔方式、制定考试标准等方面的作用得不到真正体现，不利于高校办学自主权的落实；二是研究生入学考试存在"重初试、轻复试""重笔试、轻面试"的倾向，导师在人才选拔中的作用有限，特别是近年来，教育、心理等学科实行全国统考，加剧了研究生入学考试的应试倾向，影响本科教学的正常开展；三是考试内容难以真正有效考核学术潜力、创造性等高层次人才必备的素质，特别是公共考试科目外语和政治理论占据了很大分量，加重了考生负担，挤占了专业学习的时间，不利于拔尖人才脱颖而出。

当前，扩大高校和导师在研究生入学选拔环节的自主权，已经成为研究生考试制度改革的重要方向。但在扩大自主权的同时，如何建立有效监督和制约机制，确保研究生入学选拔的公平公正，仍缺乏行之有效的办法。

（三）"冷热"专业报考两极分化更趋严重

研究生教育全面收费背景下，硕士研究生招生出现冷热门专业报考两极分化，社会需要的冷门专业面临较大的生源压力，有些专业甚至出现了无人报考的现象。调查数据显示，考生热衷于报考经管类专业，对其表现出一如既往的热忱。此外，工商管理、会计、法律等专业仍然被视为报考"热门"专业，而历史学、文学等基础性专业则仍为报考"冷门"专业，呈持续走低的趋势。

研究生教育全面收费背景下，地方高校硕士研究生招生出现报考专业两极分化的现象，而这一局面的出现是由多方面的因素引起的，如就业方向、社会心理、资助力度、录取名额等。

第一，就业方向是引起硕士研究生招生专业两极分化的重要原因。部分考生将考研作为更好就业的砝码，希望通过接受研究生教育提升自己，以使自己能有更多的机会找到好的工作，他们考研的根本动机是为了更好地就业。但是由于受到学历贬值、社会按照其需求程度对专业进行人为的"冷热"划分，考生们将会盲目地报考社会公认的好就业的"热门"专业，而不会考虑其是否与自己本科所就读的专业对口等问题。此外，社会心理因素也影响着学生报考专业的选择。学生们受到不能就读国家重点建设院校则退而求其次，选择一个好专业的思想影响，部分学生在不能就读好的学校的时候，会更加挑剔专业，而导致"冷门"专业面临巨大生源压力。

第二，教育资源配置分配对专业招生造成冲击。目前大多数的高校培养研究生所需的软硬件设施条件有限。在有限的教育资源中，"冷门"专业可使用的资源则更少，这直接影响着该专业所培养研究生的质量。"冷门"专业的科研课题、科研经费影响着研究生在读期间的资助力度；专业的学科水平、导师水平等都影响着研究生的培养质量；导师知名度、社会的需求程度等都会影响学生毕业后就业情况。而这些都导致"冷门"专业对生源的吸引力具有严重的不均衡性。

第三，专业录取人数导致专业报考呈现两极分化现象。招生计划通常会根据专业培养能力、条件及社会对该专业人才的需求来制定。研究生考试的面试比例一般是固定的。此外，相当部分考生考研的动机是为了逃避就业或者更好地就业，对于他们而言，考上研究生才是目的，因此就概率的方面来讲，为增大考取的可能性，考生一般会考虑报考招生人数较多的专业，进而造成专业报考呈现两极分化的局面，而这将导致"冷门"专业招生形成恶性循环。

三、研究生招生制度国际比较

（一）美国研究生招生制度

美国现行的研究生招生考试，并不是美国教育行政主管部门主持或举办的全国统一考试，而是由若干大学的研究生院共同实施的。专门负责 GRE 考试的美国教育测验服务中心（ETS）是非营利组织，研究生招生考试管理权的民间性和契约性是美国研究生招生制度的一个鲜明特点。1965 年，由 ETS、美国研究生院联合会和美国研究生院协会联合成立的 GRE 董事会，负责制定GRE 政策。董事会下设行政委员会、研究委员会、服务委员会和少数民族教育委员会，它们中的大多数人员都是熟悉大学课程、研究生教育以及考试、心理学方面的专业人员，也有少部分是教育行政官员。

美国的研究生考试内容非常重视对考生的能力考查，GRE 考试内容既有考察每个考生能力的普通测验，也有考查考生专业知识的专业考试。在题型设计上，GRE 普通测试侧重于阅读、逻辑分析、写作和分析。这些题型反映出入学考试目的并非对学生基础知识的测试，而是对个人能力的考查。GRE 专业考试则测试考生对于某一专业的基本要领和基本原理的掌握程度，以及运用专业知识和原理解决问题的能力。在这些测试中，很少涉及死记硬背的内容。可见，GRE 主要考查考生长久以来在各方面的学习和生活中所形成的能力，可以较准确地测试出考生的能力和潜力。

美国大学申报考试方式灵活多样，通常春、秋两季招生，虽然各校规定了不同的申报截止日期，但却留有余地，有的学校甚至采取随来随审随通知的办法。函报和面谈是主要的申报方式，而电话、电传和电脑也成为报名的有力工具。此外，在考试时间安排上也具有灵活性。大部分考试在一年中都会进行几次，这样申请者就可以根据自己的实际情况选择合适的考试时间。而且对于那些在一次考试中没有发挥好的考生来说，可以在较短时间内获得另外一次考试的机会。

在招生对象选择上更趋于多元化与国际化，美国研究生教育追求多元化的学生构成。妇女、少数民族和留学生的比例越来越高，大批外国留学生不仅活跃了美国大学生源市场，也为美国大学校园的文化增添了多元化的鲜明色彩。研究生的构成在性别、民族上也表现出多元化的取向。美国研究生的招生对所有国家的考生开放。据统计，美国在读研究生中，外国学生约占 40%。

（二）法国研究生招生制度

法国是以大学毕业文凭代替研究生入学考试，本科生在大学取得的硕士学位学分是研究生录取的主要依据。法国大学本科教学过程中，尤其是后期，强调科学研究，注重能力的培养。申请攻读博士学位虽无入学考试，但由于本科阶段的高淘汰率和攻读博士学位期间的不断淘汰，从根本上保证了培养质量，而不是"一考定终身"。

法国大学不仅要审查博士申请人的硕士文凭，更要对其本科阶段总的学分进行了解，综合其本科阶段的综合表现进行评定。此外，申请人必须提交一份研究报告，这也是研究生资格考查的一个重要方面。这样的全面考查，充分体现了"博"的要求。此外，申请过程还突出了一个"专"字。申请读博的学生即使有偏科现象，但只要他的专业水平过硬，同样会被录取。例如，法国大学的文学系在招生时，决不会要求对学生的英语水平进行考核。

在法国，研究生录取与否，在很大程度上取决于学校和导师，导师要对考生所提交的论文做出初步评价，还要对考生进行面试，并决定录取与否。当然，学校也要对考生进行考核。学校的考核由一个评审团负责，其成员既有校方代表，也有相关专业的其他教授。这实际上是一种监督机制，既是为了防止博士生导师在招生时出现的无意偏差，也是为了警告导师们不要在招生时有意"放水"。这一机制使录取和培养紧密联系，从源头上把好质量关。

（三）德国研究生招生制度

德国的中学教育和本科教育基础好，起点比较高，在整个学习阶段要求也比较严格，在国际上被公认为具有较高的学术水平，所以他们的大学毕业文凭可以代替研究生入学考试。

这种"免试入学"的制度与欧洲中世纪行会中师徒制的传统及大学中实行的讲座制直接相关。当然，这种制度在实际操作过程中确实存在着一些弊端。比如说，审核标准的主观性较强；在个别情况下，录取与否的随意性较大；有些教授可能会徇私等。值得一提的是，许多学校的招生规定中都对申请者的人品提出了要求，要求他们必须能够配得上"博士生"和未来"博士学位获得者"的称谓。

博士学位申请者必须找到一名"愿意帮助他选择论文题目并指导其完成论文的教师"，向该教授提出自己的工作计划，并征求他的意见。通过这样的交流，教授会对这名学生有初步的了解，如果认为这名学生具备了一定的科研能力和工作水平，就会向系里推荐他，并同意成为他的导师。导师与博士生在招生阶段就有机会建立起初步的良好关系，并在以后的科研工作中成为博士生学术上的领路人。

申请者在征得导师同意后，即便入学，也不必在校方登记注册。招收的人数及最终录取人员，也没有指标限制，导师主要考虑研究所的经费、申请者的科研能力及研究兴趣、方向等，人数由教授自行决定。

综上所述，美国、法国和德国的研究生招生制度各具特色，美国设置入学考试，同时强调对考生的全面考查，法国和德国则没有统一的研究生入学考试，都是凭已经取得的文凭来获得研究生的入学资格，仅需要对考生进行面试，考查其综合素质以及科研能力。虽然形式有所不同，但由于教育自身规律的作用，它们呈现出很多共同特征。

第一，都充分发挥学院与导师的作用。

学院和导师在这三个国家的研究生招生中扮演了非常重要的角色，尤其是在法国和德国，导师有很大的决定权。

在美国，招生的专业和人数主要取决于市场的需要，而录取与否，是由导师、研究生院、大学校务会或录取委员会分级把关，最终做出决定。但最终的决定权还是掌握在各院系的教授手中，有时甚至会出现这样的情况，一个各方面成绩都不错的考生仅仅因为他的研究兴趣不在学院老师的研究范围之内而落选。反之，如果考生的申请得到某一位学院成员批准的话，那么他就有可能被录取。

在德国，研究生的录取决定权掌握于教授之手。确立于 19 世纪初的导师制是德国博士生培养模式的核心。在德语中，导师被称为"Doktor vater"，直译为"博士之父"。由此可以看出，导师与博士生之间在学术上存在衣钵相传的亲密关系。博士生从入学到毕业，每一个阶段都是在导师的带领下完成的。柏林自由大学法学院规定，在该院攻读博士学位的前提条件之一是必须先找到一名导师。这与美国的制度有一定的差异。因为德国的大学没有"研究生院"这样的行政机构，所以导师在录取上具有绝对的权威。

在法国，面试这一环节完全由导师完成，导师根据学生所提交的论文做出初步评价，然后对学生进行面试。如果不能到法国参加面试，导师还会不辞劳苦地进行电话面试，然后确定所招收的学生。但是尽管导师在博士招生中很有发言权，但他们也不能一言独大，说招谁就招谁。在过了导师关之后，申请读博的学生还要面临学校的最终考核。学校考核实际上是一种监督机制，既是为了防止博士生导师在招生时出现的无意偏差，也是为了警告导师们不要在招生时有意"放水"。

第二，招生考试制度严格，录取标准强调综合衡量。

虽然这三个国家中只有美国设置了入学考试，但它们无一例外地要求对考生进行严格考查、综合衡量。美国的研究生招生制度非常严格，从名牌大学的录取情况来看，被录取的学生比例是 1/10 甚至是 1/30。

美国虽然大多数高校要求通过 GRE，但在招生过程中，这些大学的研究生院并非以某一次的考试成绩作为是否录取的标准，而是更看重学生目前的学习欲望和已具备的科研能力。例如，个人陈述、简历、推荐信和本科成绩等。普林斯顿研究生院非常注重学生的实际应用能力，其要求申请者在 1000 字以内的个人陈述中，充分表述在所要申请的学位方面的学术基础和发展计划。研究生院在综合考查所有申请者在其所申请领域的学术能力的基础上，经过比较，精选出具备继续攻读硕士学位所必需的坚实基础的申请者。需要说明的是，个人陈述在整个申请中占据相当重要的分量。通常来说，个人陈述是学生在整个申请材料中唯一可以主动展示自己的机会。

德国大学的博士招生未设置入学考试，但博士候选人的条件非常严格。候选人必须取得综合大学颁发的学位，应用型大学和高等专业学院颁发的证书被认为不合格；要有一位同意担任导师的大学教授；要有一个拟订的研究课题，这个课题必须得到指导教师的同意和所在系主任的签字。除此之外，还要得到本校学术委员会的书面认同。

法国大学的研究生招生未设置统一的入学考试，研究生的录取主要通过档案审查，一般总成绩在良好以上者才能有资格申请，有时也需要面试。他们力求录取具有多元化背景和成就的学生，并坚信学生的多元化能带来学习的多样化。

第三，招生强调国际性与开放性。

国际性与开放性是发达国家当代研究生教育发展趋势之一。如果要提高在国际竞争中的地位和作用，就必须培养具有国际影响的高层次人才。招收外国留学生是与国际接轨的一条重要途径。

美国开放的办学思想、优越的办学条件与高水平的师资等都吸引了大量的外国留学生。1994－1995 学年，美国的外国留学生已达到 45.3 万人，占全世界在国外留学学生总数的 35%。这些留学生分别在 2758 所大学学习，其中留学生达千人以上的学校已有 100 多所。2000－2001 学年，哈佛大学教育研究生院总共有 1095 名研究生，其中 11% 的学生来自世界 46 个国家。据统计，美国在读研究生中，外国学生约占 40%。

2002 年冬季学期，德国高校到国际课程的学生数占学生总数的 15%～33%，而且有更多的课程只用或主要用英语授课，从而吸引了更多的外国留学生。

研究生教育的开放程度逐步提高，这些国家的许多大学对所有的考生都是平等的，没有性别、种族的歧视。普林斯顿大学的入学资格中指出，每一位申请入学者都具有平等的机会，即申请者不受性别、民族、种族、宗教、信仰、肤色、年龄等方面的限制，即使是某些方面有缺陷的人也享有平等的申请机会（只要符合普林斯顿大学研究生的入学标准，就可能被录取）。

通过以上对三个西方发达国家的研究生招生考试制度的分析，我们看到它们的大学在入学资格、导师职责等具体要素上都极大地丰富和创新了研究生教育的内涵和手段。这些对于我国提高研究生教育质量，培养优秀且具有竞争力的研究生乃至建设世界一流大学都具有重要的借鉴意义。

同时，这些国家的研究生入学考试，无一例外地根据本国的实际情况不断地改进和完善。因此，我们要掌握当今各国研究生教育改革的动向，了解各学科领域的前沿信息，正视我国同发达国家之间的差距，从而促使我们奋起直追，从我国的国情出发，大力发展研究生教育。

四、我国研究生招生制度改革措施

（一）落实高校招生自主权，提高人才选拔的多样性、有效性

招生权是高校办学自主权的重要内容。目前，我国研究生入学选拔基本还是行政主导，高校和导师自主选拔的空间十分有限。

完善研究生教育制度，必须确立高校和导师在研究生入选选拔中的主体作用，尽可能避免行政权力的过度干预，为更多具有学术潜力和创新能力的人才开辟成长的空间。落实高校研究生招生自主权，必须要对现行研究生统一考试制度进行重新评估。

一些学科实行专业课全国统考的做法，不宜简单推广。基于人才多样性的考虑，研究生入学选拔，不仅要考核一般性的知识和技能，还应设置一些相对个性化的考核评价方式。尤其要加大复试、面试成绩在研究生入学考试成绩中的权重，探索申请入学等多样化的选拔方式，给予研究生导师更多更大的自主权。

在扩大高校和导师自主权的同时，须进一步完善研究生入学选拔的程序和标准，实行信息公开，主动接受广大师生和全社会的监督，形成外部监督和自我约束相结合的良性机制，既要保证高校和导师享受更多招生自主权，又要确保公平公正。

（二）确立需求导向的招生机制，改善我国人才供需不平衡状况

打破目前招生计划体制的关键途径有两条：一是整体更新原有由教育部统一管理的招生年度计划编制办法，而采取国家对学位点定期审核，授予招生资格，招生学校根据每年学科需要、科研经费和师生比状况，确定可招生的数量上限，在后续招生工作中根据生源情况动态调整；二是让高校直接面对人才培养、科学研究、社会服务的实际需要，面向生源市场和就业市场的变化，完全

自主确立招生计划指标，这样才能有效解决目前招生计划相对市场信息和政府信息失灵的现状，降低学校招生决策过程中的风险。

发达国家的经验证明，高校必须建立起直接与社会和市场沟通的渠道，重视发挥高校与外界之间信息、物质、人员交流或合作的作用，使大学的触角伸向社会的许多方面，一方面通过联合培养学生、社会服务、研究合作、科技和开发，向社会筹措更多的经费用于学校研究生教育的发展；另一方面通过这些渠道及时地收集市场和企业各类需求信息，包括科研需求、生源素质情况、考生择业和志愿选择情况、专业质量评价和就业反馈信息，使研究生教育面对生产、科研实际，并与之建立直接的紧密联系。应确立需求导向的招生机制，并灵敏地按照研究生教育规律和学校自身定位和科研需要，做出招生规模和招生学科专业的调整，根据学校专业发展要求设置研究生选才标准，为具有不同能力、发展优势和个性特长的考生提供选择机会。因校制宜地发展研究生教育，研究生教育对社会发展和经济建设贡献才能增强，人才供求失衡状况才能得以改善。

由于计划与规范模式相当重视数量指标的达成，造成我国以全方位拓展学位点的方式以全面扩充研究生教育数量为追求，忽略建立在专业紧缺人才需求分析及预测基础上的招生分流控制和引导，影响了招生专业的进退机制的建立。而忽略行业和经济需求因素的结果是，追求表面化的数量增长，有些老文科专业培养人数相对过剩，毕业的研究生中已经出现不少改行者，而工程技术管理领域的研究生招生数量太少。如果我们不调整招生专业结构和门类而奢谈扩大规模来满足需求因素，如同某些国家，我们将得到惨痛的教训。

就我国高校来说，应充分重视发挥高校科技开发部、高校附属企业、高校就业服务中心、各类研究开发或咨询中心、招生办、产学研联合培养管理办公室等部门与社会进行物质、信息和人员交流的作用，在制定招生方案和学校资源配置时，多听取这些部门的意见再行决策，可以杜绝盲目扩大招生、以低劣的生源质量去换取规模的扩大，同时也可以降低学校决策的风险。

（三）"招考分离模式"的改革是借鉴国际经验基础上的制度再创新

"招考分离模式"主要是指考生先进行资格水平考试，然后进行填报志愿、资格审查，最后进行复试考查。

第一阶段：资格水平考试。

第一阶段主要考核考生是否具有进一步专业深造的能力。考查要点包括必要的工具性知识、专业的基本理论知识。本科教育主要是夯实基础，重视的是掌握与本学科有关的公共基础知识和技术技能，为未来职业和科学研究做好准备。考试的重点应该放在考核学生对该学科（类别）最基本的公共基础知识、学科基础知识的了解、掌握和应用情况，可以考核考生对外语、母语、逻辑、数学等基础公共知识的学习水平。学科专业基础知识考核可以通过设置人文学科类、社会科学类、理学类、工学类、医学类、农学类等若干个考试类别，将考试内容进行优化组合，也可设综合类基础科目考试，适度涵盖学科或专业知识，了解考生是否较为全面地掌握学科的基本理论和发展方向。资格考试一年可多次进行，至少可在春、秋两季分别组织一次。统一组织网上评阅试卷，直接将考试成绩通知考生本人或提供网上查询及下载成绩表途径。考试成绩一般有 2～3 年有效期。达到资格合格水平线的考生 3 年内均可以到有关院校申请参加由该院校自主组织的面试。对考生来说，投入考试的精力和成本显然比原有模式更为经济、合理；同时，对导师来说，资格考试成绩只是提供一个筛选门槛，导师选拔学生范围更广，确保在满足学历基本条件下，由导师按照学校人才培养目标或导师科研目标决定录取的合适人选。招考分离能更好地借助导师的专业能力划分考生的实际水平，使录取选拔制度同时满足起点公平和前途公平，选拔人才的有效性也得到提高。

第二阶段：填报志愿与资格审查。

第一阶段考试报名时，只要确定报考类别并参加相应的考试即可，无须确定具体的学校及专业。考生持有效期内且达到资格线的考试成绩证明，可选择若干相关专业和高校填报报名志愿，投递各类申请材料，到所要报考的院校申请参加第二阶段面试考核。采取这种模式，考生可以同时向若干高校提出申请，实现了报考多所学校的选择权；各招生单位可以自主确定待面试考生必须达到的资格水平考试成绩，对合格申请者进行资格审查，决定进入专业面试考生人数和名单。录取前，考生的本科学业、工作和研究经历以及面试表现，都是录取的考核项目。一旦择优录取后，考生在规定的时间内到待录取高校招生网上平台进行录取注册，过期不注册，认定为放弃。

第三阶段：复试考查。

对达到资格考试合格水平的考生，由第一阶段偏重知识、技能型考核转变为偏重思维、创新潜能等素质方面考查。在面试阶段建立一套以考查科研所必需的人格、合作精神及有关非智力因素等综合素质为核心的人员测评系统，考查考生专业能力、创新意识和科研能力，包括一般科研能力结构要素和所报专业科研能力结构要素两方面。录取时充分发挥导师小组录取决定权，录取参考标准是多方面的，可结合本科成绩、资格考试成绩、研究计划和面试问题的回答情况，决定录取人选；考生与招生学校可以双向选择，学校根据面试结果，按照招生简章对考生和社会公开承诺招生指标上限，自主进行录取。同时被多家招生单位录取的考生，有权在规定时间内，自主选择一个招生单位网上注册录取，未按时注册的考生则被认为是自动放弃此次录取资格。一旦发现考生在一个以上的招生单位注册，教育主管部门有权取消该考生的入学资格。

参考文献

[1]安迪·格林. 教育与国家的形成：美、法、德、俄教育体系起源之比较[M]. 王春华，等译. 北京：教育科学出版社，2004.

[2]包水梅. 研究生扩招是否会导致教育质量下滑——一名在读研究生的思考[J]. 煤炭高等教育，2005（9）.

[3]北京师范大学外国教育研究所.美国和日本的研究生入学考试[M]. 北京：北京师范大学出版社，1987.

[4]伯顿·克拉克. 研究生教育的科学研究基础[M]. 杭州：浙江教育出版社，2001.

[5]曹丽玮. 浅谈研究生扩招工作中存在的问题及其对策[J]. 辽宁教育研究，2003（5）.

[6]陈桂生. 人的全面发展理论与现时代[M]. 上海：上海教育出版社，1988.

[7]陈少雄，王静一，尹柳营.我国研究生招生规模近期和长期发展模型的讨论[J]. 清华大学教育研究，2004（8）.

[8]陈学飞，等. 西方怎样培养博士——法、英、德、美的模式与经验[M]. 北京：教育科学出版社，2002.

[9]晨光，等. 法国高等教育概况[M]. 武汉：武汉大学出版社，1983.

[10]戴毅然. 中外研究生教育比较[M]. 济南：山东教育出版社，1990.

[11]丁妍. 日本研究生教育扩充政策的矛盾分析[J]. 教育发展研究，2005（12）.

[12]冯增俊. 现代研究生教育研究[M]. 广州：广东高等教育出版社，1993.

[13]葛亚宇. 对我国硕士研究生招生规模和招生计划的思考[J]. 学位与研究生教育, 1997（3）.

[14]耿涓涓. 对高等教育发展规划的反思[J]. 江苏高教, 2004（3）.

[15]龚姚腾，龙泉，卢致杰. 硕士研究生招生过程预测模型研究[J]. 科技进步与对策, 2006（4）.

[16]顾明远，等.比较教育导论——教育与国家发展[M]. 北京：人民教育出版社, 1996.

[17]顾明远.教育大辞典[M]. 上海：上海教育出版社，1991.

[18]国务院学位委员会办公室、教育部研究生工作办公室. 学位与研究生教育文件选编[M]. 北京：高等教育出版社，2004.

[19]何淑贞. 我国研究生教育规模扩展问题的思考[J]. 黑龙江高教研究，2003（5）.

[20]康翠萍.学位贬值：一个值得思考的问题[J]. 辽宁教育研究，2005（8）.

[21]克拉克·克尔. 高等教育不能回避历史——21 世纪的问题[M]. 王承绪译.杭州：浙江教育出版社，2001.

[22]李盛兵. 研究生教育模式嬗变[M]. 北京：教育科学出版社，1997.

[23]李莹，陈学飞. 我国研究生教育规模发展分析[J]. 高等教育研究，2006（1）.

[24]刘海峰，等. 中国考试发展史[M]. 武汉：华中师范大学出版社，2002.

[25]刘海兰. 中美研究生招生考试制度的比较研究 [D]. 长沙：湖南师范大学，2005.

[26]孟洁，李学昌. 当前研究生教育面临的主要问题与对策思考[J]. 现代大学教育，2003（4）.

[27]孟洁，李学昌. 学位与研究生扩招政策评估与影响分析[J]. 中国高教研究，2006（9）.

[28]巧肖敏，扶庆华. 研究生招生计划决策支持系统初探[J]. 科技人才市场，1999（5）.

[29]沈百福. 简评普通高等教育规模的地区差异[J]. 教育现代化,2004（3）.

[30]王伟宜. 建国以来我国高等教育的发展规模[J]. 辽宁教育研究，2005（4）.

[31]王战军，廖湘阳. 关于我国研究生教育积极发展战略的思考[J]. 学位

与研究生教育，2001（4）.

[32]谢桂华. 我国学位与研究生教育研究的现状与发展[J]. 高等教育研究，2001（10）

[33]许迈进，等. 迈向 21 世纪的研究生教育——当前世界研究生教育的若干动向和趋势[J]. 浙江大学学报（人文社会科学版），2001（6）.

[34]许长青. 我国研究生教育模式的战略选择及政策分析[J]. 新华文摘，2005.（1）

[35]薛天祥. 中国学位与研究生教育的历史、现状和发展趋势[J]. 国家教育行政学院学报，2005（9）.

[36]学位委员会办公室，教育部研究生工作办公室. 高层次人才培养的研究与探索[M]. 北京：高等教育出版社，2000.

[37]杨德平，刘永峰.新时期硕士研究生招生制度改革及对策研究[J]. 中国成人教育，2007（8）.

[38]姚纬明，等. 学位与研究生教育质量保证体系研究[J]. 河海大学学报，2002（3）.

[39]英配昌. 硕士研究生培养方式的弊端及改革的几点建议[J]. 黑龙江高教研究，2001（2）.

[40]周洪宇. 学位与研究生教育史[M]. 北京：高等教育出版社，2004.

面向创新创业能力培养的高校专业硕士研究生实践教学体系研究[①]

东　方[②]

摘要　2009 年，教育部下发了《教育部关于做好全日制硕士专业学位研究生培养工作的若干意见》，提出开展全日制硕士专业学位研究生教育是学位与研究生教育积极主动适应经济社会发展对高层次应用型专门人才的需要；也是学位与研究生教育改革与发展、完善专业学位教育制度的需要。我们要以提升研究生质量为出发点，从教学、实践、论文等多个方面探索硕士专业学位研究生培养机制。2010 年 7 月出台的《国家中长期教育改革和发展规划纲要（2010－2020年）》也强调，要加大应用型、复合型、技能型人才培养规模，加快发展专业学位研究生教育，可见国家对硕士专业学位研究生人才培养的高度重视。然而，我国全日制硕士专业学位研究生教育尚处于起步阶段，培养模式、教学体系还不够科学，有待完善，特别对于实践教学的研究，近年来涉足的人少之又少。因此，对专业学位研究生实践教学问题的研究显得尤为迫切和重要，这也是笔者选择此课题的缘由。

关键词　专业学位　硕士教育　研究生培养机制　实践教学体系

---

① 本论文是作者承担的天津财经大学学位与研究生教育教学改革研究项目《以提高创新能力为目标的高校专业硕士研究生实践教学体系建设研究》（项目编号：2014YJY04）的研究成果。
② 作者简介：东方，天津财经大学管理学硕士学位毕业，助理研究员。邮箱：dongfangdeer@163.com。

一、我国高校硕士专业学位研究生实践教学现状

（一）概念界定

专业学位是指由国务院学位委员会定位的，具有一定职业背景的，定向培养满足社会需求的高层次人才的教育形式，可分为全日制和非全日制两类，灵活性较强。周远清认为，"professional degree 的国际通行叫法是'职业学位'，因为只有获得这种学位才能进入某一行业从业，即学位是从事职业的必备条件。但我国还没有形成规范的机制，也没有严格规定学位与从业资格的关系，所以还不能叫'职业学位'，为了与学术性培养标准相区别，叫'专业学位'更准确一些。"专业学位教育的突出特点是学术型与职业性紧密结合，获得专业学位的人，主要不是从事学术研究，而是从事具有明显职业背景的工作，如工程师、医师、教师、律师、会计师等。专业学位与学术型学位在培养目标上各有明确的定位，因此，在教学方法、教学内容、授予学位的标准和要求等方面均有所不同。

实践教学是教学过程中理论联系实际的重要环节，主要包括实习、毕业设计、实践科研等内容，是学生在教师指导下，以实际操作训练为主，以获得感性知识和基本技能、提高综合素质为目标的一系列教学活动的总称。高校专业硕士人才培养实践教学体系的构建，既是为加深对理论知识的理解，同时又是为培养学生的社会适应能力。实践教学体系有广义和狭义之分，前者是指在实践教学活动中各个要素有机组合而形成的整体，具体包括实践教学活动的目标体系、内容体系、管理体系和保障体系、实现途径体系等要素，它们相互协调配合，通过协调发挥各自的作用来体现实践教学体系的总体效能。而后者指的是具体的实践教学的内容体系（如实验教学、实训教学、实习教学等），以理论教学体系为基础，根据应用型人才培养目标制订教学计划，并通过课程设计、毕业设计及各类实践教学训练而组建的教学体系。

（二）政策现状

我国自改革开放以来，政治、经济、文化等方面发生了巨大的变化。1986年，教育部颁布的《关于改进和加强研究生工作的通知》提出，"既要培养大学教师和科研人员，也要注意培养应用部门的高层次人才"。3年后，国务院学位委员会、国家教育委员会联合成立"裁决中国式 MBA（工商管理硕士）研究

小组"，将 MBA 专业学位调研纳入日程。1990 年，《关于设置专业学位调研工作的情况汇报》对建立此学位的必要性做了详细的研究。1991 年，有 13 个专业学位先后得到国务院学位委员会批准。1994 年，通过对教学体系和课程安排的改革规划，专业学位研究生培养改革拉开序幕。21 世纪，随着高等教育理念的转变，研究生人才就业不仅仅局限于教学和科研岗位，我国开始培养社会所需的、各类实际工作需要的、适应社会、分析和解决问题能力较强的专门人才，高校实践教学体系的构建因此显得格外重要。2009 年，教育部下发了《教育部关于做好全日制硕士专业学位研究生培养工作的若干意见》，提出要以提升研究生质量为出发点，从教学、实践、论文等多个方面探索硕士专业学位研究生培养机制。党的十七大以来，为贯彻落实《国家中长期教育改革和发展规划纲要（2010－2020 年）》和《国家中长期人才发展规划纲要（2010－2020 年）》，教育部提出了"卓越工程师教育培养计划"，其主要目标是培养各种层次和类型的卓越工程师后备人才，强调要加大应用型、复合型、技能型人才培养规模，加快发展专业学位研究生教育，可见国家对硕士专业学位研究生人才培养的高度重视。2012 年，教育部印发了《关于进一步加强高校实践育人工作的若干意见》，强调人才培养要注重"善于解决问题的实践能力"。在实践育人的形式方面，提出"实践教学、军事训练、社会实践活动是实践育人的主要形式"。然而，我国全日制硕士专业学位研究生培养尚处于起步阶段，培养模式、教学体系还不够科学，有待完善，特别对于实践教学的研究，近年来涉足的人少之又少。因此，对专业学位研究生实践教学问题的研究显得尤为迫切和重要。

二、我国高校硕士专业学位研究生实践教学问题

进入 20 世纪以来，高校实践育人工作得到进一步重视，形式不断拓展，内容日益丰富，取得了很大成绩，积累了宝贵经验，但是实践育人特别是实践教学依然是高校人才培养中的薄弱环节，与培养拔尖创新人才的要求还有差距。

（一）实践教学理念阻碍专业学位研究生教学质量的提升

教育思想和教育理念决定行为和内容，思想和理念不同，行为和内容也会有所差异。目前，对于专业实践教学诸多问题的认识尚未完全统一。一方面，对专业实践教学在专业培养目标实践中的重要地位没有充分认识，由于受我国教育领域传统的"重理论、轻实践"思想的影响，认为学校职责就是指导学生

将专业理论基础知识学扎实，没有认识到实践教学与理论教学相互统一的辩证关系，更没有把实践教学放在主要的地位；另一方面，认为一些实践教学课程只需要在最后一学年开设，其他时间应该用于学习理论知识，甚至将实践作为理论的附属，认为实践教学只是一种验证理论教学成果的手段，造成了不少学生对阶段专业学习方向不明确，也阻碍了他们的学习主动性、积极性和创造性。

（二）实践教学的规模和质量达不到我国专业硕士规模快速发展的要求

目前，越来越多的高校为了实践教学的需要，建立了综合模拟实验室、案例分析室等，有的为了改善学校实践教学条件，还与一些企业合作建立了不少校外实践基地。但是从运作的过程和结果看，许多基地建设没有按双方的合同约定进行投入和建设，这些校外实习基地的作用往往发挥不足。主要表现在大多数企业对实习学生持审慎态度，学生实习往往只能接触到表面的工作，无法接触到实习单位核心的技术层面的工作或者涉及商务秘密的管理工作。例如，经济管理专业的实习生很少能接触到企业的财务、数据，没有机会接触相对具体的核心业务，实习以打杂为主，学习价值有限，企业实习往往流于形式，不能达到预期的效果。资金投入严重不足也是影响实践教学规模和质量的一大主因。在专业实践教学中，现代计算技术和设备应用较少，如各种信息管理和系统设计所需的支持软件十分缺乏。由于实习内容被局限，实习经费受制约，导致大多校外实习基地未能发挥预期效果。

（三）实践教学课程结构不合理 阻碍专业学位研究生教育的发展

专业学位研究生教育与已往偏重于学术的研究生教育之间缺乏整合，在没有引入"专业学位"的概念时，占研究生总体规模比例很大的一些专业，如经济类、工程类、农业技术类、医药类等，都只授予学术学位。专业学位制度实施以后，这一部分理应作为专业学位研究生接受培养的专业，目前仍然被当作学术型研究生来培养，理论与实践教学不能相辅相成。因此，不利于培养学生实践创新能力。调查发现，有 68.4% 的学生反映专业学位研究生与学术研究生混杂授课情况严重。在课程内容方面，专业学位研究生对"我认为课程内容太偏重理论，与实践联系太少"这一问题作答，结果表明，选择"非常同意"或"比较同意"的学生占 45.3%，表示"不太同意"和"很不同意"的只有 18.1%。

从专业学位研究生培养周期看，我们对 230 名硕士生进行调研，认为专业硕士学位攻读周期为 2 年最合理的有 118 名，占到总人数的 51.3%；其次有 72 名专硕生认为完成学业的理想时间为 3 年，占总数的 31.3%；还有 40 名专硕生要求少于 2 年。60％以上的专业学位研究生赞同实行弹性学制，专业学位硕士生的培养年限趋向于缩短。高达 23.5％的专业学位研究生对选修课的选择范围"不太满意"，此外，我们还了解到，在选修课领域，专业课的选择范围还是很窄，被调查者均希望多开设一些理论与实践相结合的课程。

（四）现行的教育管理机制滞后于经济社会发展对应用型人才的需求

现阶段，由于实践教学调研不充分，规划对全局考虑不够，不够贴近实践，规划内容不饱满，经费保障不到位等情况导致多数实践教学仅仅流于形式，不利于社会应用型人才的培养。一些高校的管理工作缺乏科学性。例如，多数高校的实验室，技术条件落后、适用面窄、规模小、利用率低，完全达不到实验要求，严重阻碍着学生实践创新能力的培养。还有部分高校让学生自己寻找社会实践活动，难以保证实践活动的有效进行，也难以收到较好成效，不利于教师及时指导和解决实践中出现的问题；此外，实践教学过程缺乏科学、合理的考评机制。因此，高校应该建立一个引导和培养学生综合创新能力培养的实践教学体系。

三、国外高校硕士专业学位研究生实践教学的经验

（一）典型国家高校硕士专业学位研究生培养模式

1. 美国专业学位研究生培养模式

美国专业学位的发展起步较早，最早的专业学位的授予可追溯至 1768 年，美国宾夕法尼亚大学首创医学学士学位（B.M.）。自 1908 年哈佛大学实施了工商管理硕士培训计划（MBA Program）以来，教育、卫生、城市管理、社会等各种非研究型的专业硕士学位大量涌现。1920 年，首个专业博士学位在哈佛诞生。第二次世界大战后，美国研究生教育发生转折，随着美国社会政治经济文化的发展以及国防、科技、教育发展的需要，专业学位的数量呈现迅猛增长的态势，为专业学位的发展奠定了基础。在美国，硕士生阶段才能算是真正的专业教育阶段，因为美国大学本科阶段以通才教育而非专业教育为主，所以专业学位主要培养对象为硕士和博士，基本不招收本科生。1987 年，美国专业学位占到硕士专业的 4/5，多达 660 种。20 世纪 90 年代，专业硕士学位已成为美国硕士学位中最重要的部分。

研究生培养模式是指"遵循高层次人才成长规律和社会需要，为研究生构

建的知识、能力、素质结构以及实现这种结构的总体运行方式。其构成要素包括培养目标、培养过程和培养评价三部分"。在培养目标上，美国专业学位在设立之初是为了满足不同的学生对不同职业的追求，培养具有实践能力的应用型人才，面向岗位需求开设不同的专业，更注重人才的专业技能培养而不是学术理论的培养。以宾夕法尼亚大学社会政策和社会实践学院为例，培养方式分为四类：Full-time（Two-year）MSW Program、Part-time（Three-year）MSW Program、Advanced Standing Program（Full-time）、One-year Residency Program。再以教育专业学位为例，它的培养对象主要是教育工作者，其目标是提升他们的综合素质，满足教育改革与发展对教师素质和能力的需求。从培养的目的看，美国的社会工作硕士教育主要是培养高级实践人才。在招生方面，由于美国研究生教育的管理体制是典型的分权制，国家一般只通过拨款及立法影响研究生教育的招生和培养。因此没有统一的研究生入学考试要求，由各高校自行决定。各招生院校在招生入学的侧重点各不相同，有部分院校（如加州大学洛杉矶分校）要求入学者必须具有一定的工作经验。

2. 日本专业学位研究生培养模式

20 世纪末，"专门大学院"第一次出现在日本高层次职业人才培养模式中，日本京都大学、九州大学、神户大学、中央大学等六所大学相继开设工商、医疗类"专业大学院"，成为当时最早的一批专业学院。日本学者中村雄二郎对科学性知识（即学问知识）与临床性知识（即实践知识）进行了比较，认为前者具有普遍性、逻辑性和客观性三个特征；而后者具有固有性、多义性和交互性三个特征。

但由于当时日本的专业学位研究生教育模式几乎完全照搬美国，且一直处于摸索阶段，所以一直与本国传统高等教育体制存在一定的"冲突"，无法完全整合，很难体现出专业学位研究生教育的优势。 21 世纪初，传统的高等教育人才培养模式已无法满足国内人才需求，日本专业学位研究生也迎来了最佳改革时期。随着《21 世纪的大学和今后的改革方针》的出台，创业人才、科研人才、高等专业职业素质人才作为未来人才培养方向得以确立。后来受国际人才环境及国内司法、教育制度改革等多方面因素影响，日本符合自己教育制度的专业学位研究生教育体系逐步建立，并得到快速发展。

日本专业学位发展极注重实用性，注重培养职业对口型、专业实用型人才。接受专业学位教育的学生，必须通过与专业匹配的职业资格考试，才能获得职业准入资格。这实际上就是一种定向培养模式，一种产学结合的人才培养模式，能够达到学以致用、避免教育资源浪费的目的。但是这种培养模式在实际操作中也存在较大的弊端，那就是评判教学质量的单一性，职业资格考试成了唯一的评判教学质量的标准，存在较大的不合理性、不科学性。为了解决这一弊端，日本对教育考评机制做出了改革，将学生从业后的实习阶段的表现列入考核内容，获得了较好的效果。为了更好地保证教育质量，日本还做出过多项专业学位研究生教育改革，其中比较有代表性的就是请第三者评价机构进行教学评估的改革。

3. 英国、德国专业学位研究生培养模式

第二次世界大战后，英国认识到在战争中人才的重要性，因而加大研究生培养力度，研究生数量的增长达到了本科生的 4 倍，而且这种趋势随着英国经济的复苏而迅猛发展。20 世纪 60 年代，英国开始注重专业学位研究生的教育和培养。专业学位研究生当时被称为授课式研究生，指通过修读课程而获得学位的研究生。其与传统的学术性研究生的区别在于前者不像后者那样注重论文和研究。专业学位研究生的培养，在缓解经费压力的同时，也满足了社会发展和学习者个人的需求。20 世纪 60 年代，英国的《罗宾斯报告》和《斯万报告》建议将专业学位研究生作为主要发展方向，教育中心从学术性向专业性转变；1993 年的教育白皮书也鼓励专业学位研究生数量的增长。在一系列政策、措施的推动下，英国专业学位研究生教育得到大力发展。与学术性学位硕士相比，英国的硕士专业学位研究生的入学标准和科研要求都相对稍低一些，有些学生即使没有获得本科学位，但只要拥有较强的实践能力和丰富的工作经验，也可获得申请专业学位研究生的机会。全日制的专业硕士学时为 1 年，所学课程分为核心课程和可供选择的课程。在对教育质量的评估方式上，英国主要采用成果评价法，即"毕业生学习产出"。例如，英国工程硕士毕业生学习产出分为一般学习产出和专业学习产出。

德国被称为"现代研究生教育的发源地"，其对研究生培养有着一套较为成熟的固定模式。近年来，德国又通过招收已获文凭（硕士）学位或具有同等学力的在职毕业生来满足社会对高层次跨专业学科人才的需要，被称作"第二文凭专业学位教育"，学期为 2 年，通过优化知识结构、提高层次来培养高级应用复合型人才。德国的培养评估认证主要有通用和专业标准两个维度，评估内容广泛。德国的通用标准涉及内容广泛，主要指标包括培养目标、学生和市场

对本专业的需求、专业结构与学制、专业特色、教学大纲、教学方式、人力财力与基础设施、质量保证措施、考试与学习条例等。20 世纪 90 年代末，德国针对新设立的学位和专业，引入专业认证体系，进行评估认证，发挥了应用型人才的优势。

（二）国外高校硕士专业学位实践教学内容及目标

在国外许多高校中，硕士专业学位实践教学的内容几乎与当期的科学技术发展同步，因此学生日常所进行的实验有助于他们很快地适应新领域。例如，密歇根大学通常要求学生完成 912 小时的实践工作，由经验丰富的实习督导进行指导，通过学习实践课程来整合学生的课堂知识和实务技巧。又如人力资源紧缺的德国，学生一旦毕业进入社会参加工作，就需要具备独当一面且很快适应新技术发展的能力。他们的目标是培养掌握科学的方法、擅长动手解决实际问题的专门人才，因此其教学内容及实验课程便与领域中的新技术保持一致。美国曾在 1862 年颁布的《莫里尔法案》中指出，新型专业学位研究生的培养目标是培养职业领域的应用型高级专业人才。日本文部省于 1974 年颁布的《大学院设置基准》中，在专业硕士的培养目标中加入了 "培养高度专门职业所需的高度能力" 条目，表达了日本政府希望在研究生教育中加强专门职业人才培养的想法。

（三）国外高校专业学位实践教学模式及方案

国外高校普遍都十分注重在实践中培养学生的能力，教学体系中社会实习、实践教学占了一半左右的份额，足见对社会实践（实习）环节的重视程度。在不断创新的教学模式中，比较典型的有美国的 "校企合作教育" 模式、德国的 "双元制" 模式、法国的 "工读交替合作教育" 模式和以北美为主的素质教育（Competence Based on Education，CBE）模式。其中德国的 "双元制" 模式的特别之处在于大学生在入学前便跟企业签订雇佣培训合同，然后以学生和职员的双重身份，分别在高校和实训企业的双元结构中学习、实践，最后完成学业。而著名的 CBE 模式是 "基于能力的教育或以能力为基础的教育" 的缩写，实际上是一种以职业综合能力为基础、以胜任岗位要求为出发点的教学体系。它强调对学生能力的培养。这也是近年来国际上相当流行的一种教育思想。

曾经有学者指出，实践教学应当由 "技术性" 向 "反思性" 转变，前者不能解决复杂性、综合性问题，而后者能够通过对活动过程的反思及省察，达到对具体素材的探究和升华，从而达到培养学生实践能力的目的。德国和澳大利亚等国，重视教学方案的制定，邀请企业、政府参与其中，确保计划符合社会需求，人才满足社会需要。

（四）国外高校专业学位实践教学队伍建设

美国的社会工作硕士（MSW）专业学位教育已经有近百年的发展历史，师资队伍可谓结构合理、实力雄厚。从事 MSW 教学的教师不仅需要具备 MSW 及以上的学位，而且实践课程教师还必须具有 2 年以上的工作经验。据 2007 年 CSWE 的一项调查显示，美国从事社会工作教育的师资队伍中，92.7%的人具有 MSW 学位，其中一半以上具有社会工作或社会福利领域的博士学位，大约 51.8%的教师具有与本专业相关的职业资质。在美国的专业学位教育中，学生与指导教师之间是一对一的关系，即每一位研究生都有一位经验丰富的指导教师来指导学习和实践。指导教师往往作为研究生的顾问和咨询人员，与研究生共同挑战困难、探索可行性对策，这种师生关系更多的是监督而非指导的平等和谐的关系。与美国要求相似的韩国，在聘请应用型大学教师时，也把实践经验看作一项重要的标准。而德国的要求就更为严格了，其规定大学师资的教育资格、知识证明和证书要求均要符合该国颁布的《实训教师资格条例》。

（五）国外高校专业学位实训基地建设

国外高校专业学位的校外实训基地的建立，主要有三种途径。一是依靠公共教育培训部门，如滑铁卢大学设立的庞大而有特色的合作教育与职业服务中心，主要职责是开发新的合作教育项目，指导学生上岗前实习工作，提供职业训练。二是依靠公有或私有的培训机构。丹麦构建产学研一体化的教学型大学，企业合作人与当地政府共同参与制定各专业的技能标准，确保教学内容适用。三是依靠教育培训企业，如德国"双元制"模式，人才培养由校企分工合作、共同承担，学校负责理论教学，企业负责实践教学，并为毕业生提供工作岗位。由此可看出利用校外实践教学资源意义十分重大。因此，实践教学活动应积极创新实践教学方式方法，利用校外实践教学途径，提高实践教学质量。

四、我国高校硕士专业学位研究生实践教学体系的建构

实践教学体系，是一个以学生为中心，旨在培养学生的创新能力和应用能力的教学活动体系。它不仅包括科学实验、生产实习等基本的验证性实验，而且包括为解决实际生产问题和社会问题而开展的综合性实践，还包括提高学生

全面素质为宗旨的社会性实践。当前，动手能力较差、社会适应能力不强是硕士专业学位研究生乃至整个研究生群体普遍存在的共性问题，因此各大高校也纷纷将如何培养学生的实际操作能力，如何提高学生的社会适应能力作为应用型人才培养的出发点，这也是构建和完善实践教学体系的宗旨。一个较为完整的实践教学体系主要应包含以下几个方面。

（一）建构之前提：明确实践教学目标体系

在全日制专业学位研究生教育的实践教学体系中，培养目标是其建构的前提条件。它的总体目标是培养学生在掌握某一专业领域的理论知识下，具有较强的实际解决问题的能力。这类高层次应用型人才之所以为社会所需，是因为他们既适应经济社会发展的需要，又能够承担专业技术或管理工作，且具有良好的职业素养。

第一阶段主要以增进认知意识为目标。专业学位研究生的实践性取向，要求学生具有一定程度的社会经历，有一定的社会现象认知能力。而大部分学生在整个读书期间都主要封闭在学校，很少真正接触社会，因此认知能力须在进入高校后就加强培养。不同层次和形式的简单实习，可以提升学生的组织管理能力和团队协作意识，并能培养学生对社会现象的观察、理解、分析及认知能力，从而为增强社会适应能力奠定基础。

第二阶段主要以强化操作运用为目标。通过开设专业核心课程、采用理论与实践紧密结合的专业案例课程教学、模拟实验室课程软件操作以及到实习基地观摩学习等方法来实现这个阶段的教学目标。

第三阶段主要以提升思辨能力为目标。体现方式以毕业实习、毕业论文为主。通过实践教学引导专业学位研究生利用所学专业知识来观察、审视社会，逐步掌握思考、分析、解决问题的综合能力。

（二）建构之核心：构建实践教学内容体系

无论构建什么样的教学体系，其内容始终是建构核心。当前，我国各高校越发重视实践教学，逐渐提升其在教学课程中所占的比例。其主要推手就是教育市场竞争及学生的就业压力。可以预计，就业率将成为家长和学生选择学校首先考虑的因素。在新出台的《关于下达〈硕士、博士专业学位研究生教育发展总体方案〉的通知》（学位〔2010〕49号）指出，应注意贯彻综合性、职业性原则，在硕士专业学位研究生教育变革中，应充分注重专业硕士课程设置的综合性与"职业导向"的一致性，注重理论知识与应用能力培养紧密结合、人文精神与科学精神培养紧密结合、专业素质和综合素质培养紧密结合，突出专业技能培养，强调学生应用能力、专业素养的培养与提高。因此，实践教学可从三个层面进行内容拓展。

第一个层面是专业认知实习及课程实践。多安排在第一学期（为期 1～5周）进行，由教师指导学生进行调研，增强对社会和专业认知及人才需求状况的了解。校内完成的理论课程中的实践教学环节，可采用课程实验教学、实习教学、实践活动三种方案。例如，高校专业硕士的公共政策学课程，可安排 12课时的实践教学，利用公共政策分析软件在公共管理模拟实验室完成。

第二个层面是专业综合实践教学。实践教学的每一步都是环环相扣、循序渐进的，在以第一个实践层面为基础的前提下，学生们对本专业的理解和领悟有了进一步的提高。进入第二个层面（原则上不得少于半年），应开始强化专业技能及创新能力的培养，专业综合实践活动包括各类科研创新活动、创业实践、毕业论文设计等。应根据事先执行教学计划、围绕教学大纲，创新教学方式，并完善内容、配置师资力量、联系机构，制定实习督导的考核方案和办法，构建实习指导和督导的工作模式，从而保证专业实习的教学效果。例如，1 名实习指导教师负责对 5～8 名学生进行全程指导。

第三个层面是教学计划中规定的自主实践教学活动及毕业实习。经过第二个层面的专业综合实践教学后，学生们的专业理论水平以及分析、解决问题的能力得到了一定程度的提升。进入第三个层面，实践教学更注重凸显实践效果和效率，凸显知识实践的特点，如应用型、统一性等。开展各种形式的实践教学，熟练掌握、运用专业理论知识，提高实践教学活动质量，并努力将现代技术和企业实际需求接轨，构建不同专业和课程自成体系的实践教学体系。学校也应邀请企业提前参与全日制专业学位研究生的培养。例如，用人单位在条件允许的情况下提供"培养订单"，尝试与高校共同开展职业资格认定工作，实现学位证与资格证双证特色培养，建立满足行业特性和职位要求的、体现创新能力和再学习能力的职业资格认证体系，这不仅有利于高校培养与企业需求的无缝对接，更能直接提高全日制专业学位研究生的职业竞争力。

（三）建构之根本：组建实践教学管理体系

在全日制专业学位研究生教育的实践教学体系中，管理体系是其建构的根本。实践性教学管理面较广、内容较多，工作难度大。因此，构建科学合理的实践教学管理体系，不断提升实践教学质量，优化实践教学环境，加强管理人员队伍建设是实践性教学体系改革和创新的必要手段。实践教学管理主要包括对教学机构、教学人员和学习者的管理，我们应采用互有侧重、分工负责的管理模式。

1. 实践教学管理体系之教学机构的管理

高校的内部管理应以科学化、制度化、民主化为目标，充分发挥内部监督和控制机制的力量，如有效利用职代会、教代会、纪检、审计等部门，围绕教学这项中心工作，提高行政管理工作效率，提升对学生的服务水平和质量。明确岗位责任，落实奖惩措施，激发实践教学人员的工作激情，确保资金、措施最优化运行，实现实践教学活动效益最大化。高校要加强对实践教学的宏观管理，做到人人有其职，人人尽其责。力求构建一个富有活力、精干高效的组织结构，上传下达及时高效，充分发挥个人的积极性、能动性、创造性。实践教学能够保质保量地完成，与保证经费的及时、足额到位息息相关。目前的高校经费除了国家财政拨款外，其他渠道都很难凑足额度较大的资金。以社会捐款为例，因为国家没有出台太多的税收优惠政策，这个没有政策倾斜的项目是很难有足够的吸引力来得到支持的。而且国家每年对学费标准都有严格的限制，许多学校收取的学费相对办学成本来说都是入不敷出的。银行贷款也不是没有限制的，当它达到一定的数额，便很难再贷出资金。因此，在这样的环境下，高校应该努力开拓其他资金渠道，如社会筹资等。当然在设法争取资金的同时，更重要的是科学合理利用现有的资源。例如，在配备实践教学活动场地、设备、技术、图书、网络等物资时，事先做好合理的预算。又如，通过与企业合作，力争将现有资源所创造的科学成果转换成我们所需的物资。实习实训基地的建设是我们开展实践授课、提高学生专业技能的重要途径。我们应该在高度重视校外实训实习基地建设的同时充分利用社会资源，以技能培养要求为标准，内外并举，优势互补，建立稳定的且突出实用性、规范性和先进性的校外实训实习基地。我们应合理规划，用科学的方法提高活动场所和实习基地的利用率；也可以利用现代技术手段建立模拟仿真实训室，使学生在可控状态下、在模拟的岗位环境中完成实践学习等。

2. 实践教学管理体系之教师的管理

在对教师的管理方面，实践教学主要涉及教学方法和教师的引领作用、教师自身素质和实践能力、教师个人的社会经验及教师队伍建设等。教师在进行实践教学时可采用多种现代技术手段和教学工具，如利用多媒体辅助教学、仿真技术、网络实验技术等进行创新教学。在网络资源如此发达的当下，可充分利用专业课程互动的数字平台来进行资源的共享，在理论和实践创新中，增强实践教学的仿真性，重点分明、逐步深入，以增强学生对专业知识的感受和理解，从而调动学生自主学习的积极性，激发学生的自身潜能和创新思维，促使学生独立自主构建知识体系。在这次的调研中，我们发现，案例教学占据55.2%，是最能被学生认同和喜爱的；师生互动活动占比为41.3%，排在其次。由此可以看出，教师应该一改以前的传统教学方法，将学生视为一个主动的学习者而不是被动的接收者，要教育、引导和激励学生主动学习。例如，带领和引导学生结合专业课程特点，开展形式多样的课内外实践活动，提升学生的学习兴趣。由于专业学位研究生的实际操作能力要求较高，这就要求教师具备过硬的理论水平和丰富的实践教学经验。然而，这也正是目前许多高校教师所欠缺的，需要加强。虽然部分教师有着多年的教学经验，但这并不能等同于实践经验。因此，学校应多为教师提供定期的挂职锻炼机会，参与企业的科研和技术开发等；教师们更应抓住机会，付出更多的时间和精力刻苦钻研，提高自己的实践能力。只有教师自己先具备了一定的实践经验和能力，才能更好地引导学生进行实践性学习。师资队伍的规划建设对实践教学至关重要。教师肩负着培养社会适用人才的重任，教师的素质和教师的工作质量直接关系到学生的质量。充实学校实践教学的师资队伍，培养一批专职实践实验指导教师，能够让高校的实践教学更有活力。我国的许多医科大学，就常年聘请有多年工作经验的医生授课，医生们依据自身工作经验的讲授，使得学生将医学理论联系实际，提升对理论知识的理解和感悟。因此，专业学位研究生的实践教学也可借鉴此种方法，从企业聘请经验丰富的专业技术人员担任实践教学老师，组建一支以专职为主、专兼职结合的实践教学师资队伍。

3. 实践教学管理体系之学习者的管理

实践教学中，对学生的管理主要从兴趣风气、成绩考核、自主参与、模拟实验和毕业论文设计这几个方面来进行管理。一般来说，学习上的佼佼者都具备对所学科目兴趣浓厚且求知欲强的特性，他们善于学习，乐于思考，勤于实践。因此，通过努力都能取得优异的成绩。由此看来，高校应采用循循善诱的方式，利用实践教学的特殊作用，即以提高学生的综合素质和实践能力、培养学生的创新精神，来充分激发其学习兴趣，形成良好的学习风气和学习氛围。

在此次调研中，我们发现学生对改善实践教学活动的要求十分迫切。而对于这个影响学生学习的积极性、主动性和创造性，进而影响学生的实战能力、综合素质及社会经验，影响学生的就业率、工作能力的因素，教师应围绕培养目标和培养内容，积极地改进校内外实践教学活动，使同学们能更自主地参与进来。实践教学成绩的考核也应该得到充分的重视，因为这是衡量实践教学质量和办学水平的重要指标，也有利于高校管理者发现教学过程中存在的不足，并提出相应的改进措施。在提高实践教学质量的同时让学生积累实习经验和工作经验，从而在当今如此激烈的就业市场中求胜。在毕业前，学生独立操作的能力和解决问题的能力是学校考察的重要方面，一般会要求学生独立完成相关模拟实验和项目调研，最后撰写并提交毕业论文。国外的许多高校会要求学生以企业的实际课题作为论文的题目，毕业设计也主要在企业进行。为了体现毕业论文的实用价值，学生团队要拟订详细方案，详细估算成本，科学合理设计、制作各个环节，充分发挥自己的创造力和想象力。我国的专业学位研究生教育在实践教学板块也可以借鉴此种方法，这对于培养他们独立解决问题的能力和综合应用知识的能力非常重要。

（四）建构之关键：完善实践教学评价体系

做好后期维护是高校硕士专业学位实践教学体系建构之关键，其切入点便是通过完善各项考核、评估制度，健全实践教学中的各种考核体系，不断强化师资力量，提升教学质量，提高学生学习能动性。为实现此目的，就必须从以下四个方面对症下药。

第一，由于高校硕士专业学位实践教学的动态性特征不易评估，要使高校硕士专业学位实践教学课程不流于形式并真正发挥作用，就要变终端考核为全过程、穿透式考核，同时为了节约考核成本，必须灵活地综合使用重点监测和抽样检测等考核手段。

第二，引入多方平台，提升及完善学生实践的考核评价机制。这包括学校教师指导实践过程与报告的考核、学生自评与互评、实习单位指导老师考核以及引入企业参与全日制专业学位的评估工作。这种多维角度考核评价机制的建立，保证了考核的客观性、全面性和公正性，有利于切实提高学生的理论水平及对本专业知识的实践运用能力。当然，实施此种考核机制的关键在于制定科学合理的实践教学考核标准。反复实践将持续不断地证明，科学有效的考核评价机制的建立有利于高校专业学位的建设和发展，是保证高校研究生培养质量的必要的、行之有效的手段。

第三，建立畅通的实践教学评价及反馈系统。教学质量从来都是教育的生命线，是高等教育形成竞争力的核心要素。而实践教学作为高校教育教学体系的重要组成部分，直接关系到高校人才培养质量的问题。为确保这一体系运行良好以及得到及时改进，畅通的实践教学评价及反馈机制的建立便是题中应有之意，因为它能通过信息反馈，及时调整教学计划、变更教学内容、健全教学机制，从而保障实践教学工作持续开展，这是形成实践教学体系调整完善、新一轮良好运行的关键。

第四，量化并细化考核指标。传统的教学评估多针对学生理论知识的掌握情况，因为理论知识有相对统一的标准，所以比较容易量化和操作。而实践教学由于更侧重于技能操作的规范化及过程性而有其自身的特征，难以进行有效的量化评价。目前实践评估最大的问题就是考核目标难以具体化，其评价语言多含糊笼统。怎么把宏观层面的目标转化为能够量化的、具体的、紧密联系实际的微观指标，是当前需要思考并解决的主要问题，要结合课程实际层层分解，制定详细的、清晰的、具有针对性的考核指标，保证考核的可操作性。

（五）建构之基础：建立实践教学保障体系

在全日制专业学位研究生教育的实践教学体系中，保障体系是其建构的基础。实践教学体系的正常运作需要许多条件来保障，如师资队伍、物质条件、实践教学经费、资源设备以及实训基地等。

第一，建立应用型师资队伍。实践教学正常运作的保障之一是建立一支具备现代教育理念和创新精神，熟悉生产领域、掌握过硬技术、教学能力强且乐于教书育人的高素质实践教学指导教师队伍。但由于许多高校的教师毕业后直接留校，缺乏社会实践锻炼，缺乏理论指导实践、实践证明理论的过程，从而影响专业实践教学的整体质量。因此，应鼓励教师多进行部门实践或挂职锻炼，提高教师的实践能力，还可考虑聘请业内专家来校兼职教授实践课程，指导专业建设和发展。

第二，获得政府和社会力量的支持。社会、政府和企业的支持是实践教学重要的社会资源保障。目前，由于许多企业不愿意接受学生实习，导致部分高校的实践实习流于形式，更毋论实践教学的质量高低。应整合多方资源，出台一些政策鼓励社会和企业为实践教学提供公益服务。例如，政府对实习企业给予一定的政策倾斜，把实习单位的实习指导情况纳入单位年终考核和绩效评估等。

第三，提供物质条件保障。应加强专业实验中心、重点实验室、研究生教育创新基地和校内外实践基地等的创建。虽然有部分高校配备了专业模拟室，但由于教学软件价格昂贵、操作困难且不够专业，导致模拟室利用率低，存在闲置现象。建议各高校利用自身人力资源，自主开发符合自身情况的专业教学软件。

第四，实践教学经费保障到位。一是要根据学生数量做好前期教学预算，预算额度要符合实际需要，不宜过低也不能太高；二是保障项目资金充裕，完善教学软件及各种硬件设施建设。

参考文献

[1]教育部. 关于改进和加强研究生工作的通知. 1986.

[2]教育部. 关于进一步加强高校实践育人工作的若干意见. 2012.

[3]教育部. 教育部关于做好全日制硕士专业学位研究生培养工作的若干意见. 2009.

天津财经大学研究生数字化学习（Elearning）教学体系构建研究[①]

吴小玮[②]

摘要 数字化学习平台是指教师和学生以互联网为平台，利用微机、平板电脑、手机等终端进行教学与学习的过程。本文在借鉴国内各高校建设数字化学习平台的基础上，提出了天津财经大学建设 Elearning 教学平台的目标、模式、体系。

关键词 财经类院校 Elearning 教学 教学体系构建

一、天津财经大学研究生 Elearning 教育体系的构建研究

研究生 Elearning 教育体系的构建是一项系统工程，必须进行全方位、多角度的综合建设。应在树立起一个中心、三个基本建设、五个创新的基础上，从三个层面逐步深入地开展我校研究生 Elearning 教育体系构建。

一个中心，即在研究生师生中树立起开展研究生 Elearning 教育的理念；三个基本建设，即 Elearning 教学设施建设、教师队伍建设和 Elearning 教育文化环境建设；五个创新，即培养方式的创新、教学方法的创新、激励机制的创新、教学管理模式的创新以及考评体系的创新。三个层面包括：①教育思想即教学观念层面；②教育模式即教学机制层面；③物质环境即教学条件层面。教学观念是研究生 Elearning 教育体系的核心，教学机制是引导教师与学生积极投入研

① 本文是天津财经大学学位与研究生教育教学改革研究项目"天津财经大学研究生 Elearning 教学体系构建研究"（项目编号：2014YJY21，主持人：吴小玮）的中期研究成果。
② 作者简介：吴小玮，天津财经大学研究生院负责学籍学位工作。

究生 Elearning 教育的重要保障，教学条件则是研究生 Elearning 教育体系形成的物质基础。

（一）在研究生师生中树立起开展研究生 Elearning 教育的理念

Elearning 教育观念是研究生 Elearning 教育体系的核心和灵魂。树立研究生 Elearning 教育观念是开展研究生 Elearning 教育的前提。研究生 Elearning 教育观念从根本上包含三个方面，即以人为本的教学理念，以学生为主体的教学宗旨，随时教、随时学的教学方法。

树立研究生 Elearning 教育观念，必须转变传统的教育思想观念。在教育思想上，应转变单纯以课堂为中心的教学思维模式；在教育目标上，要转变传统以课堂和书本为传授知识中心的教育观念，将传授知识、培养能力、提高素质等教学活动融入学生的日常生活。在教学内容上，要转变以狭隘的专业教育为中心构建课程系统的教育观念，加强基础，拓宽口径，增强适应性；在教学方法上，要转变以教师为中心、以灌输知识为主的教学方法，逐步强化学生主体的学习意识，积极发挥学生的主体作用；在教学管理上，要转变统一模式、统一要求的教育观念，正确认识和处理统一要求与个性发展的关系，实行因材施教，注重学生的个性发展。

研究生 Elearning 教育的理念应该围绕"个体研究生的培养目标""高素质创新型研究生的培养方式"而展开。

研究生 Elearning 教育应确立以下几个基本理念。

1. 以人为本的教学理念

以人为本的教学理念，即在教学过程中以教师为本、以学生为本。只有在这一理念得到真正执行的情况下，研究生 Elearning 教育才能得以发展。

研究生 Elearning 教育理念对研究生教学以人为本提出了更高的要求。研究生 Elearning 教育的基础是随时教、随时学。研究生 Elearning 教育要贯彻教育与生活相结合、教育与社会相结合的理念，培养学生的随时学习习惯和寻找学习焦点的能力。

2. 以学生为主体的教学主旨

教育的主体是教师和学生，教师主体体现在教育过程中的引导性；学生主体体现在教育过程中的主动性。研究生 Elearning 教育从本质上说是挖掘人的潜能，促进人主动发展的启发式教育，所以 Elearning 教育更加重视培养学生的随时学习意识、开放性学习的思维方式、主动寻找学习资料的能力和将学习融入生活的理念，强调学生在教育过程中的中心地位，突出学生的主体性，使得学生能够更加积极、更加主动地参与学习，既有利于学生个体，也有利于整个研究生教学的发展。

3. 随时教、随时学的教学理念

研究生 Elearning 教育的目的是为了培养高素质的创新人才。因此，随时教、随时学的教学方式应作为研究生教学改革的首要目标，Elearning 教育是达到这一目标的捷径。虽然它对研究生的教育改革提出了较高的新要求，而随之逐步形成的随时教、随时学的教学理念则能推进我校整体研究生教学水平的提高。

（二）加强三个基本建设

我校研究生 Elearning 教育体系的构建必须加强三个基本建设，即 Elearning 教学设施建设、教师队伍建设和 Elearning 教育文化环境建设。这三个基本建设是实施研究生 Elearning 教育开展的根本保证和条件。

1. Elearning 教学硬件建设

目前，财政部的先期投入初步完成了研究生 Elearning 教学平台的搭建，Elearning 教学实验室、多媒体教室以及部分公共课程视频材料、题库等软硬件设施的需要。

2. 教师团队建设

Elearning 教学对于传统教学而言，对教师团队建设的要求更高。其重点是建立健全我校研究生教学团队建设与发展机制，包括管理机制、培养机制、约束机制。要加强师德建设，使广大教师树立正确的教育观、质量观和人才观，不断提高思想政治素质、业务素质和文化修养，增强实施素质教育、培养创新人才的自觉性和能力。

3. 研究生 Elearning 教育文化环境建设

Elearning 教育的发展必须借助校园教育文化氛围的沃土。只有加强校园人文环境建设，积极倡导 Elearning 教育的理念，才能在提高研究生文化素质的同时逐步建立起以人为本的教学理念，以学生为主体的教学宗旨，随时教、随时学的教学方法。

（三）实施五个创新

1. 培养模式的创新

实施研究生 Elearning 教育的首要任务就是对现有的研究生培养模式进行

创新，使其在符合 Elearning 教育的同时满足以就业为导向的培养目标。研究生的培养模式应是多样化的，应注重研究生全面素质的提高、创新能力的培养、充分体现研究生的个性发展。

基础课应面向全体研究生，提供内容丰富的基础课程教学平台，选用国内外名校的教学内容，为研究生 Elearning 教育思维模式的形成打下坚实的基础，这其中应包括坚实的政治理论基础、人文社会科学基础、自然科学基础、专业基础。学科基础课应拓宽专业口径，增强适应性，同时压缩课堂内学习的学时。统一减少必修课的门数，加大选修课比例，为研究生提供灵活自主的学习空间；课程设置分层次、按模块，满足不同专业、不同层次学生的需求。完善高素质研究生特殊培养制度，通过实行硕、博连读制度，教学资源向优秀的个体倾斜，对其提高培养要求，开展精英式教育。

2. 教学内容与教学方法的创新

研究生 Elearning 教育对教师提出了更高的要求，不仅仅要求课堂教学与课外教学同步开展，相辅相成，而且要求教师在课内外的教学内容与教学方法上有较大程度的创新，这就要求改变原有的教师单打独斗地讲授同一门课程的教学模式，逐渐转变为教授同一门课程的老师组成教师团队，统一设计该门课程的 Elearning 教学。

3. 激励机制的创新

教师和研究生是我校研究生 Elearning 教育体系的两大主体目标群，如何择优奖励，以充分调动起二者的积极性，是研究生 Elearning 教育实施的首要问题。

对教师实行有效的激励，可以在实现其价值需求的同时，激发其努力提高自身的创造力和创新能力，努力改进教学、教法以适应 Elearning 教学的要求。同时有效的激励机制也能在教师中建立起良好的竞争模式，使得教师在竞争中快速提高。同研究生科研、学习能力培养挂钩的激励方式，也可以触发教师努力以各种有效的教学方式来培养研究生的综合能力，其结果自然是绩效提高、研究生培养质量上升、学校的近远期知名度的提升。

对研究生采用合理的激励机制，可以使其自然而然地投入到 Elearning 教学活动中。一旦在研究生中形成了一个良好的生活学习同步进行的学习氛围，就可以反过来对授课教师形成压力，促使其多学多教。如此形成的良性循环，不仅使研究生的学习科研能力逐步提高，相关成果增多；也使得教师在教学方式创新以及教学内容创新等方面同步发展。对于学校而言，这样的结果无疑是取得了三赢的大好局面。

4. 教学管理模式的创新

Elearning 教学要求逐步建立起具有弹性的学习制度和教学管理运行机制。这就需要改革统一要求的管理模式，变硬性管理为弹性管理。打破专业、年级界限，允许学生跨学科、跨年级选课，实行分层次教学，将必修课分成不同层次、不同模块供学生选择，在必修课中引入选修；可以免听、免修，通过自学参加考试获得学分。给予研究生选择学习进程的主动权，允许学生提前毕业或延长学习期限等。

5. 考评体系的创新

（1）考核方式

采用 Elearning 教学的课程应采取以在线考核为主的考核方式，不再是单一的期中、期末测验，而转为授课、教学过程中实时对课程的主要知识点进行考核，同时将考核结果记入平时成绩。结课时，根据培养方案制定的考核方式来确定期末考试计划。采用 Elearning 教学的课程推荐组建题库，采取在线的方式进行期末考核。

（2）评估体系

将参加数字化学习的课程考核纳入研究生授课教师教学评估体系中，经网上评估系统进行考核。

（3）激励方式

建立有利于研究生 Elearning 教学发展的人才评价与激励机制。要改变以掌握知识的多少来评价学生质量的知识质量观，改变以分数排队的单一的评价模式，建立能充分体现学生创新意识、素质、能力的评估内容、方式、方法和标准，将学生创新能力作为一项重要评价指标纳入学生综合素质评价内容，包括参加各项科技活动和科技竞赛、发表科技论文、发明专利等。

二、天津财经大学研究生 Elearning 教学平台建设目标

（一）初期建设目标

1. 重点课程教学辅助

该平台的搭建为重点课程的教师提供一个分享课程教辅背景材料的空间，

便于师生查阅学习资源，分享知识。将重点课程的理论知识部分的教学以Elearning 教学的形式开展，由学生在线完成相应的学习与考核，这不仅减轻了教师的重复性教学工作，而且可以逐步培养研究生自主学习能力。

2. 公共基础课教学

英语、马列等理论性、基础性较强的公共基础课可以完全采用 Elearning 教学的授课方式开展教学，我校已将天津大学英语与马列 Elearning 课程的视频以及题库采购完毕，后续可组织相关教师成立教师组进行编辑，以适应我校的校情。通过课程评估后上线，供研究生学习。正式启动后，研究生基础课中英语、马列课程的学习与考核均可在线进行。

3. 选修课教学

将实践、应用性较强的选修课课程的理论部分采用 Elearning 教学方式开展，让学生在课外时间上网学习。任课教师从授课者转变为辅导者，课堂环节更多用于集中研讨，或者实践演练，促进知识向技能的转变。

4. 数字化学习课程考核、评价平台建设

（1）考核方式

采用 Elearning 教学的课程应采取以在线考核为主的考核方式。

（2）评估体系

考核纳入研究生教学评估体系中，经网上评估系统进行考核。

（二）数字化学习平台内容设计

1. 课程选取

前期从基础理论型的重点课程以及实践应用型的选修课中选取部分课程进行试点，选取模式为教师自荐与学科推荐为主。

2. 在线课程内容

在线课程内容须包括课程简介、教学大纲、课程视频、学习时间安排、作业、中期目标、常见问题资料、线下调查、课堂讨论议题等项目。课堂环节的授课也须督促学生按计划完成在线部分内容的学习。

（三）软件平台及硬件设施构建

1. 软件平台选取

选取天津大学 Elearning 教学系统为基础，进行软件平台的搭建。

2. 硬件设施建设

Elearning 教学实验室建设以及相关配套网络建设。

3. 管理岗位设置

应设置专人专岗对数字化学习平台进行管理。

（四）课程安排方案

目前我校研究生 Elearning 教学课程尚不具备由某位教师独立实施教学的条件，应该采取以教师组为主的教学方式因材施教。研究生学习须采取以教师组的安排为导向的教学策略，完全放开的自主式学习尚不可行。

研究生 Elearning 教学的目标为培养研究生自主学习、随时学习的学习理念，进一步模糊"教"与"学"的界限，经过有计划的引导和安排，实现研究生自主学习、随时学习的新型学习模式。

Elearning 课程的教学模式应采取以课题为导向的 Elearning 课程、以资源为导向的 Elearning 课程、以能力培养为导向的 Elearning 课程等三种模式。

（五）Elearning 课程教学模式分析

1. 以课题为导向的 Elearning 课程

以课题为导向的 Elearning 课程是指教师组以某项课题为基础进行相应的课程学习设计，要求学生根据现有的学科理论知识和学科前沿的材料为基础，围绕 Elearning 课程所研究的课题进行学习，进而在确定研究方向之后，能够顺利地取得研究成果。

2. 以资源为导向的 Elearning 课程

以资源为导向的 Elearning 课程通常是某门公共基础课或学科基础课的附属课程，课程以收集、整理、分析各种教学材料为目的，旨在培养研究生收集、整理、分析大量相关资源的能力。同时，为相关联的课程学习提供丰富的在线资源。教学材料包括 word 文档、幻灯片、教学大纲、视频文件、音频文件、相关网站、相关书籍电子版、网络课程的课件等。

3. 以能力培养为导向的 Elearning 课程

以能力培养为导向的 Elearning 课程通常是以实践性课程为基础的辅助或衍生课程，是指利用 Elearning 课程随时教学的特性，在现实或者网络上建立针对课程的交流、协商、讨论的环境，为研究生提供对实践中所遇到或者预见的问题的多种观察、比较、分析的方法，使研究生能够通过学习实现自我能力的强化、共同提高。

三、团队式研究生 Elearning 学习模式

Elearning 教育模式的随时性学习特性很容易被广大研究生误解为随意性学习，因此建立起有针对性的团队来开展 Elearning 学习尤为重要。同时，研究生作为高技能型创新人才，在团队协作、团队精神方面的培养也十分必要。因此，在研究生 Elearning 教育中，应建立相应的激励机制引导研究生自觉地形成团队式研究生 Elearning 学习模式。

（一）研究生 Elearning 学习团队的培养模式

1. 研究生 Elearning 学习团队的类型

针对不同类型的课程，研究生 Elearning 学习团队可分为：科研式学习团队和资料性学习团队。

（1）科研式学习团队。团队自发或在研究生教师的带领下以进行科学研究为主要目的的学习团队。

（2）资料性学习团队。团队自发或在研究生教师的带领下以收集课程知识的全面、前沿、系统的资料，对其进行整理、分析为目的的学习团队。

2. 研究生 Elearning 学习团队相关能力的培养

培育团队学习能力关键在于培养研究生团队式合作学习的理念。目前公认的几种有利于团队式学习能力培养的方法包括脑力激荡法、6-3-5 法、脑力乒乓法、模拟团队工作法等。

（二）科研式学习团队

研究生 Elearning 科研式学习团队是指以某门 Elearning 课程为基础，由研究生教师组织成立或者研究生自发组成的科研型群体组织。科研式学习团队可以是流动性很强的组织，也可以是稳定性强的组织，具体要以课程所研究的内容来决定。团队成员为了一个共同目标而集聚在一起，并相互协同合作以完成课程所要求的科研任务。知识层次高、技能互补、相互信任、有效沟通等内容构成了这种团队的本质特征和基本内涵，而这些也正是作为一支高效团队所应具备的最基本要求。

1. 团队组建方式

Elearning 科研团队的组建方式是"课程制"。同其他研究生科研团队的"课题制"的团队组建方式不同，Elearning 科研团队的成员限定为选课学生，而且

团队的官方组建时间相对较短，限定为课程结课之前。

"课程制" Elearning 科研团队的组建，应该在教师组指导下，以课程内容为目标，并以课程的研究方向为中心，以学习团队为基本活动单位进行科研组织、管理和研究活动，是一种类似科研团队管理的运行体制。Elearning 科研团队，允许且鼓励跨学科、跨专业的研究生组建团队；团队以课程提供的研究对象为中心、以团队成员为单位进行必要的科研活动。在团队中，人力可以自由调配，科研资源可以充分共享，能力可以自由发挥。这种体制突破了旧有研究生教学、科研中院系管理的体制，完全可以成为将来我校研究生科研活动的样板，有利于促进我校资源优化配置、加强研究生的科研能力。

团队组建是团队建设和管理的基础性重要工作。Elearning 科研团队组建指的是围绕 Elearning 课程的具体研究方向，根据课程目标或具体的研究方向，将具备相关知识并具有知识互补性的研究生组合在一起。其主要内容包括团队规模确定、团队性质定位、团队成员界定和任务分配。

（1）团队规模确定。团队规模确定指的是团队成员人数的确定。一般情况下，对于不同的任务，所需要的人员数目并不相同。应该视课程的研究方向需求的具体情况而定。团队规模确定是团队组建工作的基础。

（2）团队性质定位。由于不同类型的团队在工作周期、一体化程度、工作方式、授权大小、决策方式上都有很大的不同，因此明确团队的定位是非常重要的。在团队的定位明确以后，接下来就可以制定一些规范，规定团队的任务，确定团队的责任。

（3）团队成员界定和任务分配。团队组建的另一要素是人员问题。团队是由人组成的，确定团队目标、定位，都只是为团队取得成功奠定了基础，但最终能否获得成功仍取决于人。

2. 团队的学习方式

以科研为目的的 Elearning 课程的内容和所涉及的问题均为学科的前沿，一般是创造性的、独特的，这就决定了高校以 Elearning 课程为基础的研究生科研学习团队的目标一开始必然存在着较高的模糊性和粗略性，课程越前沿，不确定性就越强。然而，明确的目标是一个高效团队形成的条件和基础，只有明确和具有指导性的目标，才能有效、紧密地团结团队内所有成员和协调所有的活动，并保证最后的实施效果。因此，高校以 Elearning 课程为基础的研究生科研学习团队学习方式就是在改善其团队学习（科研）目标的模糊性和粗略性的同时，不断调整、明确团队学习（科研）目标，同时关注团队成员的个人学习（科研）目标，实现团队学习（科研）目标同成员个人学习（科研）目标的有效结合。

3. 团队的管理方式

高校以 Elearning 课程为基础的研究生科研学习团队管理要遵循人本化和多样化的总体原则，采用引导式、过程式管理的具体方式，重在培养研究生在 Elearning 课程所主导的学习方式下的学习、科研能力以及团队协作能力。

（1）总体原则

①管理理念人本化。高校以 Elearning 课程为基础的研究生科研学习团队的管理手段应是协定和价值观的培养。教师组作为团队管理者的真正价值不在于比团队成员更了解如何做事，而在于是否能够提出目标和决策，通过协定和价值观培养的管理手段，帮助大家明确并完成团队及各自的根本任务。因此，高校以 Elearning 课程为基础的研究生科研学习团队管理的首要原则就是管理人本化，以人为本。

要实现管理人本化，就必须在团队范围内建立信任、尊重和支持的工作氛围。在团队管理中，必须建立充分信任团队每个成员的基本理念，尊重人才，努力排除克服影响信任关系建立的各种障碍，培育以信任为基础的团队文化，从而更好地促进团队成员树立自觉自愿的工作精神。

②考核手段综合化，考核目的多样化。Elearning 课程的考核手段本身就是多样化的，科研型的 Elearning 课程的考核方式更加丰富，可以综合整个课程研究阶段的各个流程，即沟通、协调、任务分配、目标设定、成员激励、自我评价、科研建议、目标完成度等。同时考核的目的也不仅仅局限在评价团队学习效率的高低上，而是可以用来区分学习方式的优劣。另一方面，可对考核较差的团队进行比较管理，以增强成员自信、打消团队成员挫折感、增强对集体的信任、凝聚集体的智慧与团队的力量。

③科研目标阶段化。一般情况下，课程所研究的内容需要经历一个较长的过程（一个学期）。因此，要根据每一阶段的团队特点来确定不同的阶段化科研目标。例如，从时间上或者研究深度上入手，可以分为初期研究目标、中期研究目标以及研究结果；从团队学习效率上入手，可分为磨合期研究目标、发展期研究目标、成型期研究目标等。分阶段订立科研目标的好处是要让每一个团队以及每一位团队成员更好、更清晰地理解个人目标和团队目标，同时也使得教师组的考核目标明确、清晰，考核内容与考核结果更加透明、更有说服力。

同时，也能使课程的设计目标更加明确、清晰。

（2）管理方式

①结合目标的过程管理。在科研学习团队中，明确的目标是成员协同工作的基础，共同的目标可以激发团队成员的热情与才干，使他们愿意为这个具有挑战性和新颖性的目标而不断努力。因此，结合目标的过程管理可以把成员更紧密地团结在一起。针对以 Elearning 课程为基础的研究生科研学习团队的目标具有高模糊性和粗略性，在课题研究的进行过程中，要经常通过现代化的沟通手段，把团队目标和宗旨发送给各个成员，不断强化成员对它的认识。同时也可以接收成员的反馈意见，如果出现问题，可以立即进行个别沟通，让成员分享团队目标。要经常与成员沟通团队当前运行状况，并要求成员自我检查并纠正与目标和宗旨的偏差，协调个人目标与组织目标的冲突。

②注重协作的人员管理。由于以 Elearning 课程为基础的研究生科研学习团队是以课程研究组等为代表的研究生科研型学习组织，一般群体成员所拥有的背景、技能、知识不同，具有高度的知识互补性、技能跨职能性和信息差异性。这就从根本上决定了团队成员之间具有高度的相互依赖性，各成员间的相互协作程度决定了团队目标的顺利完成状况。因此，对于以 Elearning 课程为基础的研究生科研学习团队的人员管理，关键在于关注其成员之间的相互协作性。这就要求，首先必须在团队内建立一个良好的沟通机制，实现并鼓励随时随地畅通的交流。其次，就是相互信任。建立良好的沟通机制是达到相互协作的基础，没有良好的沟通机制，就不可能实现有效交流，而成员间的相互信任则是实现协作的关键。没有相互信任的氛围，同样也不能达到协同合作的目的。

③突出效果的激励约束管理。团队的运作，仅仅依靠信任关系的维系是不够的，还必须建立起有效的激励与约束机制，以调动成员的积极性，规避成员的道德风险。首先，在给予充分信任的同时，必须保证个体目标与整个团队目标的一致性，这就要求把信任和契约联系在一起，以契约的形式明确成员的权利、义务以及违约责任等。其次，在把握虚拟团队成员组成特点的基础上，深入研究各虚拟成员的需要，构建有效的激励机制，如建立良好的团队环境（技术条件、学术氛围、团队文化等），提供挑战性的工作，给予丰厚的回报，组织跨领域学习、交流等。众所周知，建立团队激励机制的最大困难在于难以衡量个体的业绩，这也意味着在科研创新团队管理中，往往需要把激励机制建立在团队产出的基础上，要求激励框架有对团队内部协调性的刺激，通过把个人收

益和团队业绩结合起来促使成员在创建团队绩效中更加努力。

（三）资料性学习团队

在高等学校，学科基础理论以及前沿问题的研究都离不开对大量基础资料的收集、分析。研究生 Elearning 资料性学习团队是指以基础性资料收集、分析为目的的 Elearning 课程为基础，由研究生教师组织成立，或者研究生自发组成的群体组织。课程的内容决定了资料性学习团队必须是稳定性较强的组织。团队成员为了收集、整理和分析与课程相关的资料而集聚在一起，并相互协同合作以完成课程所要求的任务。

Elearning 资料性学习团队的学习理念是实事求是，而就科研型学习团队而言，创新是其学习的首要任务。尽管如此，资料性学习团队无论在团队的组建方式和管理方式上同科研型学习团队差别不大，以下仅就差别之处做简单说明，其余部分不再重复。

1. 团队组建方式

Elearning 资料性学习团队的组建方式与科研式团队的组建方式略有不同，虽然均是"课程制"，成员也均限定为选课学生，但是在组建时间上明显长于科研型团队，因为即使课程结束后，对相关资料的收集和整理也应该继续，这也是 Elearning 课程所倡导的随时学习理念的体现和延伸。组建方式依旧是在教师组指导下，以课程所涉及领域的资料收集、整理、分析为目标，以良好、高效的团队分工为基础，较科研式团队而言，资料性团队更讲究合作，个体在团队中的作用主要通过团队目标的达成来体现。Elearning 资料性学习团队，由跨学科、跨专业的研究生组建团队，团队成员的学习背景要求多样化。团队领导为任课教师组的教师，成员必须严格依照领导所安排的学习进程进行分工、协作。

（1）团队规模确定

一般情况下，针对同一课程，须收集、整理、分析的资料也有所不同，对团队成员人数的要求也会改变，应该从资料收集、整理、分析的难度和工作量入手，制定合理的人员配备比例。

（2）团队性质定位

资料性学习团队的性质比较单一，每个团队都集中在对资料的收集、整理、分析的学习任务中。不排除应课程需要，教师组将资料性学习团队分为资料收集团队、资料整理团队以及资料分析团队，但这样分配团队任务显然不利于研究生的学习和发展，应极为谨慎。

（3）团队成员界定和任务分配

资料性学习团队的任务分配相对单一化，整体的工作难度也集中在工作量上，所以工作分工和任务的分配要充分考虑工作量的评价分摊，也要考虑学习进度的安排，过紧过松都对团队的发展不利。

2. 团队的学习方式

资料性学习团队所涉及的学习内容主要集中在资料的收集、整理、分析上，所以其课程目的明确，不会产生偏差，这为一个高效团队的形成提供了必备的条件。资料性学习团队的学习方式明确：收集、整理、分析教师组所指定的学科基础或前沿性资料。因此，高校以 Elearning 课程为基础的研究生资料性学习团队的学习方式就是在明确团队学习目标的同时，通过为成员设定合理的学习（工作）目标，整个团队通力合作，稳步前进。

3. 团队的管理方式

资料性学习团队的管理方式与科研式学习团队基本相同，但其明确的学习目标和学习任务导致其考核评价方式不如科研式学习团队复杂。

（1）总体原则

①管理理念。高校以 Elearning 课程为基础的研究生资料性学习团队的管理手段应是集权和均权相结合，目的是培养研究生收集、整理、分析资料的能力。教师组作为团队管理者，在确定学习目标的时候应是集权的，而在实现学习目标的过程中却要给研究生充分自由行动的空间，也就是所谓的均权实施。

②考核方式。资料性学习团队的考核方式相对科研式团队的考核方式而言则更加多变，考核时间也更加灵活。教师组可以在资料收集、整理和分析节点上设置考核点，这样做的好处是在加强过程化监督的同时及时验证学习团队的工作方向和学习进度。考核目的也不再是评价团队学习效率和学习成果，而是明确各个团队学习方法的优势和劣势，使团队间能够取长补短。

③阶段化课程。一般情况下，课程总体目标的实现所经历的过程较长（一学期至一学年）。因此，要将课程目标阶段化，从而根据每一阶段的细化目标来确定各团队在不同阶段的学习进度，也可以让团队据此制定各自的阶段化学习目标。

（2）管理方式

①课程目标管理过程化。在资料性学习团队中，明确的目标管理是成员协同工作的基础，分阶段给出的具体学习目标可以激发团队成员的热情与才干，

使他们愿意为这个具有挑战性的目标而不断努力。

②团队成员管理协作化。由于以 Elearning 课程为基础的研究生资料性学习团队是以资料收集为目标的研究生学习组织，一般群体成员所拥有的背景、技能、知识不同，具有高度的知识互补性、技能跨职能性和信息差异性。这就从根本上决定了团队成员只有在高度的协作精神下才能保证每一阶段的团队目标顺利完成。

③激励机制阶段化。对于研究生资料性学习团队而言，建立起阶段性的激励与约束机制，才能按部就班地调动成员积极性。一方面，资料性学习团队的学习过程必须保证个体目标与整个团队目标的整体与阶段一致性，阶段性的激励与约束机制可以保证一致性的贯彻。另一方面，阶段性的激励与约束机制也能够充分体现团队个体之间的差异，使得教师组能够在学习过程中及时调整激励与约束机制，使其更加适合本团队的学习。

四、建立健全我校研究生 Elearning 教育体系激励机制

（一）建立健全我校研究生 Elearning 教育体系激励机制的必要性

教师和研究生是我校研究生 Elearning 教育体系的两大主体目标群，如何择优奖励以充分调动起二者的积极性，是研究生 Elearning 教育实施的首要问题。

1. 教师方面

目前，我校研究生 Elearning 教学体系均处于建立发展的初期，虽然相关建设和发展正在有条不紊进行，但相应的激励制度却不健全，亟待完善。

首先，对教师进行激励是我校开展研究生 Elearning 教学的基础。

我校研究生的培养目标是向京津冀乃至周边地区输送社会经济发展所急需的高级人才。教师是研究生教育的中流砥柱，是培养高素质、创新型人才的决定因素。Elearning 教学中，教师积极性的发挥，是研究生教学能否正常有序地进行、研究生培养目标能否如期实现的关键。对教师进行激励，充分调动其积极性、主动性，是我校开展研究生 Elearning 教学的基础。

其次，对教师进行激励是我校研究生 Elearning 教学水平高低、研究生培养质量好坏的关键。

我校研究生教育落实科学发展观的关键是要通过自身的改革和发展，努力提高办学质量，为社会提供更多的高素质创新型人才，为经济社会和人的全面

发展做出贡献。研究生 Elearning 教学体系的构建正是我校研究生教学落实科学发展观的体现。这就要求对研究生授课教师的管理工作在以教师为中心的基础上，逐步建立起能够充分调动其主动性、积极性和创新性的激励机制和奖励措施。我校应该以尊重知识、尊重人才、服务教师为理念，从教师的实际需求出发制定出真正符合教师需要的激励政策。

最后，对教师进行激励是激发教师教学创新的积极性、主动投入研究生 Elearning 教学的催化剂。

对教师实行有效的激励，可以在实现其价值需求的同时，激发其努力提高自身的创造力和创新能力，努力改进教学、教法以适应 Elearning 教学的要求。同时，有效的激励机制也能在研究生教师中建立起良好的竞争模式，使得教师在竞争中快速发展。同研究生科研、学习能力培养挂钩的激励方式，也可以触发教师努力以各种有效的教学方式来培养研究生的综合能力，其结果自然是绩效提高、研究生培养质量上升、学校的近远期知名度提升。

2. 研究生方面

在学期间，大部分研究生的精力更多地放在找工作这一现实问题上，对于学习和自身能力的培养只是被动地接受，可以预见大部分研究生不可能主动将 Elearning 教学提升到自己生活、学习的中心位置。

这种状态，单单依靠校方的说教和家长的灌输是无法改变的。适当引入激励机制可以唤起研究生的积极性，使其主动地加入到 Elearning 教学的实践中来，逐步引导研究生由被动学习转变到主动求学，从自我认识上了解创新能力的重要性。

第一，研究生是 Elearning 教学的主体目标群，只有充分调动研究生参与 Elearning 教学积极性，开始主动学习，Elearning 教学才能真正取得成果。

第二，有效的激励是激发研究生主动学习、主动参与科研的关键，可以让学校与研究生实现双赢。

（二）财经类院校进行创新能力培养激励所应坚持的原则

应当遵循科学性、公平公正性、差异性、系统性、透明性等原则。

1. 科学性

实施激励过程中，必须尊重客观规律，坚持科学性原则。要根据心理学、教育学、管理学、行为科学等原理，借鉴激励理论的研究成果，从激励对象的需求特点出发，选择恰当的激励手段、方式和力度，做到科学合理。

2. 公平公正性

激励力量的大小往往决定于人们相互间的社会比较，即人们总是习惯于把自己的劳动、付出和得到的报酬、荣誉与他人进行比较，若比较后认为是公平合理的，就会激发工作动力，发挥积极性。这就要求我校在设计和实施激励措施时，一定要强调公平性、公正性。

3. 差异性

只有着眼于满足人最重视的需求才能激励人的动力。人的需求是有阶段性、差异性的，在不同的时期，一定有压倒其他需求的主导需求。现实中在分析需求时，必须充分考虑当时的环境因素和个人的实际情况，实事求是，具体分析，适时调整相关政策和制度，有针对性地采取激励措施。

4. 透明性

制定激励措施必须要坚持透明性原则。政策的制定要透明，政策的执行要透明，执行的结果要透明。

（三）建立健全我校研究生 Elearning 教育体系激励机制

1. 教师激励机制的设计

（1）实施研究生指导教师的岗位聘任制

我校应该从研究生指导教师的岗位聘任制出发，为研究生导师的岗位聘任制增加一条评判的客观依据的同时，用招生规模来引导研究生导师积极参与到研究生 Elearning 教育中来。

研究生导师岗位聘任制是建立健全我校研究生 Elearning 教育体系激励机制中最重要的部分，能够真正调动起广大研究生导师积极参与研究生 Elearning 教育。

实行研究生导师评聘制的目的是通过实行导师岗位的聘任制，引入竞争机制，充分调动教师的积极性，使其主动提升自我能力，使自己在岗位竞争中处于有利地位。这样就能激发研究生导师在教学、指导研究生工作中的活力，全面提高我校研究生教师的整体水平。同时将开展 Elearning 教育列入考核指标，也会使我校研究生 Elearning 教育可以从无到有顺利稳步地开展。

将研究生 Elearning 教育同研究生导师聘任和职称晋升挂钩的标准应本着公开、公平、公正的原则；采取聘期制和申请晋升次数制等方式来对研究生教师进行择优和分流，达到增强研究生教师活力，提高研究生教师教学和科研水平，扩展研究生教师创新等综合竞争能力。

奖、惩不应只局限在物质上，而应渗透到从职称评定到岗位评聘的各个方面。这样做不仅激励了优秀研究生教师，使其能够在研究生教学和科研中不断进取，同时也对落后人员提出警示，从而激励其努力提高能力，与优秀人员减小差距。

（2）将 Elearning 教育与研究生教师绩效工资的考核标准联系起来

改进研究生教师绩效工资的考核标准，使其积极参与研究生 Elearning 教育，教学、教法优秀且取得成绩的教师能够获得较优的绩效成绩。

研究生教师绩效工资设计要充分体现研究生教师的物质需要、生存需要、精神需要、自我实现和发展需要。绩效的档次标准可以成为非正式的衡量自我价值的重要尺度，完全可以作为研究生教师在学科团队中地位的标志、自尊的依据。我校应该在现有的研究生教师绩效工资设定的基础上，尽快改进相应的机制和记分方式，将参与研究生 Elearning 教育的效果明确写入绩效考核指标，逐步建立起"按劳取酬、优劳优酬、突出重点、支持创新、效率优先、兼顾公平"的分配制度，用以激励研究生教师的主观能动性，真正调动教师积极、主动参与研究生 Elearning 教育。同时将我校原有的凝聚力工程发展完善，这样就可以将优秀的具备能力的研究生教师团队聚拢在天津财经大学的品牌之下。

绩效考评的核心内容是绩效工资的发放，绩效工资可分为两部分：岗位绩效和业绩绩效。

岗位绩效是依据研究生教师受聘岗位而设立的绩效，可以依照岗位在学科建设中的权重，将其分为普通岗岗位津贴与校聘重点岗岗位津贴。可以依照学校重点学科建设的规划，来设立校聘的重点岗位。这样既能同我校学科建设的规划发展相匹配，也可以建立起学科团队间的竞争机制；研究生 Elearning 教育考核指标的设计应该不仅仅是激励教师积极参与 Elearning 教育，而是需要激励研究生教师在研究生 Elearning 教育中努力创新，不断改革改进教学方法，使我校的研究生 Elearning 教育步入全国一流大学的行列。

业绩绩效是指按完成工作任务的数量和质量而设立的绩效。研究生教师的业绩绩效的考核应包括课时量、科研情况、指导研究生情况等。我校应该将此项绩效的考核充分与研究生教师在 Elearning 教育中的创新能力和对研究生的培养成果挂钩，使得业绩绩效成为体现支持 Elearning 教育创新、优劳优酬原则的绩效项目。

（3）从多种激励方式中选取最适合我校研究生 Elearning 教育发展的激励组合

激励的方式、方法很多，主要包括目标激励、竞争激励、情感激励、考评激励、工作环境激励、强化激励等。我校在确定有利于研究生 Elearning 教育发展激励方式、方法的时候要切实考虑各方面的因素，选取最为恰当的组合来激励研究生教师积极、主动、高效地参与。

激励的组合方式多种多样，要根据实际情况加以改变，才能取得预期的效果。我校近期应以积极发展研究生 Elearning 教育、培养研究生创新能力为目标，建立和完善研究生教师激励机制，这不仅对我校研究生教育的发展有利，同时对天津市经济建设的发展乃至整个华北地区的区域竞争力的提高都有着深远的意义。

2. 研究生激励机制的设计

针对研究生的激励机制主要目的是激励研究生自发地参与 Elearning 教育，培养随时学习、自我学习的能力。应该从以下两个方面进行引导。

（1）学分设置

可以单独设置奖励学分给积极参与 Elearning 教育并颇有成效的研究生。我校可在开设 Elearning 教学的课程中增加一项奖励学分，该奖励学分在成绩单重点部位明示，奖励学分可以抵扣部分或者全部的科研学分或者实践学分，同时这一学分也可以与优秀研究生的评选、研究生干部的评选、党员选拔、硕博连读生的选拔等一一挂钩。Elearning 教育奖励学分的加入不仅可以使积极参与 Elearning 教育的研究生在以后的就业求职中获得其他研究生无法比拟的优势，也可以激励其他研究生主动、积极、认真地参与 Elearning 教育。

（2）与研究生奖助体系挂钩

我校应单独设立天津财经大学研究生 Elearning 教育奖学金，加大对积极参与 Elearning 教育并取得优异成果研究生的奖励。通过设立新的奖励平台，树立良好的文化氛围，鼓励研究生积极参与 Elearning 教育活动，实现研究生自我学习、随时学习能力的提升。

参考文献

[1]Amanda P Montg. 借助混合式学习的经验使大规模开放在线课程和谐化（英文）[J]. 北京论坛，2013.

[2]刁泓琳. 清华MOOC诞生记——开放式教学冲击传统 全球化竞争呼唤教育主权[J]. 清华大学（清新时报），2014（1）.

[3]胡洁婷. MOOC 环境下微课程设计研究[D]. 上海：上海师范大学，2013.

[4]焦建利. MOOC 大学的机遇与挑战[J]. 中国教育网络，2013（4）

[5]王左利. MOOC 让教育格局更开放[J]. 中国教育网络，2014（1）.

[6]肖毅. 基于网络学习平台的教育硕士课程学习效果研究[D]. 广州：广州大学，2013.

[7]谢莹. MOOC 革命在线教育的发展对传统大学的冲击与影响[J]. 楚雄师范学院学报，2014（1）.

[8]张志宏. 微探基于联通主义的慕课[J]. 中国教育技术装备，2013（8）.

[9]周晓华. 美国高校开放在线课程的发展过程研究[D]. 广州：华南理工大学，2013.

基于产学研合作教育视角的
研究生实践教学基地建设①

范志莹②

摘要 近年来，随着政府对产学研合作的积极引导、高校强调校企结合培养应用型人才的诉求、科研院所的企业化改制以及企业对外部创新资源重视程度的提高，共建实践教学基地已经逐渐成为产学研三方主体发展战略的重要组成部分。本文从产学研合作教育的视角，基于理论和现实两个层面，从不同合作主体内部的合作动机和合作背景考察了三方合作的必要性。此外，为了使研究更具立体性，本文对合作中存在的问题进行了横向分析和纵向分析，从合作主体、合作内容以及不同主体的合作动机角度分析了存在的问题，同时还从合作的整个运营过程进行了以时间逻辑为基础的分析。基于问题的立体分析并结合相关理论观点，本文对合作的激励与保障机制进行了针对性分析，提出了基于不同利益诉求的激励与保障手段，以此来促进合作中不同主体进行合作的自主性。最后，以一个典型的校企共建实践教学基地的合作案例——滨江商厦与天津财经大学商学院共建实践基地，列举实践教学基地建设的成果，并分析促成及保障合作项目顺利开展的因素和机制，诠释本文提出的激励和保障机制。

关键词 产学研合作 实践教学基地建设 激励与保障 机制 案例分析

① 本文是天津财经大学学位与研究生教育教学改革研究项目"研究生实践教学基地建设研究"（项目编号：2014YJY19，主持人：范志莹）的中期研究成果。
② 作者简介：范志莹，管理学硕士，天津财经大学人文学院。研究方向：产学研合作教学与人才培养。

一、绪论

（一）国内外研究现状

1. 产学研合作在教育方面的研究与发展

美国职业协会早在 1946 年就发表了《合作教育宣言》，这也许是较早将产学研合作的直接成果反映到教育上来的研究。在这一宣言中，产学研之间的合作教育实际上是为高校服务的，其宗旨在于将理论学习和具体的工作实践进行结合，从而达到提高教学效果、强化实践能力的目的。

英国苏塞克斯大学的弗里曼（Freeman）教授于 1987 年提出了"国家创新系统"这一概念，深化了对产学研合作的地位与作用的认识。1995 年，美国发表的《工程教育——设计一个自适应体系》报告提到，"虽然学生需要基础教学、物理科学的坚实基础来提出和解决问题，但他们更需要参与工程实践的各个方面"，并对当时美国工程教育中存在的问题做出了进一步的反思。这份报告发表后在国际上产生了较大的影响。

"官产学"三重螺旋模型是目前研究较多的模型。官产学合作所形成的创新模式，在国际上一直受到诸多部门与相关学术界青睐。为确切、有效地整合国家或区域的科技资源，官产学的伙伴关系提升甚至成为关键因素。三重螺旋模型是目前分析大学、政府和企业三者间关系的主流模型，是指大学、产业、政府之间通过组织的结构安排、制度设计等，加强三者之间资源与信息的分享沟通，达到提高科技资源运用效率与效能的目的。

2. 产学研合作创新主体的研究

（1）企业主体论

连燕华（1994）认为，企业是技术创新的主体。李志强（2005）从系统论的角度分析，得出企业应该是产学研合作的主体。这一观点在产学研合作的研究领域较为普遍。企业家是创新的主体，这一观点早在 20 世纪初期，经济学家熊彼特就有了定论。对企业来说，展开产学研合作的最终目的就是获取利润，因此把自身作为创新主体自然也在情理之中。然而以利润为最终目标的企业实际上并不是为了创新而创新，而是为了利润而创新，显然企业创新的积极性比高校和科研院所来得更实际。

（2）高校科研院所主体论

朱新轩（1996）认为，技术能力决定了技术创新的基础，高等院校和科研机构应是技术创新的主体。从教育视角去研究产学研合作，高等院校自然就成为产学研合作的主体。从学术创新和技术突破的层面来看，科研院所则自然成为产学研合作的主体力量。

（3）合作主体论

张纲（1995）认为，产学研合作中，三者共为技术创新主体。丁厚得认为，产学研合作的创新主体具有不固定性，强调主体的多重性。

3. 产学研合作的模式研究

目前在文献中提到的产学研合作模式，从组织形式划分，基本包括一体化模式、高科技园模式、共用模式、中心模式、工程模式、无形学院模式、项目组模式、包揽模式、政府计划模式、战略合作模式等。苏敬勤（1999）从交易成本角度对产学研合作创新的模式进行了研究，将产学研合作的合作模式划分为外部化、内部化、半内部化三种模式，舍弃了按照组织形式划分产学研合作方式的方法，其认为组织形式划分造成了不同模式之间的重叠交叉，使得模式划分对实践的指导意义减弱。根据苏敬勤的观点，张米尔、武春友（2001）则将产学研合作模式分为技术入股、提成支付、紧密合作、技术接力、自主产业化五种模式。朱桂龙（2003）从网络组织概念的角度，提出产学研合作创新网络组织模式，并将产学研合作的网络模式细分为技术协作模式、契约型合作模式和一体化模式。王英俊（2004）从知识共享的角度，提出了"官产学研"虚拟研发组织模式，并将产学研合作的虚拟研发组织模式分为政府主导型、产业牵引型和学研拉动型三种类型，并对上述三类虚拟合作模式的特征进行了描述。从实证的角度，部分学者也往往从某个局部或具体案例，对产学研合作的具体形式做出概括。例如，邹庆云等（2003）从湖南省高校研究所和企业产学研合作的局部范围的角度，总结我国产学研合作的基本模式有产业与科研联合体、高校及教授博士创办企业、研究机构转制为企业、技术转让、企业技术中心、工程研究中心和企业博士后工作站、大学科技园的塑造等；刘军跃（2003）以重庆摩托车企业为例，提出产学研战略联盟的组织模式，其类型包括契约型和股权参与型两种；曹静（1995）按照目标导向，将合作模式划分为人才培养型合作模式、研究开发型合作模式、生产经营型合作模式、主体综合型合作模式。

（二）研究内容

（1）研究现有产学研合作的基本现状，通过调研把握现有合作的动因、过程、模式和基本结果，为激励与保障机制思想的形成提供素材。

（2）研究当前存在的理论及其对现实的指导意义，并整合现有理论研究成果，结合本文的调研内容挖掘有益的理论内容并进行延伸。

（3）结合调研内容和基本理论，深入挖掘合作的基本规律性内容，研究合作的激励和保障机制。

（4）针对不同主体的合作动机，根据合作的激励和保障机制的一般性研究，提出激励与保障实践教学基地的具体对策建议。

（三）研究创新点

本文以合作的基本过程作为主线展开研究，突破了以往只研究合作的初始动机、合作方式和合作结果方面的研究范式，这本身就是创新。同时深入挖掘合作基本规律，针对不同主体的合作动机，提出激励和保障机制。具体的创新点主要体现如下：

（1）从合作主体的需求和动机出发，全面阐述合作的基本动因。本文从交易成本理论、资源依赖理论、组织学习理论进行全面系统分析，建立激励和保障合作的理论框架。

（2）总结和归纳合作主体的不同动机，以此为依据构建合作的激励与保障机制，使合作能够多层次、多角度、全方位展开。

（3）以规避风险、获取收益和产生正的社会效应为出发点，利用激励与保障机制使实践教学基地产生更好的经济效应和社会效应。

二、建设实践教学基地必要性的理论分析

（一）单一主体的资源稀缺性

1. 不同主体的资源特点

高等院校的资源优势包括：学科齐全，拥有众多有丰富知识底蕴的教学和科研队伍，有利于创新；比较容易接受并吸收国外的先进科研成果和经验；拥有较完整的、系统性的理论基础；有丰富的基础性研究经验和充分的基础性研究条件；智力密集、思想活跃，既是重要的信息源，又是重要的信息集散地。其资源劣势包括：缺乏雄厚的资金来源；缺乏一定的实践经验、理论结合实践

较少；应用性研究不足。

企业的资源优势包括：资金实力相对雄厚，有充足的科研经费；有众多经验丰富、技术扎实的一线工程技术人员、翔实丰富的数据和资料；有源自实践的一系列管理体制；容易展开应用性研究，条件优越，有利于科技成果的转化、推广。不足包括：学科较为单一，知识更新速度慢；人员结构相对稳定；企业的观念和管理体制稍显落后。

2. 资源优势互补下的合作必要性

不同的团体或组织必须通过多种途径获取自身发展所需的各种资源，以确保自身的发展。这正是资源依赖理论所强调的，即任何组织和个体要想生存就需要从周围环境中吸取资源，需要与周围环境相互依存、相互作用才能达到目的。与此不谋而合的是开放系统理论。该理论是将组织看作一类系统。该类组织系统必须像生物体一样对环境开放，建立一种与周围环境融洽的关系。组织要满足自身的各种需要，要生存、要发展，就必须与其所处的环境进行物质、能量和信息等各方面的交换。

因此，合作方都需要从外界获取资源，以求得资源的优势互补。高校需要企业提供科研进程中的资金和技术支持，也需要通过企业实践将科研成果转化为现实生产力；企业需要高校发挥其智力知识优势、人力资本优势和信息优势，推进大量的基础性研究，并在此基础上挑选优质项目纳入企业研发部门进行深层次的应用性研究。而从外界获取资源会造成本组织对资源提供者的依赖性增强，甚至某种程度上受制于外部关键资源提供者。为了降低他们对其所需要的外部关键资源供应组织的依赖程度，同时寻求一个能够稳定掌握这些供应组织的关键资源，他们选择以契约或协议的方式建立某种稳定的关系。

（二）合作的潜在收益

1. 赢得知识优势

首先，合作有助于知识获取。在合作网络中，企业、高校是获取知识优势的主要来源。企业和高校是网络中的行为主体，各自对应网络上的一个节点。各个网络节点专注于自己在价值链中具有比较优势的活动，贡献自己的核心能力，以形成共享的网络资源，然后通过网络价值链整合，产生正向的"网络效应"，从而获取竞争优势。企业是知识网络的重要节点，是整个活动的投入主体、决策主体和受益主体。高等院校是人才的培养基地，是新思想、新知识的创造发源地。高校的仪器设备、实验室和图书馆都是生产知识的工具。

其次，合作有助于知识共享。知识共享主要通过整合网络的现有知识资源来实现。合作网络拥有众多的资源，包括企业技术创新服务中心、大型科学仪器共享平台、高等院校重点实验室、图书馆等服务机构，这些都是知识共享的平台。通过合作，整合现有的科技资源，实现资源的高效利用。

最后，合作有助于知识转化。知识只有经过转化才能变成现实的生产力。在知识转化环节，大学科技园起着重要作用。大学科技园以大学或大学群为依托，致力于将大学的人才、信息、实验设备、图书资料等综合智力资源优势与其他社会资源优势相结合，推动技术创新、科技成果转化、孵化高新技术企业及培养复合型人才。

2. 降低交易成本

交易成本（Transaction Cost）是指在交易过程中发生的成本。科斯认为，交易过程需要当事人投入精力和时间，并支付信息费用和其他开支，因此交易成本包括双方用于策划、签约及履行合同的全部资源支出。合作过程中存在大量交易成本，如合作伙伴的搜寻成本，合作关系维护成本，合作各方签订契约、决定交易双方的权责分配等费用，以及签订契约后，为解决契约本身存在的问题而改变条款或退出契约的费用等。交易成本可以说是合作的主要影响因素之一，有效降低交易成本能增加合作的总体收益。

在合作未形成稳定的网络关系时，合作各方通常利用市场，通过价值机制进行资源配置，此时会产生一系列交易费用，如寻找交易伙伴的费用、沟通费用、谈判费用等。任何一项市场交易的达成都会产生相应的费用，基于此，当合作的主体间通过市场交易进行资源配置的费用大于其构建、维护网络而产生的费用时，合作各方就会选择以组建网络组织的形式进行"交易"，以节省成本，即通过网络将不同主体间的资源交换内部化。

合作可以是一次性的，也可以是长期的。对长期的产学研合作而言，交易成本一直贯穿始终，对合作效率的影响不言而喻。因此，有效降低交易成本对合作显得尤为重要。构建合作网络，有利于合作各方建立长期、稳定的合作关系，节省为寻找新的合作伙伴而支付的成本。

3. 促进技术创新

1912 年，美籍奥地利经济学家熊彼特在《经济发展理论》中，首次提出创新是经济增长最重要的驱动力。而在当代，创新活动早已不是简单的技术推动或市场拉动的过程，也不是单一学科知识的应用，而是更趋向于技术推动、市场拉动交互作用并与基本知识、基础研究相联系的复杂系统过程。创建实践教学基地恰好能提供这样一个平台，促使产业界与学术界增进交流与互动。合作技术创新是以合作各方获得经济效益为前提，以创新环境建设为保障，以提高各方技术创新能力、提高科技成果转化率为目的，进而促进社会经济的发展与科技的进步。

合作技术创新实质上是各种不同的创新要素之间以及各种要素与外部环境之间相互沟通、相互交流，共同进行技术创新的过程。该过程包含了企业、高校、政府等多种要素。各要素之间互相作用，在外部环境的影响下实现合作创新。

在合作过程中，一方面，企业利用高校的研发力量，可以提高自身的工艺水平与产品开发速度，不断开发有竞争力的新产品。在合作中受益的企业会逐渐把高校的科研力量纳入自己的技术创新系统中，甚至投资发展该战略合作关系，扩大自己的创新力量范围。另一方面，高校在为当地经济服务的过程中，也从资金、课程设置、学科建设调整、人才培养等方面加强了自身的建设，推动自身基础理论的探索，获得了协同发展效益。而从一个更广阔的层面来看，若干企业与高校合作会促成技术创新网络的形成，使更多合作方受益。

4. 增加社会收益

首先，合作有利于促进人才培养。建设实践教学基地能够为高校提供一个良好的培养人才的实践环境。让教师、学生通过与企业的合作提高专业能力，为学生的实践、实习和毕业后就业求职提供更多的机会。企业可以通过与高校合作，树立良好的企业形象，吸引更多更优秀的人才为企业服务。而这些都可以带来共同的积极的社会效益。

其次，合作有利于促进地方经济文化建设。企业和高校的这种合作是被嵌入到一定的社会关系或社会文化系统中的，这种现象被产业经济学界称为地域嵌入。嵌入水平的演变反映经济活动植入社会文化关系网络中的不同程度，关系的紧密程度决定了嵌入的深度和广度，从零嵌入到弱嵌入再到强嵌入，这种合作行为逐渐适应并改变着当地的文化因素的影响，彼此间形成比较牢固的关系网络，促进地区文化建设。同时，合作中的研发合作有助于知识溢出，而知识溢出和经济增长有密切的联系。从社会福利的角度讲，合作的知识溢出效应和外部效应可以促进经济增长，提升地区甚至整个社会的收益。

三、实践教学基地建设的激励机制

（一）基于动机迎合的激励机制

1. 基于企业动机迎合的激励机制

（1）基于降低交易费用动机的激励

当企业承担技术研发的风险和成本过高时，企业就会选择合作创新方式。莫维利（Mowery）认为，企业的合作动机中就提到了降低交易成本，此外还包括获得知识溢出效益、赢得研发规模经济收益和降低研发成本。沙卡尔和祖斯科维奇（Schachar & Zuscovitch）认为，企业通过与高校合作获取的技术、研发能力、生产技能、组织能力和市场知识等无形知识资本可以帮助企业降低运行成本、风险以及与生产技术相关的不确定性，从而提升企业的成长潜力。

（2）基于资源获取动机的激励

从资源的角度看，组织必须通过战略资源互补来建立与增强竞争优势，与高校合作是企业克服技术资源困境的重要途径。企业选择与高校合作，正是着眼于获得高校拥有的异质性战略资源。企业进行合作的主要目的是要获取以下资源：①人力资源，包括高校毕业生、专家和学者；②技术资源，如应用研究成果、技术咨询与服务；③教育资源，如员工培训；④设备资源，如先进的科研设备。

（3）基于动态能力的激励

对企业而言，除应具备非常重要的技术创新能力外，还应具备利用和整合资源的能力。企业应具备通过组织学习来增强企业获取和运用新知识、新技能的能力。企业可通过合作的方式获得锻炼学习的机会。企业的技术、工艺或产品只能帮助企业获得短期利益。而企业的学习能力对于提升企业的战略思想、组织文化以及丰富知识储备具有极其重要的意义，并且有利于企业的长期发展。

共建实践教学基地不仅提供了相互学习平台，而且提供了相应的学习机制。为了保证合作各方的互补性知识能被很好地共享和转移，这种合作在其契约中常常规定了学习机制，如要求高校必须帮助企业培训使用合作成果的员工，企业为高校提供市场需求等。

（4）基于企业形象与品牌提升的激励

公众对参与实践教学基地中的企业往往持有一种积极、创新性的角色期待，同时参与合作的企业也因其可以综合运用优秀的、前沿的研究成果而被认为更加具有可持续发展的竞争力，有利于企业提升社会地位和品牌形象，扩大社会知名度。

（5）基于网络构建的激励

企业参与实践教学基地的建设实质上是在构建自己的创新网络。布尔特（Burt）认为，网络组织通过整合内外部资源，为企业创新提供新的生产要素、良好的网络伙伴、关系和网络位置，有利于企业获取支撑其快速发展的社会资本，网络关系本身就是企业创新的要素之一。

2. 基于高校动机迎合的激励机制

（1）基于研发经费筹集的激励

与申请政府经费要履行的复杂程序相比，高校凭借自己的科研实力，通过与企业合作的方式来筹集科研经费会比较便捷，而且与企业进行合作而获得的经费不像政府经费那样有过多的使用限制，可灵活使用资金。

（2）基于社会实践的激励

通过合作可以使高校的师生有机会获取市场信息，了解现实问题，以便从事符合经济需要的研究活动，或改善新技术的用途。同时可增加学生的实践和就业的机会，为学生提供实践教学的平台。

（3）基于提高科研效率的激励

合作可以加速研发环节的进程，通过企业在市场中的种种尝试可以及时反馈信息，从而提高研发效率，节约研发成本和时间。清晰的市场定位与明确的市场反馈均可以提升研发的针对性。

（4）基于专利获得和科研成果提升的激励

专利技术的获得与数量的增加，可以促进高校的科研成果，提高其科研地位，从而提升高校的社会影响力。

（二）基于冲突化解的激励机制

1. 基于价值观冲突的激励机制

建立契约化的合作关系，以契约化解决价值取向的冲突。契约化有助于建立企业与高校间的平等地位；高校与企业通过资金、技术等形式确定各自的利益，自一开始就解决了利益分配这一核心问题；有利于避免企业和高校因不同价值取向而产生的纠纷。

2. 基于信息与知识共享限制冲突的激励机制

大多数的学者认为，知识是最终研究自由传播的结果。对企业来说，研发投入所得的结果，包括新知识，均可视为企业的私有财产，因此新知识应使用在让企业能获得最大价值的地方。根据调查，很多高校允许企业使用研究成果。

四、实践教学基地建设的保障机制

（一）保障机制的内部构成因素分析

1. 交易成本

从内部来看，交易成本主要包括协作成本和保证契约执行的成本，具体可分为搜寻和沟通信息的成本、宣传学习和普及的成本、讨价还价的谈判成本、委托管理的代理成本、履约时的监督成本、为保证合作成功的抵押成本、风险安排和合作各方基于所有产权的剩余索取权的安排成本等。合作的关键是在其他条件不变的前提下，降低交易成本，取得潜在的规模效益，实现利润最大化，以满足合作各方的利益追求，促进合作动力的形成。

2. 利益驱动

尽管企业和高校在合作过程中所处的地位及追求的利益目标有所差异，但高额的经济利益和社会效益是进行合作的根本动力。企业经济利益的获得一般是通过市场来实现的，只有当市场需求因素能真正产生经济利益时，才能推动合作的发展，并且利益的大小和方向决定着合作的动力、强度和方向。高校主要追求学术水平的提高、人才的培养、社会地位名誉的提升、心理满足等非物质利益，这些也构成合作的内在动力。

3. 规模效益

规模效益主要是指合作相比不合作所节约的交易成本，即合作的边际收益。企业和高校在很长时间内都是在各自的领域里积累专业资源，具有专业优势，但是进入其他领域时却显得力不从心。通过合作的形式，可为各方带来补短的机会，使各方赢得规模效益，进而产生边际收益。

4. 委托代理成本

依据现代企业理论的观点，从某种程度上讲，企业和高校的关系与企业经理人和股东的委托代理关系相似。企业可视为委托人，高校可视为代理人。由于信息不对称，代理人的偷懒行为会产生委托人的监督成本，即代理成本。代理成本也是影响合作运行效率的关键因素之一。

（二）保障机制的作用机理

1. 技术创新机制

（1）协同机制

协同论认为，对于千差万别的系统，尽管其属性不同，但在整个环境中，各个系统间存在着相互影响而又相互合作的关系。共建实践教学基地是科研、教育、生产等不同社会分工系统在功能与资源优势上的协同与集成化，是技术创新上、中、下游的对接与耦合，其实质是促进技术创新所需各种生产要素的有效组合。共建是科技成果供需双方密切交流、配合协作的一种技术创新模式，作为一种复杂的经济系统，具有开放性、非线性、突变和涨落等组织特征。

（2）学习机制

企业和高校根据合作的现状和发展的不同阶段，科学地选择相应的学习内容和方式。首先，设定明确的学习任务，并列入工作计划之中，对有关人员进行必要的知识和技能培训。其次，选择合适的知识管理模式并建立合作组织学习的知识内化通道，促进学习机制的形成与完善。最后，明确学习内容，在学习各方显性知识的同时，尤其要加强隐性知识的学习，如文化、技能、经验等。

（3）转化机制

知识经济时代的核心问题就是要实现知识的经济化、产业化，即将科学研究所创造的知识转化为可供社会运用的技术，从而使之成为促进社会经济增长的推动力量。企业和高校共建的知识转化是一项系统工程，从课题立项到成果转化，再到成功形成产业并产生经济效益，需要经过很多环节，涉及科技成果本身的成熟度、转化资金、场地、国家政策、法律法规等很多方面，任何一个环节出现问题都会影响转化的顺利实施。

2. 资金投入保障机制

实践教学基地的建设需要庞大的资金支持，需要建立完善的资本体系来推动合作的发展。若能获得政府资金支持，争取目前各级政府和教育主管部门对实践基地建设的投入，可以有力推动合作。

3. 利益分配机制

无论采取何种合作模式，都是建立在合作各方优势互补、利益共享的基础之上的。提供"风险共担，利益共享"的利益分配机制，对推动合作的长期、稳定开展具有重大意义。建立健全合作利益分配机制，是合作巩固和发展的关键和保障。合理的利益分配机制应当是建立在以下两个方面：一是基本原则，互惠互利，各得其所；二是坚持按劳分配的原则。

（三）保障机制的构建

1. 建立企业层面的内在需求机制

（1）企业创新体系的建立

首先，为提高创新能力，企业应成立技术开发中心，定期研究技术开发规划，及时解决重大问题。其次，企业倾向于采取校企联建、委托设立等多种形式建立技术创新体系。最后，企业有意愿吸收融合先进的管理理念。

（2）技术人才队伍建设

一是加强人才引进，积极吸引高校创新人才前来企业发展；聘请专家学者指导帮助企业开展技术攻关和产品开发；二是加强人才培训，采取"送出去，请进来"等多种方式，把企业技术人员、管理人员和一线员工送到高等院校深造，同时有计划地聘请知名专家到企业举办讲座和现场指导，加强创新人才培养。

2. 建立学校层面的主动适应和自我调节机制（参见图1）

（1）吸引社会力量参与校园文化建设

校园文化对学生培养创新意识具有潜移默化的作用。很多高校的学生组织或社团与社会有着广泛的联系，这些学生骨干根据组织的发展需要主动联系和吸引各类企业赞助或参与文化活动。学生在与企业管理层交涉、合作的过程中，不仅解决了经费紧张问题，促进了校园文化建设，而且还积累了社会交往经验、了解到外界的需求，同时还促使学生想方设法地迎合需求，培养创新意识。

（2）双导师制

学生不仅可以接受校内导师的教学指导，还可以接受企业导师的实践教学指导，因实践教学基地而产生的双导师制为学生创造了较好的专业环境。通过这种联系实际的方式，让学生学到书本以外的知识，激发自主学习的动力。

（3）设置专项奖学金

设置专项奖学金鼓励学生到实践教学基地并进行创新研究。专项奖学金可以在一定程度上解决家庭经济困难学生的生活问题，更重要的是可以帮助学生将理论知识与企业的实际状况相结合，培养解决实际问题的能力和创新能力。

（4）搭建竞赛平台

主动吸收高年级学生参与实践教学基地创新课题的研究工作，确实具有可行性，具有研发意义的课题可以由企业出资共同研究。学生在展示创新能力的同时，也找到了自身发展与企业需求的契合点。

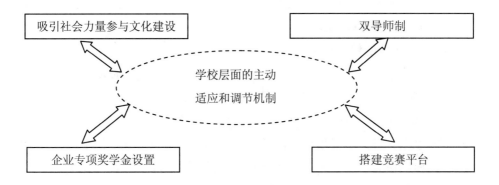

图1 学校的适应调节机制

资料来源：作者根据相关资料整理而成。

3. 建立合作的有效组织形式

共建实践教学基地，一方面可以使企业不需要建设基础性研究实验室、工作室等；另一方面也可以使高校借助企业的投入加强实验室建设。同时，共建还可以省去大量技术转让费用和研究人员费用等。如果建立了长期紧密的合作关系，还可以根据市场变化等因素，随时调整合作的内容。

五、滨江商厦实践教学基地案例分析

（一）实践教学基地简介

1. 滨江商厦简介

滨江商厦位于天津市最繁华的商业金街——滨江道上，隶属于天津滨江集团。商厦总建筑面积达5万平方米，外观新颖独特，购物环境通透明亮。拥有众多国内外知名品牌，特色旗舰店、主力店云集，与许多优秀厂商建立了良好的合作伙伴关系。

2. 实践基地简介

滨江商厦合作项目是通过"学生、企业、学校"三方的合作，建立紧密型

"校企结合"重点实验区的代表之一。天津市滨江商厦与天津财经大学商学院于2008年6月合作建立"校企结合"重点实践基地，至今已成功举办了三届"校企结合"实践成果汇报会。已有的实践成果包括研究型报告四篇、调研报告五篇、各商场及商店的营销策划方案七篇。同时，与滨江商厦建立的"校企结合"的实践成果也为学校获得2007年和2009年天津市教育科学研究优秀成果提供支撑。

（二）实践教学基地建设成果

1. 提高企业的销售利润

随着零售业市场竞争日趋激烈，滨江商厦明确认识到，必须提高自身管理水平，紧跟市场步伐，才能使企业做大做强。此时，天津财经大学商学院在与滨江商厦高级管理层的广泛接触中，也看到了企业的发展潜力。本着"真诚合作，共创美好未来"的发展理念，双方于2008年合作建立了"校企结合"重点实践基地，同时企业拿出一部分资金用于鼓励和资助调研活动。在合作过程中，商厦的管理人员和高校的课题小组人员分别对各商场营销方案设计和顾客心理、品牌、楼层布置等进行调研（见表1）。通过这些设计和调研，滨江商厦优化年轻时尚品牌组合，开展了有特色的营销活动，实现销售收入20%以上的增长。

表1 滨江商厦调研报告和营销设计方案一览表

序号	调研报告内容	时间	承担单位
1	滨江商厦品牌调研报告	2010年	天津财经大学商学院
2	滨江商厦楼层布置调研报告	2010年	天津财经大学商学院
3	滨江商厦旅游纪念品商店营销策划	2010年	天津财经大学商学院
4	"90后"消费心理调研报告	2010年	天津财经大学商学院
5	滨江商厦营销策划案	2010年	天津财经大学商学院
6	对光顾滨江商厦"80后"顾客的专项调查	2009年	天津财经大学商学院
7	天津十大商厦布局专项调查	2009年	天津财经大学商学院
8	滨江商厦目标市场营销方案	2009年	滨江商厦
9	滨江商厦"好未来儿童大世界"营销策划	2009年	滨江商厦
10	滨江商厦鞋帽箱包商场目标市场营销方案	2009年	滨江商厦
11	滨江商厦黄金钟表商场目标市场营销方案	2009年	滨江商厦
12	滨江商厦儿童商场目标市场营销组合方案	2009年	滨江商厦

资料来源：作者根据相关资料整理而成。

2. 改善企业的运营模式

随着"低碳"理念的普及，滨江商厦的高级管理层逐渐意识到商厦的运营模式也必须紧跟时代的步伐。因此，滨江商厦高层领导将"低碳运营模式"作为研究课题之一。滨江商厦派出主管运营的经理与课题组人员接洽，允许课题组成员以观察员的身份参与滨江商厦重大问题的讨论和决策，全面参与滨江商厦管理和服务运营的工作等。滨江商厦与天津财经大学商学院紧密合作，帮助企业解决了如何走低碳运营道路的问题，实现企业低碳化运营。

在合作过程中，课题组成员对企业运营效果欠佳的原因做总结分析，如图2和图3所示。

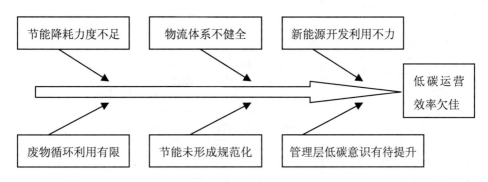

图2 滨江商厦低碳运营问题分析

资料来源：滨江商厦运营模式改善研究报告。

基于现状调研和分析之后，课题组制定出改善滨江商厦整体运营效率的模式。

3. 提供良好的调研和实习条件

一方面，企业成为学生们的又一个课堂。在企业里，学生尝试真题真做，为企业做调研、写策划、提方案。这样"真刀真枪"的实践经历，让学生们的动手能力、创新能力、思考能力大为提高。以工商管理专业本科生2006—2011年的就业率为例，从2008年建立与滨江商厦的"校企结合"实践基地起，2008年较2006年的就业率增长了11.8%，2008—2011年的就业率以1%的速度逐年上涨。

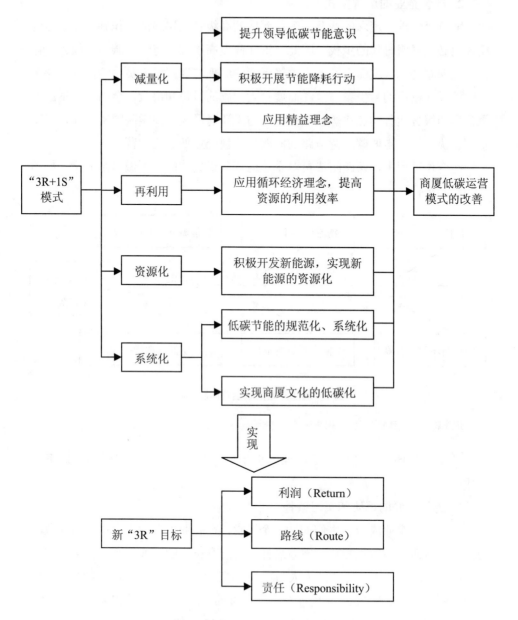

图 3 滨江商厦的"3R+1S"低碳运营模式图

资料来源：滨江商厦运营模式改善研究报告。

另一方面，教师可以从企业获得科研的第一手资料，找到理论与实践的结合点。以滨江商厦产学研合作为例，商学院邱昊同学的毕业论文《滨江商厦旅游纪念品商店营销方案设计》被评为 2011 年天津市普通高校优秀毕业论文，商学院孙娜等同学的调查报告《天津滨江商厦目标市场定位与营销策略——对光顾滨江商厦"80 后"顾客的专项调查》获得第十一届全国"挑战杯"铜奖和天津市大学生课外学术科技作品竞赛特等奖，商学院董超宇等同学的《"90 后"消费心理调研报告》获天津市"挑战杯"作品竞赛铜奖。第三届"校企结合"实践成果还有一个作品获得了天津财经大学师生调研课题的二等奖。其他"校企结合"实践成果的作品也在全国、全市各类大赛获奖，仅在天津市"挑战杯"比赛中就先后获得了七个市级一等奖、一个市级特等奖。同时，天津财经大学商学院创建了三层次教学与科研梯队建设平台：由教师与本科生组成"师生课题组"，硕士生导师与研究生组成"科研方向研究组"，学术带头人或博士生导师与中青年教师组成"课题攻关组"，主动承接天津市各级重点调研课题及企业课题。

4. 打造高校的实践教学品牌

滨江商厦和天津财经大学商学院建立的"校企结合"重点实践基地以及所获的成绩仅仅是众多合作项目之一。从 2006 年起，以全国教育科学规划重点课题《"校企结合"大学生就业与创业模式研究》为契机，通过"学生、企业、学校"三方的合作，利用建立紧密型"校企结合"重点实验区的方式，逐渐摸索创建了一种适合工商管理专业特色的"三维动态实践案例教学法"，注重从实践中提高学生就业与创业能力的"三赢"式人才培养模式。该课题研究于 2009 年结项并荣获第四届全国教育科学研究优秀成果奖。该项教学法的实施，基本上体现了"学生、企业、学校"三方合作的架构，初步构建了半紧密型"校企结合"教学改革运行模式。由此，工商管理专业于 2009 年被评为教育部特色专业，该项研究成果于 2010 年被评为天津市第二届教育科学研究优秀成果一等奖。

（三）合作的激励因素和保障机制

1. 激励因素

滨江商厦产学研合作实现了三方的"共赢"，即学生的动手能力、创新能力、思考能力大大提高；教师从企业获得进行科研的第一手资料；企业从课题成果转化中取得了经济效益。因此，分析促成合作的因素，可以从企业和高校的动机方面入手（图4）。

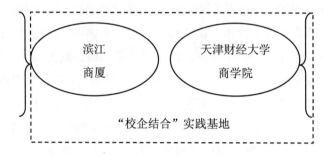

降低交易费用 筹集研发经费

资源优势互补 增加社会实践

学习能力培养 打造教育品牌

提升企业形象 获得科研资料

滨江
商厦

天津财经大学
商学院

"校企结合"实践基地

图4　合作的激励因素

资料来源：作者根据相关资料整理。

（1）基于企业动机

首先是基于降低交易费用的动机。以企业运营方式、营销方案为研究内容的项目，企业可以雇用咨询公司来做，但这种方式显然要比选择共建实践基地的方法所支付的费用高。其次是基于资源互补的动机。企业需要改善运营方式，而高校的相关学科恰恰是这些问题的理论研究主体，因此采取这种合作的模式，可达到资源互补的效果，不仅使得企业的改革有了理论依据，同时也通过高校的理论研究解决了实际经营问题。再次是基于动态能力的动机。与高校共建实践基地的合作方式不仅可使高校获得解决问题的方案，同时企业内部员工也可以参与研究过程，经过这个过程，员工获得锻炼学习的机会，同时也获取了新知识、新技能，对增强组织学习能力有很大的帮助。如果选择聘用咨询公司，这种效果是远远达不到的。最后是基于提升企业形象和品牌的动机。滨江商厦是一个销售型的企业，其销售主体是"80后、90后"，选择与高校合作既可以贴近目标顾客群体，能够在第一时间获得顾客需求，又可以在年轻的顾客群体中扩大知名度，提升品牌形象。

（2）基于高校动机

首先是基于研发经费筹集的动机。以企业为主体的实践教学基地，企业必然是主导者，同时也是出资人。在条件允许的情况下，高校承担这类合作项目可以在一定程度上解决研发经费紧张的困难。其次是基于社会实践的动机。在与企业的合作过程中，高校的师生可以获取市场信息，了解现实问题，以便开展更符合实际情况的研究活动，而且对于学习企业管理的学生来说，这样的机会还能增加社会实践、实习的机会，避免"死读书，读死书"的状况发生，积极将理论知识联系实际，解决企业的现实问题。再者是基于打造教育品牌和获得第一手的科研资料的动机。截止到 2008 年，天津财经大学商学院与 12 家企业签署了"校企结合"重点实验区协议，在各类企业树立了良好的教育品牌，同时在合作过程中，师生都获得了第一手的企业数据和资料，便于后期的理论研究。

2. 保障机制

任何合作要想健康开展并坚持到最后，只有促成因素是远远不够的，还需要有保障机制。滨江商厦的实践基地是过程相对简单的案例，利益分配明确，企业与高校进行资源优势互补，各取所需。合作双方的内在动机是促成这次合作的主要动力，但外部因素也是促使这次合作必须顺利走下去的因素（如图 5）。

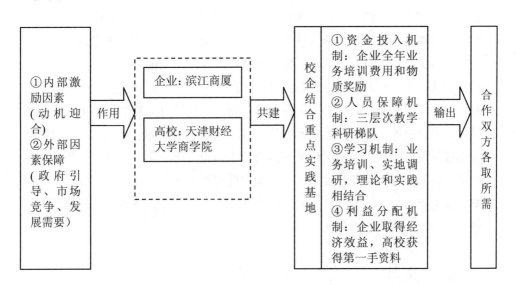

图 5　合作的保障机制

资料来源：作者整理。

（1）外部因素保障

主要有三个因素，即政府引导、市场竞争和发展需要。首先是政府引导。目前"校企结合"共建实践基地的模式是企业和高校的行为。如果企业或高校负责实践基地的主管领导变更，势必会对实践基地的后续发展产生影响，因此为了让"校企结合"的实践基地合作模式能够继续发展下去，必须要有政府相关部门牵头。其次是市场竞争和发展需要。滨江商厦是销售型企业，这是一个进入门槛较低的行业。要想生存下来，就必须紧跟市场步伐，要洞悉客户的需求，不断改变和完善服务内容，因此市场竞争的压力很大。正因为如此，当企业找到了合适的合作伙伴，就会极力促成合作，并从合作过程中获得效益。最后，通过这样的合作，企业的主动性很大，可以利用这个机会培养内部管理人员，提高管理技能。对企业长期发展而言，这样的合作就是为了储备人才，为今后的创新工作打下基础。

（2）运行保障机制

保障滨江商厦实践基地正常运行的机制主要有三个：资金投入机制、人员保障机制、学习机制和利益分配机制。首先是资金投入机制。滨江商厦以全年的业务培训费用注资，资金用于支持由天津财经大学商学院承接的对商厦中层管理人员的业务培训课程和实地调研考察的相关费用，在合作过程中，滨江商厦还备有物质奖品，奖励成果获得好评的课题组成员。其次是天津财经大学商学院三层次教学与科研梯队的人才保障机制，保证企业的各类问题都有专门的科研团队负责，更具针对性地得到解决。再次是滨江商厦和天津财经大学商学院的互动学习机制。滨江商厦的所有中层管理人员经过为期1年的半脱产式的学习，将企业的实际问题联系到理论，找到准确的解决办法。同时，天津财经大学商学院师生通过实地调研考察，将理论知识应用于实践。最后是利益分配明确，各取所需。企业从课题成果转化中取得经济效益，高校的学生动手、创新和思考能力提高、教师获得科研的第一手资料。因此，双方的合作是在一个稳定、和谐的氛围中进行的。

参考文献

[1]曹静，范德成，唐小旭. 产学研结合技术创新合作机制研究[J]. 科技管理研究，2009（11）.

[2]曹静. 产学研结合技术创新模式研究[J]. 现代管理科学，2010（3）.

[3]常爱华. 产学研合作机理的哲学新释[D]. 天津：天津大学，2007.

[4]范福娟，崔瑞风，苗玉凤. 主要发达国家政府在产学研合作中的职能特点分析与借鉴[J]. 理论研究，2010（2）.

[5]李嘉明，甘慧. 基于协同学理论的产学研联盟演化机制研究[J]. 科研管理，2009（1）.

[6]闵涛，陈东，冉进财. 中国矿业大学——探索行业与高校相适宜的产学研合作新模式[J]. 中国高校科技与产业化，2010（3）.

[7]齐艳苓. 政府、企业、学校三方联动的产学研合作机制研究[J]. 教育探索，2009（5）.

[8]孙伟，高建，张帏，等. 产学研合作模式的制度创新：综合创新体[J]. 科研管理，2009（5）.

[9]王娟茹. 产学研合作知识创新模型[J]. 科学管理研究，2009（10）.

[10]杨平. "官产学（研）"合作模式研究[J]. 产业与科技论坛，2010（2）.

[11]赵红梅，王宏起. 社会网络视角下 R&D 联盟网络效应形成机理研究[J]. 科学学与科学技术管理，2010（8）.

[12]周文光，黄瑞华. 企业自主创新中知识创造不同阶段的知识产权风险分析[J]. 科学学研究，2009（6）.

[13]Bloedon R V, Stokes D R. Making University Industry Collaborative Research Succeed[J]. Research Technology Management,1994(2).

[14]Burt R S. Structure Holes: the Social Structure of Competition[M]. Cambridge: Harvard University Press，1992.

[15]J T Wallmark. Measurement of Output from University Research: A case Study[J]. Engineering Management,1988(8).

[16]L V Bertalanffy.General Theory of Systems[M]. New York: Braziller, 1968.

[17]Williamson Oliver E. The Economic Institute of Capitalism[M]. New York: Free Press,1985.

以学生为本的国际化高水平大学管理模式

——赴英国利兹大学学习考察的收获与体会[①]

陈 南[②]

摘要 本文通过介绍英国高校教育的发展概况、战略规划、质量评估、国际化教育、第三使命、研究生教育、学生管理，探讨了英国高等教育思想以及英国大学管理模式。

关键词 学生为本 国际化 管理模式

在天津市委教育工委和市教委领导的亲切关怀、教育"两委"相关职能部门和学校的鼎力支持下，本人有幸参加了 2015 年天津市高校管理干部赴英国利兹大学研修班。在利兹大学（University of Leeds）为期五周的学习培训期间，聆听了"英国高等教育体系概况""高等教育的全球化趋势和挑战""高等教育的战略规划""为科研创新培养有效伙伴关系"等十个专题 69 次讲座，先后参观考察了诺丁汉大学（University of Nottingham）、纽卡索大学（University of Newcastle）、白金汉大学（University of Buckingham）和约克大学（University of York）等四所久负盛名的大学。

通过这次蕴含思维碰撞的文化之旅、收获之旅，我不仅亲身领略了英国大学的雍容古老的建筑、博大精深的文化，更是感受了英国高等教育在教学、科研、社会服务等方面力争世界一流的广阔视野。

---

① 本文是天津财经大学学位与研究生教育教学改革研究项目"财经类硕士研究生就业现状分析与对策研究"（项目编号：2014YJZ14，主持人：陈南）的中期研究成果。
② 作者简介：陈南，高级政工师，天津财经大学研究生院书记。

本文围绕英国高校教育的发展概况、战略规划、质量评估、国际化教育、第三使命、研究生教育、学生管理等方面，浅谈对英国高等教育的认识以及英国大学的管理与实践的学习体会。

一、英国高等教育的发展概况

英国作为高等教育发达国家，从创立大学至今，已有800多年的历史，经历了古典大学时期、近代大学时期、红砖大学时期、平板玻璃大学时期、新大学时期等五个重要发展阶段。

（一）英国高等教育的层次

英国的高等教育共分为五个层次，依次为证书层次（Certificate of Higher Education Level）、基础学位层次（Foundation Degree Level）、学士（荣誉）学位层次（Bachelor's Degree with Honours Level）、硕士学位层次（Master Level）和博士学位层次（Doctoral Level）。其中前三者是属于本科教育层次，后两者则是研究生教育层次。

（二）英国高等教育管理的特点

英国高等教育在现代化发展过程中，逐步形成了注重立法、宏观调控、战略规划、市场化运作、内部调整等特点，从而使高校的管理水平不断得到提升。

1. 注重立法、宏观调控和战略规划

50多年来，为了努力实现国家制定的高等教育发展战略，英国政府运用立法和政策调控等手段，不断加强对英国高等教育的宏观管理，随之而来的是英国高等教育的管理体制发生了相当大的变化。

（1）20世纪60年代，《罗宾斯报告》指导英国高等教育由精英式教育向大众化教育方向发展。

（2）20世纪90年代，调整、升格一批学院为大学，改双轨制为单轨制。

（3）公平地为不同背景、不同年龄的社会成员提供终身受教育的机会。

（4）修订科研评价评估体系，支持与鼓励世界范围内的科研合作，积极为新兴领域的研究提供条件。

（5）修订教学质量评估体系，加大教育的投资，改善与增加教学场所、教学设施，支持教学方法创新，鼓励专业和教师的发展。

（6）激励高校为经济社会发展服务。通过校际、校企及学校与政府的合作，

促进了国家的经济和社会的发展，特别是促进了各高校所在地区的经济与社会的发展。

2. 市场化运作

英国高等教育的改革是政府改革的重要组成部分。从 1979 年开始，通过采取收缩国家福利、削减公共经费、引入市场机制、运用财政激励等途径，有效地分配了资源，高等教育的改革在不断完善的进程中延续至今。

英国高等教育市场化改革的主要措施包括：削减高等教育经费，引入竞争理念；改革拨款机制，强化政府与高校的契约关系；废止二元制，努力构建公平竞争的环境，进一步完善市场；学生个人分担教育成本，积极推进助学贷款；加强学术审计与教学质量评估；废除新聘教师终身制；自主开展校际合作、地区合作和国际合作；各种问责机制的建立；自由的舆论监督等。

3. 高校自身管理的不断深化和拓展

（1）人力资源管理

不断改进高校人力资源管理在员工选拔、员工培训、员工绩效考核和员工激励、员工发展等方面的内容，以适应战略发展的要求。

（2）多渠道筹措资金

近年来，英国政府为缓解教育资金的不足，推行与倡导多元化拓宽高校筹措资金的渠道。

（3）树立教育全球化理念，超前谋划国际竞争力

在英国政府 2003 年发表的《高等教育的未来》白皮书中明确提出，高等教育正成为一个全球性的产业，要树立教育全球化理念，大力开发海外教育市场，把吸引外国留学生纳入扩大高等教育规模的任务之中，并采取了一系列行之有效的措施，使英国高等教育率先抢占了高等教育国际市场制高点，成为吸引国际留学生最多的国家之一。

英国的做法是充分开放高等教育系统；积极调整教育结构，努力消除发展障碍；高等学校积极构建具有多元文化色彩的国际化的高等教育。

二、利兹大学的基本情况及管理特点

（一）学校总体概况

利兹大学位于英国北部名城利兹（Leeds）市，其前身是建立于 1831 年的

利兹医学院以及建立于 1874 年的约克郡科学院。1887 年以后，两个学校与曼彻斯特欧文学院、利物浦大学学院合并为维多利亚联合大学。1904 年，利兹大学获得皇家许可成为独立的大学。经过一个多世纪的发展，利兹大学成为英国最负盛名的大学之一，其办学规模居英国第二位。学校现有 9 个学部，35 个学院，共有 8800 名教职员工，来自 130 多个国家的 60000 多名学生，专业方向涵盖了绝大多数社会科学、人文科学与自然科学的学科领域，具有学士、硕士以及博士等各种学位的授予权。利兹大学许多学科都在英国高校历年排行榜中名列前茅，在 2013－2014 年泰晤士排名中位列世界 139 名。

2013－2014 年，利兹大学在 QS（夸夸雷利·西蒙兹，是英国一家国际教育市场咨询公司）发布的世界大学排名中位列 97 名，位居英国第 18 名。2014 年 12 月 18 日，在英国的 REF（科研卓越框架，是英国高校科研评估体制）评估中，综合实力位居英国第 10 名。

利兹大学图书馆是全英国大学里最大的图书馆，现有藏书 260 万册，期刊 9000 多份，并建立了共有 1200 多台终端的大型计算机网络和先进的网络资源库，全校公用电脑室配置有 1600 多台电脑，语言中心配备有最先进的设施。这些条件为学生自由自主地学习提供了极大的便利。

（二）学校管理特点

利兹大学的管理层次简洁鲜明，突出民主和监督机制的建设。整个管理层级划分为四个层次，不同层次的责权利配置不同。校长之下设有四个副校长，具体分管教学、科研、外事、管理等工作。财务和商务部、市场部、人力资源部、资产管理部和大学秘书处是学校运转中十分重要的职能部门，这几个部门的主任相当于副校长，直接由校长领导，他们与副校长不同的是没有任期。

在学校与下属学部的关系方面，学校的职能主要包括：把握办学方向，规划未来发展方向，制定教学和科研战略，扩大学校影响，合理配置学校资源，监管各学部人才培养方案，进行教学科研的校内评估，对各学院的岗位（特别是教授岗位）进行管理等。

学部对其所管辖的院、所及研究中心进行统筹管理，确认、监督、检测所有毕业生相关科目的成绩，同时负责聘任教职员工、重要岗位的教师，以及负责与学部所包含科目有关的一切学术性事务，各个学院可以独立决定经营和教学科研活动。但学部的管理人员较少（2～3 人），任期一般为 3 年。

院、中心及研究所主要进行本专业的学科建设、教学管理、人员管理、经费预算与管理；制订人才培养计划；制订教学及科研计划；对教学质量直接控制和管理；为学生提供学生事务管理服务，帮助学生完成培养的全过程；可自主录用一般岗位的员工，对员工的表现进行评估；积极推进知识的转化；积极招收海外学生；为增加收入，积极拓宽资金的来源渠道。

院长一般由教授担任，高级讲师也可。下设一名副院长，除主持日常管理工作外，还分管教学、科研、财务的3名工作人员，办公室另设2～3名教辅人员处理日常事务，包括学生的管理。

包括教授在内的教师均隶属于系，除教学、科研任务外，一般都有行政管理的工作量和职责，学院委派的管理任务的完成情况是员工履岗情况考核的内容之一。

三、英国高校的发展战略规划

（一）英国高校发展战略规划的制订

英国高等教育拨款委员会（HEFCE）于2000年编辑出版了《高等学校战略规划指南》，它是英国各高等学校制定本校发展战略规划极为重要的参考蓝本。

各高校根据《高等学校战略规划指南》，高度重视本校的发展战略规划的制定，把发展战略规划视为加强学校的宏、微观管理，有效整合校内资源，提高管理的效率与效力，寻求成长和发展机会，提高竞争力的制度化保障。

在制定发展战略规划的过程中，采用校长领导下的上下结合、统一思想、反复凝练、不断提升的办法，以突出强调本校在英国乃至世界高等教育市场中的战略定位为目标，结合自身在教学、科研、学科方面的优势和特色，审视和修订学校未来5～10年在整个社会的经济、政治、科技、文化发展中的角色定位与基本走向，制定的战略规划颇为细致详尽。

确定战略规划之后，各项工作都在其指导的框架内，是学校各年度、各部门、各学院制订工作计划的行动指南。

虽然英国高校高度重视学校的战略规划实施的稳定性，但这并不意味着一成不变，英国高校十分重视战略规划的执行与评估，在执行的过程中，会对战略实施的绩效进行系统性评估，战略定位和发展规划要依据评估的结果，重新进行审视、修改、调整。

印象颇为深刻的是，无论是授课老师还是接待员工都非常熟悉本校的战略规划的详细内容，他们能将部门和自己个人的发展目标融入学校的战略规划之中，且每位员工及每个单位的终极目标都是实现学校的战略规划。

（二）利兹大学的战略规划及借鉴

战略是一个学校质量保障的最高层次，体现了学校对提高质量的战略思考和行动方案。利兹大学运用战略管理中的斯沃特矩阵（SWOT）分析法、平衡计分卡等基本理论，制定了学校发展的战略地图（2010－2015年）。该战略地图通过将学校的发展战略通过整合凝练，集中到了一张纸上，自下而上共分为六个层次，包括价值观念（Values）、战略保障（Strategic Enablers）、关键主题（Key Themes）、利益相关者和参与者（Stakeholders & Partners）、目的（Purpose）、愿景（Vision）。

在专题讲座中，利兹大学国际教育学院的 Michael Wilson 教授，向我们介绍了利兹大学坚持以创造知识与机会为学校使命，以成为全球领先大学为目标的 2015－2020 战略规划的形成过程。

利兹大学对于战略规划的评价，设定了几个关键的衡量指标：学生满意率（主要是基于全国性的学生调查结果）、研究产出（QAA、REF 评估结果）、研究生和全职人员的等效数、科学研究投入、师生比、空余岗位的员工数、员工评价、员工对领导能力素质的评价。

战略规划的四个关键主题分别为巩固作为一所国际化大学的战略地位、获得世界领先的学术研究地位、激发学生发挥全部的潜能、增加在区域和全球的影响力，在这样的学校发展战略里体现了以学生培养质量和学术研究质量为核心的战略思想。

在激发学生的全部潜能方面，主要包括了四个方面：

一是通过启发式的教学给学生以独特的学习经历。

二是将教学科研方面的学习优势转变为学生的学习机会。

三是具备能够吸引全世界最优秀学生来攻读研究生学位的科研条件。

四是招收和支持所有背景的高质量学生。

对于每个主题，学校都有详细的解读。比如，对战略规划中的目标部分做出的具体解读是：所有的员工都致力于提供自己最为出色的教育经验；在为学生提供优秀和启发性的教学之前，为各个层次的学生提供高质量的介绍性方案，以使学生在专业学习的过程中保持持续的兴趣和热情；通过专业设计和个性化的指导，鼓励学生积极并循序渐进地参与到他们自己的学习和发展过程中；高度重视评估工作的反馈环节；对教授的专业进行经常性的反思性评估，听取本校专家和国际专家的意见，保证专业的重要性、知识性和挑战性，在内容和传授方法上处于前沿；通过"Leeds for life"（利兹生活）项目提供的广泛社会活动机会，鼓励和支持学生培养企业家精神、公民素质等就业必备的素质；通过伙伴关系，向学生传递自身的角色和责任以及对学生的期待；一旦学生进入利兹大学，就开启利兹模式的个性化指导和导师计划，确保学生获得学术等各个方面的最好的支持；提供优质的学习资源和设施，包括世界级的图书馆和信息系统；提供一支高层次、高水平的教师队伍，保证课程的重要性以及培养就业的机会；提供尊重和鼓励多样性和公平性的环境，促进学习自由，让学生有机会参与国际化、可持续发展、道德意识问题；为学生提供课程学习和赴海外学习工作的机会，培养国际视野。

根据学校的战略规划，利兹大学的各个学部、学院也分别制定了自己的战略规划体系。比如，利兹大学的国际教育学院的战略规划，提出了五个方面的学术使命：

一是要建立一种友善和相互支持的文化氛围，让所有员工和学生都能发挥最大的潜能。

二是提供最优秀的研究和教学，以巩固各方面的成果。

三是培育恪守社会公正和学术自由的多样性的、包容的、充满活力的学术团队。

四是通过发展高层次的共同治理和相互信任，在一种公开透明的环境下进行自我管理。

五是建立国内、国际上的伙伴计划以提升学术研究成果的影响力。

利兹大学为了便于体现完整的规划体系和思路，也为了学校各部门、各学院和每个员工都能自觉按照学校的目标和愿景创造性地开展工作。学校将具体行动方案和监督机制，设计成一张由关键词和战略描述短语构成的，由不同颜色相区别的彩色"战略地图"。

利兹大学把发展战略规划作为管理的重要手段，为我国高校制定具有适应社会需求和可持续发展的全局性、未来性、层次性和稳定性等特点的发展战略规划，提供了很好的借鉴作用。

四、英国高等教育的质量监控机制

英国政府为保证英国高等教育质量，扩大学校的国际声誉，提高学校的国际竞争力，成立与改革了与英国高等教育拨款委员会具有密切关系的教育质量管理评估机构（QAA）和科研卓越框架质量评估机构（REF），对高校的教学质量和科研水平加强监管。标准化的管理从拉动和推动两方面促进了英国高等教育机构内部的组织效能，甚至产生边际效益，在高校科研经费的优化配置、科研产出绩效和成果质量的提升以及科研管理水平的改善等方面起到了积极作用。

严谨规范的监控机制对高校事业的发展产生了深远影响，引起了各国政府和教育界的高度关注。

（一）教育质量管理评估机构（QAA）

成立于 1997 年的高等教育质量保证机构 QAA（Quality Assurance Agency），主要负责英国高校教学的外部质量保障和质量评估。

1. 主要工作职责

一是制定高等教育的质量标准，同时负责对照这一标准对高等学校进行评估。

二是根据评估结果，向高等学校提供提高质量方面的改进意见和建议。

三是将评估结果反馈给政府部门并向社会进行公布，接受社会和公众的监督。

2. 质量保证原则

一是保证英国高等教育的学术标准。

二是保证英国高等教育提供给学生学习机会的质量。

三是保障英国的高等教育获得持续、系统的提升。

四是保证英国高等教育的信息公开。

3. QAA 质量标准

质量标准（Quality Code，QC）是 QAA 对高校进行评估的主要依据和核心内容，该质量标准是 QAA 在原有基础上修订而成的。这个质量标准分为三个主要的部分。

第一部分是各个层次学生培养的最低标准，包括学生的学习效果、知识能力要求等。

第二部分是保证和提高学术质量。

第三部分是与高等教育相关的信息，主要包括学校如何向社会有效公开各类信息。

4. QAA 评估过程

QAA 依据英国高等教育质量准则，主要针对高等教育机构、远程高等教育机构、私立高校的教育监管、联合培养高等教育、专业学位项目以及境外开展或合作的高等教育进行评估。

从 2013－2014 学年开始，QAA 质量保证的院校评估（Institution Review）选派 5～7 名专家（包括教师和学生代表）到各个学校进行审查，该审查的周期一般为 6 年，学校要提交一份包含相关数据的自评报告，评估小组要到学校进行为期 5 天的检查并召开一系列会议，听取各方面的意见和建议。然后由 QAA 根据审查的情况做出评价，评估大学是否提供了真实可靠的信息以及是否符合国家的标准和质量。除上述审查之外，每年 QAA 都会对院校审查设定一个特定的主题，如即将开始的新一轮的检查主题为"大学一年级学生的学业经历"。在工作结束之后，QAA 会对每个学校的评估情况出具一份报告，并将此报告在网上公开，接受社会的监督。

（二）英国大学的科研卓越框架（REF）

近年来，英国推出了科研卓越框架（Research Excellence Frame，REF），改革了原来的大学科研水平评估制度（Research Assessment Exercise，RAE）。

作为英国科研评估制度的一项重大改革，REF 评估从 2013 年开始执行，2014 年成为高等教育基金委员会（HEFC）向学校拨付科研经费的主要依据，当前，REF 的评估结果已对英国的高等教育和社会各界产生了重要影响。

五、英国大学"第三使命"的理论与实践

在 2003 年的《拉姆伯特报告》中，特别强调了大学与企业的联系，以促进经济增长和解决毕业生就业。此项改革写入了《2003 年政府白皮书》，通过 2004年颁布的《高等教育法令》予以实施。"第三使命"突出强调了大学与社会和经济环境的直接联系。

近 10 多年来，英国大学非常重视提升"第三使命"的能力，纷纷与企业合

作，实现它们担负的第三使命。

例如，利兹大学利用校内企业孵化器，鼓励学生创新创业，是全英国孵化企业最多的大学。此外，还有华威大学的"世界制造技术研发中心"；里丁大学构建的校内企业孵化器、科技创业园"绿谷"和泰晤士河谷创新园等。萨塞克斯（Sessex）大学以创新中心为执行单位与 Sessex 知识资产有限公司、英格兰东南发展局、Sessex 企业等密切合作，有效地将知识资产和注册技术商业化，每年催生 5～6 个产值过百万英镑的国际化公司或企业，推动了地方经济的发展，也促进和带动了学校学科和科研能力的提高。华威大学制造业集团成功地缩小了工业界、企业与大学间的文化鸿沟，促进了英国已衰败的制造业的再生，开创了华威大学拓展学科领域、人才培养多样性及与国际著名企业合作的独特模式，成为大学三大使命有机结合、相辅相成、相互促进和发展的范例。卡迪夫大学将与世界级企业的合作伙伴关系和成功的企业活动列为创办世界级大学的重要途径之一，该大学知识资产运作方面的经费收入位列全英大学的前 10 位。

大学"第三使命"的成功执行，强化了高校和社会之间的关系，增加了大学的收入来源，强化了高校的科研创新和众创活动，逐步减轻了政府为公办高校提供经费资助的压力。

六、英国大学的研究生教育概况

以利兹大学为例，研究生教育分为两种类型：一种是专业型，以课堂授课为主要方式，多为硕士研究生教育层次；另一种是研究型，以实际研究为主要方式，主要面向博士生教育层次。硕士学制一般是 1～2 年，学习方式一般是选读硕士学位课程，考试合格或提供论文，抑或两者兼有，可授予硕士学位。博士学制按规定是 3 年，但是博士生的平均毕业年数一般都在 6 年，10 年的也不罕见。课程基本是以研究为主，但也有一部分课程（如商学院）教授管理研究方法等课程。

（一）学生选课

学生选课全部通过利兹大学校园网，注册选择研修课程，所授课程的讲授内容、参考书籍、参考文献、课后作业和以往考试真题等学习资料会按照教学计划粘贴在校园网上，以便学生自行获得所选课程的配套资料。

（二）授课方式

利兹大学的研究生教学基本上没有统一或规定的教材。课程的授课方式采用课堂讲授、小组讨论、专题报告等多种形式。

1. 课堂讲授

除了研讨类课程外，每门课程都会设置大课讲授，由主讲教授主讲。主讲教授会就某专题做出简单全面的指引，内容扼要概括，属于引导式的讲授，然后就这一专题列出许多参考书目，学生课前课后需要做大量的文献阅读，以便小组讨论时交流使用。在上课的过程中，学生可以就所学课程内容，提出各种问题，由教师给予解答或在学生间进行讨论交流，这种教学形式充分调动了学生的学习主动性和积极性。

2. 小组讨论

对大课进行补充的讨论课，是由主讲该课程的教师辅助学生讨论。在讨论课上，教师会根据学生不同的兴趣或者项目选题，拆分成不同小组进行讨论，如果学生没有阅读相关材料就不可能在小组讨论中发表自己的见解。除课堂讨论课以外，学生为了解自己所学专业领域的研究动态，还可以参加其他相关学科的专题讨论。

灵活的教学方式，并不意味着考核标准或学位授予标准的降低。在利兹大学，研究生教育有着严格规范的学习要求。以申请就读博士为例，博士学习在获得申请注册后，经过 1 年的学习，再进行学习成果和科研预期的评估，类似于我们的中期检查。如果不能获得通过，则终止申请者博士阶段的学习。

七、英国高校的学生事务管理概况

自 12 世纪初创立牛津大学和剑桥大学以来，由于英国一直奉行传统的精英教育，两所大学建校之初所确立起的为学生提供支持服务和个人导师安排制度，一直持续到 20 世纪 60 年代初。从 70 年代末开始，英国高等教育逐步进入了大众化的发展阶段，在英国高等教育加大学生的参与度和高等教育质量评估两大背景下，学生事务管理模式逐步从传统的辅导模式向专业化模式转换，服务内容绝大部分都是围绕教育质量保障而展开的。

在英国的学习培训期间，5 所高校的不同职能的部门负责人，最常说的一句话是："我们的首要工作就是为学生提供服务"，这不仅反映了英国高等教育发展变化的客观需要，同时也是学生事务工作继承传统和不断创新的结果。英国高校的学生事务管理专业化模式，为英国高等教育国际化的繁荣与发展打下了坚实的基础。

英国高校的学生事务管理的范畴相当宽泛，凡是与学生切身利益相关的事务，都由相应的专业人员遵照规章制度，按照管理程序，履行各自职责。

（一）学生事务管理模式

英国高校学生事务管理者以吸引学生、服务学生为出发点，抱持应对挑战的积极态度、重实践重细节的服务理念、重法理重规则的管理实践，给我们留下了深刻的印象。

学生事务管理模式分为集中管理和分散管理两种模式。大多数高校的学生事务部（Student Services Directorate）设有学部办公室、考务办公室、学生事务办公室、学业注册办公室、学生财务办公室、国际事务办公室、残疾人事务办公室、学生信息办公室、招生办公室、校友办公室、住宿处、就业指导处、心理咨询处等部门。部门内部分工明确、职责清晰、管理规范，部门之间相互联系、资源共享，推出的学生发展项目都必须遵守和服从行规和准则。不难看出，英国高校非常重视"以人为本"的理念，服务学生。

其服务的主要内容如下：一方面，通过专业化的服务，提高服务的针对性和实效性；另一方面，通过便捷的一站式服务（One-stop-shop），最大限度地提高学生对学校推出的各项服务的满意度。

（二）个人导师制度

通过宗教捐款建立起来的早期英国大学，创立之初的教育目的是把学生培养成医学、法律和神职方面的专业人才，明确要求教师在肩负起传授专业知识的同时，还要担任学生的德育导师，对学生进行道德教育、纪律监督与管理，这种具有强烈宗教色彩的个人导师制度，又称为牧师关怀（Pastoralcare）。

学生个人导师制度作为英国高校学生事务管理的传统做法，之所以能够沿袭至今，也是由于各高校扩招后，学校层面的学生事务管理部门，无法直接为每个学生提供各自所需的服务。因此，学生个人导师制是英国高等教育体制中的一大特色。

个人导师的主要工作职责包括：每个学生在入学后都会安排一位专业教师作为个人导师，导师根据个人经验负责为学生提供专业学习和个人生活方面的指导，每学期要求至少会面两次以上。个人导师的工作重点在于了解学生的专业学习情况，如果问题出在专业学习上，个人导师会为其提供帮助；如果学生有生活或其他方面的困难，个人导师有责任将学生介绍到学校的专门机构。因此，个人导师在为学生的专业学习和生涯规划提供帮助的同时，还发挥着学生与学校之间沟通的桥梁作用。

（三）行业协会组织和非政府组织

全国的各种行业协会组织和非政府组织，强力支撑着英国高校学生事务管理体系。例如，英国高校学生工作者协会（AMOSSHE）、高教仲裁处、高校招生委员会等非营利性专业机构。

八、英国大学的国际化发展战略

（一）高度重视高等教育的国际化

自 20 世纪 80 年代末开始，英国越来越注重高等教育国际化的发展，从政策到法律方面都提供了强有力的支持，逐步提升了英国高等教育的国际地位和国际竞争力。

（1）通过制定积极参与欧盟教育项目、重视欧盟外的国际交流与合作、灵活的境外办学等一系列政策，促进了英国高等教育的国际化。

（2）为保证国内高等院校的办学水平和教育质量，英国政府从输入到最后的输出都采用责任制，内外结合，严格学术标准。建立了机制完善、层次清晰、体系完整的质量保证体系，强化了校内的国际化评估并形成自觉维护质量的氛围。此外，英国政府为便于海外留学人员选择相应的学校，每年都将高校的教育质量评估结果通过互联网公开发布。

（3）英国政府在推动高等教育国际化的过程中，给予了高校办学很大的自主权，无论公立学校还是私立学校，它们的专业设置、招生数量、学费标准、师生规模等，都由学校根据办学实力和市场需求自主确定。

英国高等院校作为推进英国高等教育国际化战略的重要组成部分，在国际化办学理念指导下，普遍认为缺乏国际化的大学是不可能成为世界一流大学的。在知名度和影响力各异的多数英国高校中，其放眼世界、追求卓越的大学精神和价值取向无不体现在各自的愿景规划中。

笔者通过专题学习和实地走访，了解到英国大学一般都有 30%来自英国以外国家的员工。牛津、剑桥等名校更是聘任非英国籍人员担任执行副校长或者其他重要职务，说明英国政府极其重视人力资源，尤其注重把吸引和培养国际优秀人才作为国家的发展战略。

例如，诺丁汉大学的发展规划中提到"为实现大学使命，我们重申如下理念：学习知识无论对我们自身而言，还是对社会经济发展而言都是极为重要的；知识由那些致力于专业研究和传播知识的一流师资所提供；对于科研和学习，要用国际化标准予以评判"。约克大学虽然建校时间不长，但是教学质量评估在全英名列前茅，其秘诀就在于所有的学术人员都要在国际范围精挑细选，不仅教学好，而且科研水平高，学校具备高起点，有利于达到世界一流水平。

（二）高等教育国际化的特点

英国高校把发展远程高等教育、建立跨国大学作为学校的发展战略，把加强教学、科研的国际合作与交流作为学校的重要任务。

如利兹大学提出，在国际化的背景下，为体现红砖大学的深厚底蕴，展示罗素集团成员的文化魅力，提出学校的教学质量、地位、品牌不仅要获得本国的认可，同时也要获得国际市场的认可。为此，他们致力于在培养"国际公民"和"国际学生"的目标下，开展全球性的教育合作，在全球范围内选择并建立学术研究伙伴，加强学校师生员工的国际化培训和教育，注重不同国家、民族学生的广泛性和代表性，合理布局国内外学生的生源结构，使在校生能得到更好的国际体验。

英国政府与高校二者之间管控与自治的最佳维度，形成了独特的国际化高等教育体系，为英国高校推进高等教育国际化提供了不懈动力。

九、启示与思考

（一）关于发展战略规划：英国高校把发展战略规划作为学校管理的重要手段，为我国高校规范有序地制定发展战略规划，形成制度化可操作执行的规划提供了很好的借鉴作用

2015 年 8 月，习近平总书记在中央深化改革领导小组第十五次会议上，审议通过了《统筹推进世界一流大学和一流学科建设总体方案》，明确了党和国家建设世界一流大学的指导方针和具体目标。

因此，"十三五"作为中国高校创建"双一流"的关键期，科学制定主动适应环境、自觉认识自身、提前预见风险、科学制定决策、认真组织实施的发展战略规划已势在必行。

我们在制定战略规划时，不妨借鉴英国高校的一些新经验、新方法。

1. 重视设计与使命愿景和战略目标相匹配的独特行动路径

英国高校的战略规划都有鲜明的愿景，明确宣示"走向哪里""成为什么"，并以明确时限的战略目标落实愿景，以特色鲜明的战略主题作为实现目标的关键路径。例如，利兹大学 2015－2020 年战略规划坚持以创造知识与机会为学校使命，以全球领先大学为目标，提出了"学生""研究创新""伙伴关系""企业""国际化""员工""校园"七大战略主题及其行动原则与计划，共同构成扎实有力的战略规划。

2. 运用有效的战略表达工具

利兹大学运用战略地图把学校愿景、目标、战略主题及对应的行动计划分别列示，便于不同层级管理人员、师生及合作伙伴在认识与行动上保持一致。

3. 通过学校的文化价值观、体制变革、人员培训来支持战略规划的有效实施

英国高校特别重视以共同的文化价值观作为协同行动的基础，不断完善领导体制与管理体系，为推进战略的关键人员如院长提供培训支持，利兹大学还有学术领导人领导力提升专项培训计划。

（二）关于研究生培养质量：构建研究生教育质量保障多元共治体系，促进高校内部自觉参与全面质量管理的全过程，提升研究生教育教学质量和社会声誉

为提升高等院校研究生教育教学质量和社会声誉，强化高校内部对研究生教育质量的自我监督并提高自主办学的空间，应借鉴英国高等教育质量保证的先进经验，以"共治"促"自律"为根本落脚点，构建一个以高校自律为基础，兼顾政府宏观调控和社会各方参与的研究生质量保障多元共治体系，促进高校逐步形成一种自觉的质量文化，从根本上提升研究生教育质量。

（1）为强化研究生教育质量外部保证机构的功能，完善研究生教育质量外部保障手段，通过制定并实施高等教育学术质量与标准保证行为准则、高等教育资格框架、学科基准文件和专业项目说明等，对研究生培养教育的学术规范与标准体系进行监督与控制。

（2）为改变研究生教育理念，促进研究生教育与国际化接轨，应建立具有相对独立性、政府权威性、高度专业性和评价体系科学性的教育督导制度，引导高校内部全员自觉参与全面质量管理，提升研究生的培养质量与学术水平。

（3）为加大面向职业和专业培养应用型人才的力度，逐步改变研究生教育的培养模式，引入"动态学科"设置理念，通过构建个性化的研究生教育课程体系，丰富关于研究生的学术理论水平、科研能力以及实际工作能力培养的内容和手段。

（三）关于高等教育国际化：树立国际化的高等教育理念和培养目标，以国际视野来提升我国高等教育水平，努力推动我国高等教育国际化的进程

1. 注重培养具备国际化理念的创新人才

培训期间，英国各大学的老师们认真严谨又不乏生动幽默的教学方法和课堂讨论、小组合作、课堂演示等教学手段，使笔者对教学方法和手段有了更深的思考和更新的认识。

英国高等教育以研究为基础的"教"与"学"，与我国高等教育重视书本知识灌输的教学方法相比，更加有利于创新精神的培养和高素质创新人才的成长。因此，我们应该科学设计以创新教育为核心的人才培养模式，转变人才评价的观念与制度，努力营造民主自由的学习与研究的氛围，在着力培养学生创新能力的同时，注重拓展学生的国际视野，增强学生的国际意识、国际素质以及国际交往能力。

2. 逐步缩小与世界一流大学差距的举措

高等教育国际化，其核心是人才培养质量、学术水准和管理水准的国际化。为了逐步缩小与国际一流大学的差距，建议我国有实力的高校或学科可采用以下举措：

一是采用国际承认的质量标准，检验本校在国际高等教育体系中的地位。

二是坚持以改革创新的思维，加强本校的优势学科、专业的国际品牌建设，优化课程设置，逐步形成符合社会需要的新的或交叉互补的学科或专业。

三是加强师资队伍建设，改进教学实施，创新教学方法，积极探索"教"与"学"的新型教学模式。

（四）关于高校学生事务管理：借鉴英国学生顾客化及管理职业化的学生事务管理理念，促进我国学生工作队伍的职业化、专业化建设

尽管英国是以"个人本位价值观"为中心开展学生事务管理工作，与我国以"社会本位价值观"为主导的学生思想政治教育工作相比，两者的培养目标截然不同，但是英国高校的全员、全过程和全方位的学生事务管理体系，对我国高校学生工作的开展确实具有非常重要的现实意义。

（1）建立健全高校学生工作的法规体系，明确大学对学生事务管理的权利、义务和责任边界，依法开展学生事务服务工作。

（2）高校学生工作的制度安排、机构设置和运行机制要体现出高度的职业化和专业化。

（3）高校学生工作的具体内容要结合我国国情，改进或设计成具有实践性、生活性、社会性、全面性的体验式教育，通过这种教育方式，将正确的理想信念、法治观念和社会主流价值观，渗入学生活动、宿舍管理、残障管理、学生资助、心理咨询及就业指导之中。

（五）关于高校教育质量评估：借鉴英国高校"第三使命"的成功经验，为高校、科研机构的成果转化搭建平台

QAA 机构内的产业委员会，主要负责与英国乃至世界性的产业组织和行业协会保持沟通与合作，了解产业发展的现实和潜在需求，并将这些学术信息及时传递给国内教育界。教育界随之探讨如何在学科、专业设置和内容安排以及教学方法等方面满足产业界的需求。QAA 多维度的传递，实现了英国高校为国家经济社会建设服务的目标。

REF 评估体系，主要突出强调科技创新和科研活动对经济发展和社会进步做出的贡献，同时为促进高等教育机构和工商业界的相互合作，REF 突出了科研成果的社会影响力，并要求参评的大学所提供的书面材料中要有叙述科技成果对经济、社会及文化产生影响的内容。

借鉴英国的 QAA 和 REF 的做法，对我国高校科研管理由注重数量扩张向注重内涵和质量建设转变、由注重短期成果向注重解决国家科学发展问题转变，逐步建立健全与经济社会发展、科技创新和人才培养相适应的科研评价体系，尤其是完善我们的学科评估制度具有重要的借鉴作用和启示意义。

1. 更新观念，正确处理大学三个使命之间的关系

通过创新推进学校人才培养模式、科研组织方式和发展形态的转型升级，促进科研成果向生产力转化，进而带动学校人才培养、科学研究的协同发展。

2. 制定政策，切实保证大学创新的可持续发展

高等院校作为国家科技创新的重要基地，各级政府必须制定有利于高等教育创新的政策措施，以保障高校创新能力的可持续发展。

3. 加快构建与实施众创空间示范工程建设

在 2015 年的《政府工作报告》中，政府明确提出了大力推进"大众创业，万众创新"政策。"双创"作为中国经济继续前行的核心动力，为推动我国高校与高校之间，高校与企业、政府之间的合作，提供了良好的平台。

（六）对正确处理好高等教育国际化与本土化的关系的思考

2015 年 9 月 16 日，国际著名教育机构（QS）发布的最新一期《世界大学排名》中，中国内地共有 7 所高校进入世界 200 强，其中清华、北大、复旦、上海交大 4 所高校进入 QS 世界百强名单，浙大、中科大、南京大学 3 所高校入围世界 200 强，证明中国正在从高等教育大国逐步走向世界高等教育强国。

数据显示，中国的高等教育不仅在科研、发表论文的数量、全球学术声誉和雇主声誉等世界一流大学硬实力上有稳步提高，而且在体现教学的师生比、发表论文的引用率和转化率、国际教职工和国际学位生等世界一流大学发展的软实力上，中国的大学也显示了不俗的实力，证实中国高校争创世界一流大学的战略开始有了明显的效果。

伴随着我国高等院校在宽领域、高层次与世界高等教育发达国家的教育机构广泛交流与合作，我国高等教育的发展和改革与国际日益接轨，但我们应该清醒地意识到，我国高等院校作为传播中华民族传统文化的重要阵地，肩负着培养大学生践行中国特色社会主义核心价值观和中华民族精神的艰巨任务，因此，我们在吸收和运用西方高等教育管理的新理论、新方法、新经验，分析我国高等教育的优势和不足，逐步完善我国现代高等教育制度时，必须要正确处理好国际化与本土化的关系、经济效益与培养目标的关系，唯有这样才能使我国的高等教育在世界的舞台上占据独特而重要的地位。

参考文献

[1]李建航，周洪利.高校发展战略规划的制度化建设：英国大学的经验及启示[J]．国家教育行政学院学报，2015（10）.

[2]迈克尔·威尔森.英国高等教育投资趋势：高等教育政策和大学战略变革.徐玲芳译[J]．复旦教育论坛，2012（10）.

信息化校园环境下研究生管理信息系统的建设研究[①]

白　晓[②]

摘要　作为信息化校园的一个重要组成部分，研究生管理信息系统的开发和应用已成为提升研究生教育管理和服务水平重要的信息化支撑平台。该系统尝试把研究生培养过程中的招生信息、教学教务、学籍学位、导师队伍、学生信息统计、毕业等环节纳入数字化平台当中，为师生提供实现便捷化、信息化、系统化管理和服务。目前，我校研究生教育管理信息系统尚处于初期运行阶段，从研究生教育教学和管理的实践及发展趋势上看，尚存在某些难题，如系统数据深度分析、服务功能拓展等。基于此，本文对我校现有的研究生教育管理信息系统进行功能拓展和实践探索，提出了研究生教育信息化系统建设的设计思路与框架。

关键词　信息化　研究生　管理信息系统　模块

一、绪论

教育信息化已经成为 21 世纪世界教育发展的鲜明时代特征，中国教育改革和发展所面临的许多关键问题，诸如教育管理决策与服务水平的提升、创新人才培养和教育质量的提高等，都离不开信息化的推动。肩负着培养高层次创新

① 本文是天津财经大学学位与研究生教育教学改革研究项目"信息化校园环境下研究生管理信息系统的建设研究"（项目编号：2014YJY24，主持人：白晓）的中期研究成果。
② 作者简介：白晓，天津财经大学研究生院办公室主任。

人才之使命，承担着知识创新与传播、技术创新与应用之责任的研究生教育，应大力借助现代教育信息化技术，提升研究生教育管理和服务水平，促进研究生教育体制的改革，进而提升研究生人才培养和教育质量。

（一）我国信息化发展的形势和政策梳理

党中央、国务院一直高度重视信息化工作。20 世纪 90 年代，相继启动了以金关、金卡和金税为代表的重大信息化应用工程。1997 年，召开了全国信息化工作会议，发布《国家信息化"九五"规划和 2010 年远景目标》。2000 年，党的十五届五中全会把信息化提到了国家战略的高度。2002 年，党的十六大进一步做出了以信息化带动工业化、以工业化促进信息化、走新型工业化道路的战略部署。2005 年，党的十六届五中全会再一次强调，推进国民经济和社会信息化，加快转变经济增长方式。2006 年，中共中央办公厅、国务院办公厅发布《国家信息化发展战略（2006－2020）》，我国信息化发展进入了全方位、多层次推进的新阶段。2012 年 3 月，教育部印发《教育信息化十年发展规划（2011－2020）》，对教育信息化进行总体部署和长期规划。2012 年 9 月，国家教育体制改革领导小组召开了第一次全国教育信息化工作电视电话会议，中共中央政治局委员、国务院副总理、国家教育体制改革领导小组组长刘延东同志出席会议并发表了题为《把握机遇 加快推进 开创教育信息化工作新局面》的重要讲话，系统部署当前和今后一个时期教育信息化工作。2012 年 12 月，党的十八大胜利召开，报告中有 19 处表述提及信息、信息化、信息网络、信息技术与信息安全。更重要的是，报告明确把"信息化水平大幅提升"纳入全面建成小康社会的目标之一。2013 年 7 月，教育部、财政部、人力资源社会保障部联合印发了《关于进一步加强教育管理信息化工作的通知》，就进一步加强教育管理信息化工作做出部署。2014 年 2 月，中央成立网络安全与信息化领导小组，习近平总书记亲自出任组长。2015 年 11 月，第二次全国教育信息化工作电视电话会议召开，刘延东副总理出席会议并发表了题为《巩固成果 开拓创新 以教育信息化全面推动教育现代化》的重要讲话，总结第一次全国教育信息化工作会议以来的成绩和经验，部署"十三五"教育信息化工作，巩固成果、开拓创新，以教育信息化推动教育现代化，加快我国从教育大国向教育强国迈进。

（二）信息化与研究生教育现状与分析

作为信息化校园的一个重要组成部分，研究生管理信息系统的应用程度标志着一个国家研究生教育管理水平的高低和现代科学技术的发展程度。在欧美等发达国家，已经研制出了水平很高、比较完整的研究生管理信息系统。但是由于美国、英国、德国、日本等世界各国的研究生教育体系千差万别，规章制度因国家、地域而异，如有的国家不实行入学考试，而实行注册式招生办法；有的国家硕士阶段不做科研论文；有的国家实行学生课程学分注册制度，不设置毕业年限等，使得各国的研究生管理信息系统也大为不同。

我国自 1978 年开始开展学位与研究生教育工作，距今也才 30 多年。期间由于历史的原因和我国科学技术水平的限制，开发完整的研究生管理信息系统的条件一直不太成熟。对北京、西安、上海、武汉、南京等地的高校进行的实地调查结果表明，目前还没有一套成功的全无纸化办公的研究生管理信息系统。

（三）我校研究生管理信息系统历史沿革与现状

天津财经大学的研究生教育管理信息化建设工作始于 20 世纪 90 年代中期，经过 20 多年的不断努力，从初期的单机分散作业逐步发展到当前的网络化系统集成，在功能上不仅涵盖了招生、培养、学位、奖助以及综合服务等主要业务范围，还提供了研究生院与其他相关部门协同办公的基础，为实现高效管理和科学决策提供了有力的支持和保障。

为行文方便，我们将天津财经大学研究生信息化建设历程按照时间维度划分为三个阶段，各个阶段的基本特征和目标参见表 1。

第一阶段始于 20 世纪 90 年代初期，信息技术的应用尚处于单机作业环境，信息交换以脱机方式为主。早期的计算机管理技术在很大程度上仅作为一种外在的辅助性工具，在研究生教育管理的部分工作中得以应用，远未达到与教育管理工作充分结合、整体发展的状态。

从 21 世纪初期开始，受技术进步和社会发展的双重推动，天津财经大学研究生教育管理信息化建设工作开始进入基于网络环境下的全面、快速发展时期，是为信息化建设的第二个阶段。我们建立了研究生部网站，将研究生培养中涉及招生、教务、学位、学生活动的信息进行有效管理和及时公布。

表 1　天津财经大学研究生信息化建设历程

阶段	时间	管理信息系统特征	管理信息系统目标
第一阶段 （零散）	1990— 2000 年	单机 局部零散开发 数据无法共享 使用对象为部分管理人员	代替内部手工操作 数据准确、规范
第二阶段 （集成）	2001— 2011 年	校园网 覆盖研究生教育基本环节 研究生院与院系两级管理，数据共享 使用对象为管理人员	基本环节的两级管理 研究生教育内部数据
第三阶段 （完善）	2012 年至今	校园网 增加为学生及教师服务功能 增加独立运转的小系统 使用对象增加了学生、教师	增加业务管理功能 管理思想向服务转变 尝试数据的分析再利用

随着应用的日益深入，信息化建设开始进入第三个阶段的发展。2012 年年底，我校引入研究生管理信息系统数字化平台，标志着我校研究生教育信息化建设进入了一个全新的阶段。该系统尝试把研究生培养过程中的招生信息、教学教务、学籍学位、导师队伍、学生信息统计、毕业等环节纳入数字化平台当中，为师生提供实现便捷化、信息化、系统化管理和服务。

目前，我校研究生教育管理信息系统尚处于初期运行阶段，从研究生教育教学和管理的实践和发展趋势上看，尚存在某些难题，如系统数据深度分析、服务功能拓展等方面，因此对我校现有的研究生教育管理信息系统进行功能拓展和实践探索也就变得顺理成章，这也是开展本课题研究的立足点和出发点。

二、研究生管理信息系统功能分析和存在的问题

自 2012 年，我校研究生管理信息系统正式上线以来，其在减轻管理人员的工作负担，实现管理业务的电子化，使信息从产生、存贮、处理到输出和传播全过程更加规范化和科学化，实现信息的共享方面发挥了重要的作用。

（一）研究生管理信息系统功能简介

该系统主要有教师和研究生两个登录入口（图1），涵盖招生管理、学籍工作、培养工作、成绩管理、毕业管理、学位管理、学科管理、系统管理等八大信息模块（图2）。该系统直接推动了学位与研究生管理工作从"被动管理"向"主动服务"的转变，实现了信息的集中管理、分散操作、共享共用，使传统的管理模式向数字化、智能化、综合化的方向转变，为研究生和导师提供了统一的一站式服务渠道。

图1　研究生管理信息系统登录入口

招生管理	学籍管理	培养管理	成绩管理	毕业管理	学位管理	学科管理	系统管理

管理员，您好，今天是：2016-03-12 星期六

图2　研究生管理信息系统信息模块

1. 招生模块

在招生管理模块，管理人员可以对照上传字段（图3），上传学生名单，包括学历硕士、学历博士、非学历生、同等学力，最终将学生基础信息导入管理信息系统中，实现基础数据库的及时更新和进一步维护。

2. 学籍模块

学籍管理模块主要是对学历生、非学历生、同等学力生的学籍管理，实现学生信息查询、存档、更新功能（图4），维护学生的基础信息，如学号、姓名、专业、研究方向等基本信息。同时还可以实现学籍信息变动监控、提供入学登记表和学籍卡打印、统计报表（如分专业统计、年龄情况统计、来源情况统计、培养类别统计、研究生指导教师统计、学生变动情况统计等）、学生注册管理、学费缴纳情况查询等功能。

源表	源字段	源字段类型	目标表	目标字段	目标字段类型	转换格式	描述		
导入时选择	XM	字符型	xj	xm	字符型		姓名		×
导入时选择	XBM	字符型	xj	xb	字符型	case when xbm='1' then '男' else '女' end	性别		×
导入时选择	CSRQ	字符型	xj	csrq	日期型	112	出生日期		×
参数	@nj	字符型	xj	nj	字符型		年级		×
参数	@xslb	字符型	xj	xslb	字符型		学生类别		×
参数	@xsfl	字符型	xj	xsfl	字符型		学生分类		×
固定值	1	字符型	xj	status	字符型		学生状态		×
导入时选择	csrq	字符型	xj	passwd	字符型		密码		×
参数	@rxrq	日期型	xj	rxrq	日期型		入学日期		×
导入时选择	ksbh	字符型	xj	zkzh	字符型		准考证号		×
导入时选择	yxm	字符型	xj	yxsh	字符型	left(yxm,3)	院系所号		×
导入时选择	pylbm	字符型	xj	pylbm	字符型		培养类别号		×
导入时选择	jg	字符型	xj	jg	字符型		籍贯		×
导入时选择	sfzh	字符型	xj	sfzh	字符型		身份证号		×
导入时选择	bkbyxxdm	字符型	xj	ybyyxm	字符型		原毕业院校码		×
导入时选择	bkbyyxmc	字符型	xj	ybyyx	字符型		原毕业院校		×
参数	@xwlx	字符型	xj	xwlx	字符型		学位类型		×
导入时选择	bkbyny	字符型	xj	ybyrq	字符型		原毕业日期		×
导入时选择	zydm	字符型	xj	zydm	字符型		专业代码		×

图 3　招生管理模块

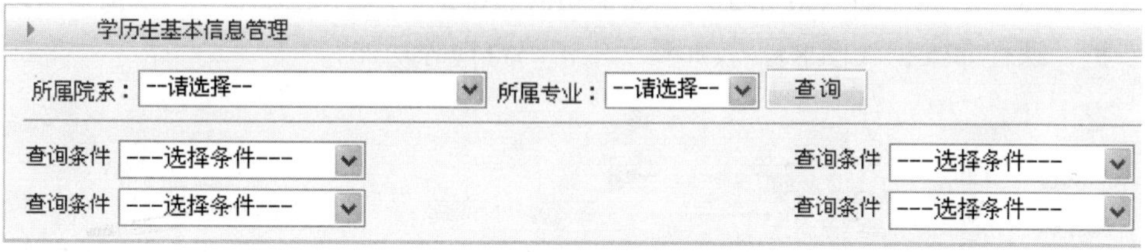

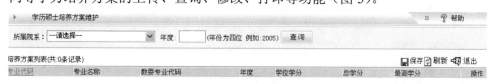

图 4　学籍模块

3. 培养模块

培养信息管理模块如下：

（1）培养方案管理。实现学历硕士、学历博士、硕博连读、非学历生、同等学力培养方案的上传、查询、修改、打印等功能（图 5）。

图 5　培养方案维护

（2）学生教务管理。实现课程开课管理、开课目录查询、公共课排课和专业课排课（图 6）、选课人数统计、课程选修、教师课表查询、教室课表查询功能。

图 6 排课管理

（3）教学过程管理。实现教师服务和教学管理，如教师个人信息查询、学生成绩录入（图 7）、选择学生、教学评价、教学工作量统计、考勤管理等。

图 7 成绩录入

（4）系统基础数据管理。实现学期信息维护、教师信息维护、教室信息维护、课程库维护（图 8）、教师和学生密码查询等功能。

图 8 课程库维护

4. 成绩模块

学生成绩管理模块主要实现成绩录入、查询、修改、排名、打印、审核等功能（图 9）。

图 9 成绩管理模块

5. 毕业模块

毕业管理模块包括：学位论文开题管理；毕业答辩管理，如开题申请审核（图10）、结果审核、答辩结果录入等；毕业证号管理，如毕业证号编排、打印等；毕业上报管理。

图10　开题申请审核

6. 学位模块

学位管理模块主要实现生成上会讨论名单、学位讨论结果录入、打印表决票和结果统计表、学位证号管理、学位名单公示、学生发表论文库管理（图11）、学位信息上报工作。

图11　学生发表论文库管理

7. 学科模块

学科管理模块主要实现博硕士研究生指导教师库管理（图12）、停招和延招管理、学科信息查询、师生互选工作等管理功能。

图12　研究生导师信息维护

8. 系统模块

系统管理模块主要是为系统管理员做好系统维护工作提供各种子模块，包括标准代码维护、基础信息设置、用户权限管理、通知通告管理、基础数据导入等。

（二）研究生管理信息系统实践与思考

我校研究生信息管理系统正式投入使用 3 年多来，运行基本稳定。由于其内容基本涵盖研究生进校以后的大部分培养环节，因此最大的用户群就是在校研究生和系统管理员，研究生使用每学期在 1500 人次左右；其次是院系教学秘书；最后是研究生导师和任课教师。根据不同层次的需求不同，研究生信息管理系统对各级用户设定了不同的权限，但是其内部各环节又相辅相成，严格遵循研究生培养的相关流程。

1. 基本功能实现

（1）服务研究生

研究生进校以后使用自己的权限登陆研究生信息管理系统，进行学期注册，查看、校对并对个人基本信息进行添加、修改，确认无误后保存，以便随时登录系统浏览、查询、打印。系统中对各子模块均有严格的时间限定，研究生若在指定时间内不提交相关信息，过后将无法再录入信息，研究生管理人员据此可以监控到全院研究生的动态。研究生只有将个人信息填写完整才能进行培养计划的提交，根据学院制定的培养方案与导师进行商议，共同制订、提交本人的培养计划，然后根据培养计划中的相关课程选课，打印个人课表就可以上课，在学期末可进行成绩查询。研究生需要在系统中提交毕业和学位的信息和答辩申请，经导师审核，直到通过毕业论文答辩才算整个培养环节结束。

（2）服务任课教师和导师

任课教师的功能比较简单，除了基本的浏览、查询功能外，教师唯一的功能就是在学期末负责将所带班级的学业成绩录入系统，方便学生实时查看，减轻了重复劳动量。导师可以使用自己的工号、密码登录系统，查询浏览在校生情况、所指导研究生的培养计划、选课信息、学习成绩等，大大提高了工作效率。导师还需要对研究生提交的教学实践、开题报告、论文发表、毕业答辩申请等进行审核。

（3）服务院系教学管理人员

每学期开学初首先检查督促学生是否将个人基本信息填写完整并注册，然后对本院所开课程进行排课并督促学生进行选课。在学期末，审核教师依据录入的课程成绩，出具学生学习成绩表。院系管理人员只能对本学院所有研究生、教师进行管理，不能管理其他学院的信息。该系统既可以减轻院系工作人员的工作量，又可以提高研究生管理的效率和质量。

（4）服务系统管理员

系统管理员拥有对系统的全部管理功能模块的操作权限，并根据研究生管理工作的需要，对全校所有研究生的培养工作进行维护和管理。

2. 存在的问题和不足

我校研究生管理信息系统基本上是引入成型的软件系统，在实现研究生培养工作方面，基本实现了大部分功能的覆盖。但是当前的研究生教育管理信息化建设仍存在许多问题需要关注和研究。

（1）基础平台建设有待加强

从整体上看，研究生管理信息系统的开发、应用水平与其他财经类高校间有较大差距。造成这种状况的原因一是缺乏统一规划和统一的信息标准；二是信息化技术水平不高，程序的模块化、可继承性等都比较差，对系统兼容性、扩充以及信息安全都带来一定隐患。

（2）各个分系统间的信息化集成有待增强

研究生教育信息化是一个广义的概念，它包括研究生网上招生分系统、研究生迎新分系统、研究生教务管理分系统、研究生院（部、处）办公自动化分系统、研究生课程网络教学分系统等。体现研究生教育信息化的这些分系统，是通过学生学籍数据、教务数据、办公信息数据紧密相连的。考虑研究生教育信息化，就必须考虑如何将这些分系统有效地融合并集成起来，避免系统冲突、重复建设或者信息不一致等情况的发生。

（3）研究生教育信息化需要向纵深发展

研究生教育与社会进步、科技发展紧密相连，并与经济发展同步。随着社会经济的发展，研究生教育事业必然会向前推进，这就需要研究生教育信息化建设与之相配套，做到"与时俱进"。举例来讲，为了提高研究生学位论文质量，近年来，一些高校采取了隐名评审的做法，每次论文送审，如果采用传统办公方式，效率很低，但如果在研究生教育管理信息系统中加入评审专家库、评审结果自动通知等子系统，就会明显提高论文评审的效率。

（4）决策支持功能有待进一步加强

目前的研究生教育管理系统，很大一部分功能仍限于完成查询、统计、打印等事务性数据处理工作。随着系统运行时间的增加，系统中存储的数据量也相应增加，研究生教育管理者可利用所累积的历史数据，做一些深层次的分析。比如，可以跟踪、分析不同类型学生在校学习及毕业分配的情况等，以便在招生名额分配、培养方式调整等方面为领导决策提供科学依据。

三、研究生管理信息系统完善方案和思路设计

随着我国研究生教育进入快速发展时期，一些新的政策和措施相继出台，诸如增加专业学位类型，逐步按照学术型和职业型进行分类培养、指导研究生，提高推荐免试研究生、硕博连读研究生的比例，实行研究生培养机制改革等。这些新的举措增加了原有管理业务内容和工作流程的复杂程度，需要开发新的管理信息系统功能来完成和实现。

（一）研究生管理信息系统建设思路

本文旨在搭建一个完善的研究生教育信息化综合管理平台，有计划、有步骤地将传统业务的模式、流程、内容等进行电子化迁移，从而在基础架构设计上达到统一性、高效性、可扩展性，纵向上达到基础架构和业务系统统一管理信息化，横向上达到各个部门之间实现数据共享、系统互联互动的目的。努力实现从软硬件分离建设思路向一体化战略转变；从信息资源的"数字化"向"数据化"转变；从"业务和管理信息化"向"教学和科研核心业务信息化"转变；从"业务流程信息化"向"服务信息化"转变，建设研究生管理的 "智慧校园"。

（二）研究生管理信息系统完善方案

1. 研究生管理信息系统设计的思想和原则

本文针对不断变更的管理体制，提出了研究生教育信息化系统建设的设计思想与原则。新系统的设计流程应以"服务—管理—资源—服务"为核心，以如何有效服务导师，服务学生为出发点，建立信息管理机制，提取有价值的知识，从而进一步服务于导师与学生，构建一个可循环发展的信息化过程。

（1）标准编码及数据接口设计

系统应按已有的国家标准及行业标准进行设计以保证与教育部、市教委信息的数据接口。同时应形成学校数据中心建设的标准和规范，配备学校级数据标准与数据字典，为学生类、科研类、教师类、财务类、管理类、设备类等数据信息建立规范的数据结构与内容描述，以实现学校内各系统间的数据共享与信息传递，为研究生教育改革的资源分析与整合提供有力的支撑。

（2）研究生业务流程设计

在研究生培养机制改革中有两个很重要的角色：导师和研究生。导师的责

权将逐步占据研究生培养过程中的主导地位，调动和激励研究生的主观能动性在培养过程中将越发重要。因此，系统设计的理念应该从协助研究生教育管理人员有效完成教学管理工作向为导师和学生提供服务为宗旨的教学管理工作转变。将设计流程从管理者角度转换为服务者角度，即在研究生教育的三个核心阶段"招生—培养—学位"中，管理设计流程应该从以制度和约束进行层层筛选的控制机制向为导师和学生提供管理控制的信息化服务机制转变。系统设计从导师和研究生角度出发，在保证完成研究生"招生—培养—学位"阶段的教育管理功能以外，引入学校科技处、财务处、人事处、教务处、学科办、就业办等数据信息，建立以服务导师为目标的导师信息自助平台，并在培养系统中加入导师对研究生整个培养阶段的过程化督导系统，使得系统辅助导师进行研究生的培养和质量监控，用信息化手段推动导师负责制的顺利实施。通过信息化平台，为研究生提供科学合理、公平公开的奖助学金信息管理机制，并提供以学习、科研、生活、就业为导向的信息服务机制，将管理研究生的理念转变为服务研究生的理念，使得研究生通过信息化平台获得有效的帮助。

（3）研究生教育质量管理机制设计

研究生培养目标的实现是建立在阶段性目标实现的基础之上，研究生的培养质量形成于培养的各个环节。在整个研究生培养过程中，只有对各环节相关要素实行全方位、全过程的管理，才能及时发现问题、纠正偏差，使培养目标在实现过程中始终不偏离方向，从而确保培养质量。因此，新系统设计应该在老系统的学分、成绩、开题、论文等节点式的筛选机制基础上，进一步完善研究生的课程学习、科研工作、学术活动、资格考试、社会实践等阶段性评估、监控及预测系统，从而实现目标管理向过程管理的转变。

（4）以知识提取为核心的决策层设计

研究生教育的信息化建设不仅将研究生教育管理工作科学化，而且最有价值的是有效地采集并积累了大量宝贵的数据信息，这些数据资源记录着高校研究生教育的每一步变革与发展。如果能将这些数据充分地利用起来，发现其中的规律以及探索潜在的、有价值的知识，必能为研究生教育管理层制定下一步改革决策提供重要的依据。因此，系统设计应引入数据挖掘等技术，在只用于数据采集、计算、查询、输出的教务管理软件之上建立科学的决策分析系统，从而为管理人员提供高效的模式分析方法。

2. 研究生管理信息系统建设框架

研究生管理信息系统要充分发挥公共平台、信息总线、决策支持的作用，实现网络服务、数据库服务、邮件服务、信息服务和安全服务，搭建系统应用支持平台和硬件支撑平台，在研究生管理的日常行政办公、招生、培养、学位、学科和决策支持等方面提供便捷化、集成化和智能化的服务（表2）。

表2　研究生管理信息系统建设框架

开发运行管理规范	门户设计（认证 登录 个性化 应用性 集成化）						应用体系与规范
	内容集聚 实践应用 信息集成 服务便捷						
	日常办公	招生	培养	学位	学科	决策支持	
	信息管理 资料管理 信息交流 数据共享 资源管理	信息发布 网上报名 数据上传 信息匹配	学籍信息 教师信息 课程管理 网上排课 网上选课 网上成绩填报 成绩评定 数据接口	学位信息管理 网上论文评阅 网上学位申请 学位委员会 公示信息 数据接口	学科信息 导师平台 数据接入	生源质量分析 教学质量评估 课程体系优化 培养质量分析 培养情况预警 研究生评价 论文质量分析 学科水平评估	
	公共平台 信息总线 决策支持						
	用户管理	教育在线	交流平台	工作引擎	学科交流	决策模型	方案集成
	系统应用支撑平台（网络服务 数据库服务 邮件服务 信息服务 安全服务）						
	系统硬件支撑平台（网络 服务器）						

3. 研究生管理信息系统建设重点

（1）完善招生工作模块功能

①数据规范性、标准性和开放性。目前，我校研究生管理信息系统的学生基础信息上传功能还不完善，系统中设计的数据上传信息范围、数据格式与招生库中的信息不匹配，需要进一步转换和调整，无形中增加了工作量和出现数据错漏的风险。因此，完善数据格式的标准化以及开放性是当务之急，需要加强管理部门和软件设计单位的信息沟通和交流，实现数据的及时、准确、便捷上传。

②功能拓展和完善。研究生招生工作是高校每年的重要工作之一，如果能够通过信息化手段为考生提供全方位的信息查询和共享，不仅是提高招生质量的有效途径，也能够为考生提供全面服务。目前，我校引入的研究生管理信息系统只具备数据上传的最基本功能，其他诸如报名系统、调剂系统、招生简章、历年数据、导师介绍、政策文件查询、文件下载方面的功能缺失，所以招生模块的功能拓展也是提高研究生管理信息化建设的必然要求，亟须进行功能加载和丰富。

（2）完善培养工作模块功能

目前，我校研究生管理信息系统培养模块中基本实现了网上排课、选课、成绩录入、毕业审查等功能，但还有一些具体工作需要进行模块加载和功能利用，如我院实行的月考制度，如何实现将月考成绩和期末考试成绩的网上数据汇总是摆在软件设计者面前的难题；此外，针对当前研究生上课考勤的管理不规范情况，教务科室要充分利用系统中的考勤设计模块来实现科学化、规范化的考勤管理，保障研究生课堂教学顺利开展。

在课程建设方面，需要设计和启动网上评课子系统，要求所有参加某门课程学习的研究生都要对该门课程按照一定的指标体系进行评价，否则学分不予查询。此外，完善研究生网络课程教学系统，实施研究生精品课程战略，鼓励研究生课程开课教师使用研究生管理信息系统开设研究型课程，不断提高研究生课程水平。

在研究生教育信息系统的进一步完善建设中，应加强对研究生培养环节中各关键点的管理，如实现对研究生学术活动、资格考试、社会实践以及最终学术报告等所有关键培养环节的管理与监控。

（3）完善研究生缴费模块功能

我校研究生管理信息系统中研究生缴费模块设计如图13所示。

图13　研究生缴费模块设计

在研究生毕业前，需要进行缴费核对，以便顺利完成学生毕业资格的审核，同时也能为研究生提供更为便利化的服务。但是目前存在的问题是缴费信息的共享，这就需要学校财务部门的支持与合作，实现缴费信息的对接和转换，从而增强系统功能的应用性和实践性，更好地为研究生服务。

（4）信息交流模块拓展

要建立导师交流平台、学科交流平台、学生交流平台和校友交流平台，让导师和学生在网络上有自己的交流空间，让他们充分展示个人基本信息、科研情况、论文情况、最新研究方向和成果、课程相关资料等，这些将对活跃校园学术气氛、各种基础数据提取、学术资源共享、增强校友对学校发展的关注度、就业情况反馈等有重要意义，真正体现学校教育以教师、学生为中心的理念，同时扩大了学校的社会影响力，吸引校友等社会力量对学校各项事业发展的支持和帮助。

（5）信息安全

要制定完善的系统安全方案，保障工作终端和服务器安全、稳定运行，确保数据安全，需要进行以下工作：一是配备完整的、系统的网络安全设备。在内部网和外部网络接口处配置统一的网络安全控制和监管设备，这些设备既要考虑功能，也必须考虑性能，使得配置安全设备后对网络性能的影响尽可能地降到最低。二是采用完备的应用安全体系，如同一个账号在不同地点和设备上不能同时登陆，同一个浏览器下分别进行信息填报不会发生信息错乱现象等。三是病毒防范系统。部署一套全方位的病毒防范系统，包括客户端计算机、应用服务器，并配置防病毒系统管理中心，对所有防病毒软件进行集中管理、监控、统一升级、集中查杀病毒。

（6）完善和加强研究生思政教育和党建工作模块

现在研究生管理信息系统基本涵盖了研究生培养过程的招生、教学、学位、毕业管理等方面，但是通过对标兄弟院校研究生管理信息系统使用和开发情况的调研，结合我校引入研究生管理信息系统的实践，发现在服务研究生思政教育、社团活动开展、党务工作方面存在短板，同时研究生党建工作是研究生管理和培养过程中的一个不可或缺的环节和内容，所以在系统功能开发方面，可以探索增加模块，将学生活动开展、社团建设、研究生党建、研究生心理健康服务等方面纳入网络化管理。

（7）辅助决策功能实现

在现有信息基础上，建立决策支持系统。对数据进行进一步挖掘、分析，为研究生教育管理决策提供指导，决策支持系统应具有生源质量分析与评估、教学质量评估、课程体系优化、成绩分析、培养质量分析、培养情况预警、研究生评价、学位论文质量分析与评估、学科建设水平评估等功能。

四、研究生管理信息系统建设应用效能和发展趋势

研究生管理信息系统建设给我校研究生教育管理的日常业务工作带来了先进的管理模式和手段，在高效管理和科学决策方面发挥着显著的作用，影响日益深入，为研究生教育工作始终面向满足国家社会经济不断发展的需求提供了有力的技术保障。

（一）研究生管理信息系统建设应用效能

现在研究生信息管理系统正处于稳定运行阶段，使得我校研究生教育院系两级管理人员提高了工作效率，为研究生、导师和任课教师、院系研办的信息及时快速交流提供了渠道。

1. 有利于掌握信息技术的高素质管理队伍建设

研究生管理信息系统建设提高了我校研究生教育管理队伍的整体业务素质和水平，为构建、使用和完善管理信息系统打下了基础。我校研究生教育管理信息系统在引入之初，管理人员与技术人员进行了一系列的沟通和交流，由于在实际工作中研究生教育受政策影响大、业务需求变化快、不确定性因素多、个性化特点强，而信息技术的专业性强、规范和标准明确，这些矛盾给信息系统的建设和维护都带来了许多具体的困难。针对这样的情况，研究生院在一开始就组织相关人员与技术人员一起讨论业务需求，力求从总体上了解和掌握信息系统的技术结构和特征，为系统的后期使用和维护做好准备。在引入系统之后，研究生院多次组织院、系研究生教务管理人员开展技术培训，学习系统操作方法，确保信息系统的有效运行。通过这些措施，管理人员的信息技术知识和应用能力得到了加强和提高，当出现新的业务需求时，能够提出合理的建议以改进系统的功能，在促进信息技术与管理业务融合发展过程中打造了一支既懂业务又懂信息技术的管理队伍。

2. 有利于整合优化研究生管理工作流程

信息系统是管理业务与信息技术的有机融合，本质上反映了研究生教育的管理制度以及各项业务内容和相互关系。研究生教育管理工作包含大量不同的业务内容，研究生信息管理系统可以实现学籍、培养、毕业、就业的流程化管

理,研究生从入学到毕业整个培养环节都要在研究生管理系统中进行相关资料、信息的录入,从而让管理部门直接通过信息管理系统查询就能了解在校研究生的基本情况。在引入研究生管理信息系统后,促使我们按照信息技术的逻辑要求、数据结构以及系统性原则,用全局的眼光重新审视管理业务内容的基本环节及过程,并进行科学合理的设计和再造,使得我校的研究生管理工作更加规范化、科学化,从而大大提高研究生院的管理水平和工作效率。

3. 有利于加强部门之间的业务联系和沟通

研究生管理信息系统的引入在加强研究生教育管理与校内其他相关部门之间的业务联系方面也发挥着建设性作用。研究生教育管理工作与学校许多部门都有业务上的联系,随着信息技术应用在学校日常工作中的全面普及,跨部门之间的信息交换及协同办公需求越来越多。该系统根据研究生院相关部门业务管理流程特点,与科研、人事、财务等其他业务系统之间实现数据的无缝交换和数据共享,保证跨系统的数据一致性,减少大量的数据维护工作,同时也加强部门之间信息化的协作与交流。

4. 有利于促使工作理念从"管理"向"服务"转变

我校研究生院引入信息系统的直接目的是减轻管理人员的工作负担,实现管理业务的电子化,实现信息从产生、存贮、处理到输出和传播全过程的规范化和科学化,实现信息的共享。同时信息系统的使用对象涵盖了研究生院以及各院系研究生教务管理人员、研究生导师、任课教师、研究生。通过近 3 年的使用和操作,信息系统在为老师和学生提供个人信息查询、网上选课、成绩查询、学位申请、毕业审核等方面发挥了重要作用,如何更好地利用信息化手段为师生提供优质的服务已成为我校研究生管理部门的共识和理念。

(二)研究生管理信息系统建设发展趋势展望

鉴于研究生管理信息系统建设的有序、规范及其显著效率,在研究生教育工作中,应当加快研究生教育信息化建设的步伐,彻底转变管理观念,提高管理队伍素质,进一步完善研究生教育管理信息系统,实现教育资源共享,形成互动管理模式,使研究生教育管理工作早日步入迅速发展的轨道。

1. 建立高等学校信息主管体制

研究生管理信息系统建设是一个复杂的系统工程,不仅涉及计算机和网络技术,还涉及人的观念、管理业务重组等非技术因素,因此管理信息系统的建设要结合学校的改革与发展,要在领导的重视甚至参与下,彻底转变管理观念,加强宏观管理和政策指导，制定发展战略，调整机构，对现有的管理体制、运行机制进行全面优化和改造革新。随着研究生管理信息系统的应用和发展，健全首席信息官（CIO）管理机制，即把高校研究生教育内部体制改革与研究生管理信息系统建设联系起来，有计划、有步骤地加强研究生管理信息系统建设，在各领导层设立具有创新意识的 CIO，保证校领导中有明确的主管教育信息化的 CIO，各级部门中有主管计算机和信息的 CIO，同时还要建立一支稳定的信息队伍。此外，从高等教育管理的角度收集、分析和处理信息，并直接应用到研究生教育管理的决策中，使 CIO 的作用由技术管理型转向战略决策型，从而促进研究生管理信息系统建设。

2. 资源整合和共享是研究生管理信息系统的核心

研究生管理信息系统建设是一项综合的信息系统工程，硬件建设、软件建设、人员培训、综合应用都很重要。因此，关注资源的整合和共享尤为重要。"教育管理信息化过程中的资源整合有三个层次：其一是网络资源层面的整合，即各种网络系统硬件和网络软件的整合；其二为学科课程层面上的整合，主要指网络资源与学科课程的整合；其三为网络与教学活动层面上的整合，主要指网络化课程资源与教学活动的整合。三个层面上的整合又都包含了物质资源、信息资源和人力资源的整合。"研究生管理信息系统可以先将信息技术与招生信息过程进行资源整合，继而扩大和完善课程、学位等整合优化，搭建教育资源共享、互补、互动的信息化教育平台。同时，管理信息系统能否有效应用，还依赖于各种管理力量通力协作并各得其所、相得益彰。研究生教育从招生开始，经历录取、课程学习、科研、学位评定、毕业等过程，其间许多信息是共享的，如学生姓名、专业等基本信息，有些则是后续过程的实现条件，如课程学习成绩是有资格被授予学位的前提条件等。这些都需要各个管理部门以信息传输为纽带，以信息资源共享为基础，互相支持和配合，实现管理的实质性突破。

3. "人运用技术"是研究生管理信息系统建设的关键

研究生管理信息系统建设是指以人为主导，利用计算机软硬件、网络、通信技术等资源进行信息的收集、加工、储存、传输、更新、检索和维护，以提高管理效率的人机系统。对成功的信息化管理而言，关注"人运用技术"这一观念与计算机、因特网、视频技术等同样重要，技术手段只是问题的一方面，树立关心"人"本身的观念才是信息化管理的关键。因此，管理人员必须全面认识信息技术对整个社会产生的深远影响，积极更新观念，开拓思维，克服使用新信息技术的畏惧心理，鼓励自己成为终身学习者。同时，要有针对性地对管理人员进行系统的培训，使其紧跟信息技术发展的潮流，掌握新技术，发挥新职能，并将信息化技术应用于实际工作中，以推动教育管理信息化建设的步伐。

4. 提供智慧校园服务是研究生管理信息系统建设发展的方向

所谓"智慧校园"是指通过利用云计算、虚拟化和物联网等新技术来改变师生和校园资源的交互方式，将学校的教学、科研、管理与校园资源和应用系统进行整合，以提高应用交互的明确性、灵活性和响应速度，从而实现智慧化服务和管理的校园模式。

在研究生管理信息系统建设过程中，如果能够与"智慧校园"建设相结合，将研究生管理进行智慧化的功能设计和开发，并进行实践应用，必将极大提高研究生管理水平和服务质量。在实现智慧化研究生管理的过程中，研究生管理信息系统要实现功能的转型。初步的功能设计包括：研究生迎新工作中的位置导航功能和业务办理查询功能、研究生上课出勤情况实时查询功能、研究生对课堂教学效果即时反馈和查询功能、基于微信的研究生信息服务系统、研究生个人科研信息即时查询功能、研究生宿舍设备维修申报功能、研究生社团活动记录评价功能、学术讲座信息发布和参加人次等统计功能、教室使用情况实时查询功能、研究生社会实践信息查询功能、毕业生信息反馈和评教功能等。总之，实现研究生智慧化服务是摆在每个研究生管理部门和管理人员面前的新课题，也是研究生管理信息系统进行完善和拓展的方向和必然趋势，需要深入研究和进一步的探讨。

参考文献

[1]陈之皓. 高校学籍管理信息化[J]. 信息技术与信息化，2014（4）.

[2]胡忠辉. 我国研究生教育信息化发展状况[J]. 中国教育网络，2015（2）.

[3]李门楼，郭嘉. 研究生教育管理信息化的实践与思考[J]. 研究生教育研究，2013（3）.

[4]罗念龙，陈怀楚，邹向荣，等. 基于资源整合的研究生和本科生教务管理系统[J]. 现代教育技术，2014（4）.

[5]邱炳发，马燕. 基于微信的研究生信息服务系统的设计与实现[J]. 计算机技术与发展，2016（1）.

［6］荣荣，杨现民，陈耀华，等. 教育管理信息化新发展：走向智慧管理［J］. 中国电化教育，2014（3）.

［7］闫文生. 重庆大学研究生培养管理系统的设计与实现［D］. 济南：山东大学，2014.

［8］于伟，赵璞. 研究生教育信息化建设的实践与探索——以北京语言大学研究生教育信息化建设为例［J］. 中国教育信息化，2015（5）.

［9］张辉，刘明利，生玉海，等. 研究生教育管理信息化建设的实践与认识——以北京大学为例［J］. 学位与研究生教育，2013（5）.

构建高等教育研究生学风建设制度体系研究[①]

刘　茜[②]

摘要　研究生的学风建设是深化高层次人才教育改革、全面推进研究生创新工程的重要措施，不但关系到人才培养的质量以及人才培养目标的实现，甚至还能影响一所高校的生存与发展。本文旨在构建完整的高层次人才的学风建设制度体系，以教学改革促进学风建设，以学风建设带动教学改革，以此促进研究生培养能力的全面提升。从研究生学风存在的问题来看，其原因是多方面的。虽然有社会大环境和个人因素的影响，但高校内部环境的因素仍占主要地位。本文是以学生为主体，以高校制度建设为重点来解决研究生学风建设中存在的问题。研究生人才培养目标的实现是以学风建设工作为起点，以教促学，以学促教，所以形成研究生学风建设的长效机制是十分必要的。本文研究如何将学风建设融入研究生教育的各项工作中去，整体构建研究生学风建设制度框架体系，提升高等教育中高层次人才培养的品质。

关键词　研究生教育　学风建设

一、文献综述

（一）国外关于学风研究的现状

自 20 世纪 60 年代以来，随着现代认知科学（Cognitive Science）的发展，国外许多学科的研究成果被积极地应用到了促进学生良好学风的形成和学习效

---

① 本文是天津财经大学学位与研究生教育教学改革研究项目"构建高等教育研究生学风建设制度体系研究"（项目编号：2014YJY05，主持人：刘茜）的中期研究成果。
② 作者简介：刘茜，天津财经大学经济学院博士助理研究员。

果的提升上来。国外学者对于学风建设途径研究的特点如下：一是善于采用多学科的角度和方法进行探究；二是以严格的自然科学研究为基础；三是重视实验和科学方法的应用。其不足之处在于：一是没有直接针对学生学风建设途径的研究；二是诠释性研究比较多，而建设性研究尤其是如何改善学风建设方面的研究做得还不够。

主要代表学科及其观点如下。

1. 学习策略理论的相关研究

罗伯特·L.索尔斯（Robert L.Sols）认为，人们运用一定策略进行学习，可大大提升学习效果，而学习效果则可以直接影响人们的学习兴趣、学习习惯。通过研究学习策略的概念、结构以及测评，教授学生有效的学习策略，如认知策略、元认知策略、情感策略、资源管理策略等，来改善学生的学习风气。

2. 学习环境理论的相关研究

认为形成有效的学习风气的关键在于营造良好的学习环境，使高校学生能够进行自主、自助认知学习。心理学家布朗·J.S. 和杜古德·P （Brown J S & Duguid P，1993）指出，高校必须善于设计学习环境，以便学生能够以丰富的和富有成效的方式，合法地、边缘性地参与真实的社会实践，使学生尽可能学到他们所需要的知识。

3. 学习情境理论的相关研究

认为应该从认知的角度说明受教育者与环境、主体与客体的相互关系，并从这种互动关系出发研究学习途径建设。

4. 建构主义学习理论的相关研究

认为提升学生学习效果、使之养成良好学习风尚的关键在于促进其认知的发展和知识获取能力的增长，学生的学习过程实际上就是他自己对知识的建构过程，知识需要人们有针对性地去再创造。

（二）国内关于学风理论研究现状

国内的学者也已经就研究生的学风建设问题开展了一系列的研究，相关研究总体上比较深入，实用性较强。他们对于研究生学风建设的研究分别集中在以下几个方面。

1. 加强研究生的思想政治教育

如王珏、贾彬在《以研究生思想政治教育为着力点积极推动高校学风建设》一文中指出，研究生思想政治教育工作的开展是建设高校优良学风、培养高层次优秀人才、为社会主义事业输送合格建设者和可靠接班人的一项重要举措，高校教育工作者应在思想政治教育方面进行不懈的理论创新与实践探索，从而使思想政治教育工作与学风建设相得益彰。再如刘晗在《论研究生学风建设》一文中提出，要不断加强对研究生的思想政治教育，培养研究生的科学精神与奉献精神。培养研究生良好的学习风气，要充分发挥研究生导师在研究生学术道德培养过程中的人格垂范、为人师表的重要作用，积极构建培养研究生学术道德教育平台。

2. 强调研究生学习的主动性

如庄丽在《建构主义学习理论与高校学风教育》一文中提出，建设优良学风，应当首先注重发挥高校学生的首创精神；其次是注重培养学生学习主体意识，提高积极性；再次是注重培养科研能力、实践能力；最后是营造学习环境。再如卢宝祥在《研究生学风问题探析》一文中提出，研究生的自我控制是保证优良学风形成的根本所在，研究生要发挥主体能动性，加强自我学习；通过培养良好的科研心态和习惯来提高研究生的学习风气。

3. 通过加强学生就业指导来激励学生学习

如全国高等学校学生信息咨询与就业指导中心组在其研究专著《大学生就业指导》中提出，要以就业形势和市场人才要求来激励学生，将做人与做学问相联系，提升学习自主性和实践能力，帮助学生自觉、自主地做好职业准备。

4. 以教师为主导，以教风带学风

如邬玉香在《研究生学风问题的原因与对策》一文中指出，教师在高校教育教学中永远处于主导地位，教师的师德如何以及教学科研水平的高低影响学生的学习兴趣和学习效果。因此，应建立以教师为主导与以研究生为主体相结合的长效机制，以教风带动学风。如李冬梅在《重视导师在研究生学术道德培养中的作用》一文中指出，培养研究生良好的学习风气，要充分发挥研究生导师在研究生学术道德培养过程中的人格垂范、为人师表的重要作用，积极构建培养研究生学术道德教育平台。

5. 通过加强校园文化建设来促进学风建设

韩延明在《学风建设：大学可持续发展的永恒主题》一文中提出，以校园文化建设为依托，重视校园文化活动对学生的道德认识和情操陶冶的作用，是加强学风建设的有效途径之一，是学生活跃学术思想、激发学习动力的重

要源泉。

阚宝奎在《论高校校园文化与学风建设》一文中指出，要创建优良学风首先要加强校园文化建设，校园文化包括物质文化、制度文化、精神文化三个层次，新时期可通过提升校园文化内涵、发扬校园文化传统、深化校园文化建设等新方法、新思路培育优良学风。

6. 通过加强机制建设强化学风

如吕秀美、董长瑞在《高校学风建设与人才培养的新趋势》一文中提出，通过完善学风激励机制和学风监督评估机制，落实学风建设的各项目标与要求。又如何莲在《当前高校学风建设审视》一文中提出，要建立健全新颖高效的专职管理机制，强化其职能管理机构的规范运作，大力推进优良学风的规范养成。

二、学风建设在研究生教育中的重要性和高校研究生的特点

（一）高等教育中研究生学风建设的重要性

高等院校是培养国家高级专门人才的基地，培养合格人才是高等院校的根本任务。决定人才质量的因素很多，如师资力量、学生素质、办学理念、办学方向等。然而，无论师资如何、理念新旧，到头来还是要看学生学不学，风气正不正。一所学校的学风是在长期的办学实践中不断积累和升华出的一种优良传统，凝聚着学校全体师生的学术思想和办学理念。

研究生的学风建设是深化高层次人才教育改革、全面推进研究生创新工程的重要措施，不但关系到人才培养的质量以及人才培养目标的实现，甚至还能影响一所高校的生存与发展。研究生阶段的教育目标是为社会培养高水平高素质人才，良好的学风不但能营造良好的学习氛围，同时也能优化高水平研究型人才的育人环境。研究生教育的学风建设与教学改革是双向互动的，本项目旨在构建完整的高层次人才的学风建设制度体系，以教学改革促进学风建设，以学风建设带动教学改革，以此促进研究生培养能力的全面提升。

（二）高等教育中研究生群体的特点分析

研究生群体作为高校中特殊而又独立的群体，他们虽然在校园内成长、学习和生活，但其年龄、学习和生活方式与本科生和一般群体有较大的差异，具有以下一些特征。

1. 结构复杂，主体差异性大

从年龄方面来看，研究生群体年龄跨度比较大，研究生的年龄小到 20 岁，大到 40 多岁不等；从学历层次上看，既有应往届大学毕业生，又有同等学力人员；从来源上看，既有应往届本科生，又有工作多年的在职生；从培养模式方面看，既有非定向生，又有单位委托或定向培养生，也有自己交学费的自费生。

2. 求学动机多样化

从求学动机方面来看，既有为了学习专业知识，提高自己的学术能力，以帮助自己以后在事业上的顺利发展而求学者，也有为了缓解当前就业压力或者变更工作而求学者。

3. 思想成熟，个体独立性强

总的来说，研究生群体处于青年晚期和成年期，思想相对比较成熟，已经形成了自己固定的世界观、人生观和价值观。大部分研究生都经历了大学四年的洗礼和熏陶，一些研究生甚至从事过社会性工作，因此他们在考虑问题时比较成熟和稳重，能对事物做出全面的、客观的分析和判断。同时，大部分研究生群体都受过正规的高等教育，有较高的知识水平和素养，有强烈的独立和自我意识，因此他们喜欢追求个性独立，期望自己的想法、观点和兴趣能够得到别人尊重和认可，也希望能够实现自己的人生理想。

4. 团队协作意识淡薄

在研究生学习阶段，其学科门类繁多，专业方向分散不一。一些学院甚至有十几个不同的专业，各专业又分为不同的研究方向，这样细分的结果会导致研究生的学习地点和学习时间比较分散，不利于同学之间的交流和沟通。研究生通常会把大量的时间用于与导师开展课题、在实验室做实验或从事调研活动，很少有时间参加学校和学院组织的集体活动，这样容易导致集体观念和团体协作意识淡薄。

5. 价值取向功利化

在市场经济快速发展的当代社会，面对学业竞争、生存压力和就业压力等多种现实问题，使得一些研究生群体的思想状况趋于务实。他们更关心自己的前途和发展，具有强烈的忧患意识、精英意识、参与意识和成才意识，研究生的人生观、价值观取向更为现实。功利化地认为攻读学位仅是为了方便就业、为了取得职位的晋升等。

三、当前研究生教育中学风建设存在的突出问题及成因分析

（一）高校研究生教育中学风方面存在的问题

1. 学习功利化色彩较为浓厚

一些研究生的学风状况存在问题：学习目的性不明确，功利化色彩较为浓厚；就业成为学习的指挥棒；对科研缺乏兴趣；以个人为中心，缺乏奉献精神和社会责任感。这些问题既反映出研究生理想信念教育的欠缺，也反映出在当前社会背景下存在的急功近利的现象。作为高层次人才的研究生还应该处理好个人利益与集体利益、国家需要的关系。此外，对专业兴趣不浓、课程设置不尽合理及其讲授内容不科学（尤其内容本科化）、导师指导欠缺等也是研究生学风存在问题的重要原因。

2. 就业与学位论文压力突出

当今人才市场竞争激烈，就业压力大，就业是研究生首要考虑的问题，同时也是高校必须面对和解决的现实问题。学位论文是研究生培养的重中之重，是他们学习的重要任务。在教育部门极力整顿学术不端行为的形势下，学位论文给研究生带来很大的压力。

3. 学习、科研投入精力不够

一些研究生学习动力不足，缺乏脚踏实地、埋头苦干精神；欠缺科研条件和经费、实践平台，科研氛围不浓，激励机制不完善；导师研究课题少，指导能力不足，责任心不强，沟通交流不够等，这也是研究生科研积极性不高的原因。

4. 学术道德方面的问题突出

一代国学大师季羡林先生说过，"剽窃别人的成果，或者为了沽名钓誉创造新的学说或新学派而篡改研究真相，伪造研究数据，这是地地道道的学术骗子。"一些研究生缺乏严谨求实的治学态度，心态浮躁，加之有些导师指导、把关不力及治学态度不严谨，导致少数研究生出现抄袭剽窃、弄虚作假、买卖论文等学术不端行为。"没有足够的科研经费和条件""缺少严格的监督机制和惩戒体制"同样也对学术道德失范造成了一定的影响。

受"社会急功近利风气日盛"的深刻影响，少数研究生在学习、学术科研

中弄虚作假，企图蒙混过关。学术道德"失范"现象表面上是一种学术行为准则的缺失，但实质上反映的却是学术研究中科学精神、科学态度和学术发展内在机制的整体缺失，这种学术界的整体性规范缺失，已经对当前研究生的教育培养产生了广泛的负面影响。

（二）高等院校研究生学风问题的原因分析

对于研究生不良学风现状的产生，究其深刻原因，有研究生主观上的问题，也有社会、学校等客观方面存在的问题。潜在的社会大环境、学校制度、师德教风、个人内在的道德品质和修养，世界观、人生观和价值观等都会对学风建设产生重要的影响。概括起来有以下几个方面。

1. 社会大环境的影响

近 10 年，我国研究生的扩招规模是世界罕见的，成果也是可喜可贺的，但是仍然存在一定的不合理之处和弊端。这一政策，给高校学风建设和学风管理带来了挑战。研究生扩招，在一定程度上降低了研究生入学考试的门槛，如放宽了年龄、婚姻状况及身体条件的限制，同时降低了研究生考试的难度，这就会导致研究生生源质量下降，进一步会影响研究生学风建设。

2. 市场经济冲击使学风建设面临新的挑战

高校是社会的一个组成要素，因此，高校学风建设不只是高校内部的事，它必然会受社会因素的直接影响。当前，我国正处于由计划经济向社会主义市场经济的过渡时期。市场经济体制就像一把"双刃剑"，给研究生学风注入了新的元素和思想，同时也带来了一些消极影响。从积极的方面来说，它使研究生的思想观念发生了很大的变化，使研究生增加了竞争意识、创新意识，激发了他们积极进取、奋发图强的学习精神。但与此同时，随着市场经济体制的发展，一些消极现象趁机而入，如功利主义、拜金主义、享乐主义、个人主义、腐败意识等不良思想，极大地冲击着研究生的世界观、人生观、价值观。受市场经济的负面影响，部分研究生会把更多的时间和精力放在如何挣钱、如何玩乐以及如何搞社会关系上面，从而忽略了学习。

3. 教师自身对于研究生教育学风建设的影响

我国著名的教育家叶圣陶先生说过，"教师的人格魅力可以直接对学生产生无言的持久的影响，在很大程度上决定学术指导的效果。"高校教师作为教书育人的主要执行者，其思想道德水平和教学风格，关系到研究生的人才培养质量和校风、教风、学风的形成。调查显示，三成的研究生认为"师德教风对学风的影响很大"，大部分的研究生则认为"师德教风对学风的影响较大"。此外，一些研究生认为，"老师讲课枯燥无味"在很大程度上影响了他们学习的动力。

一方面，随着时代的发展，一些教师的教学内容、教学方式、教学水平相对落后，不能满足研究生求知学习的正当要求。另一方面，一些研究生导师职业道德水平不高、学术功利思想严重、育人意识不强、师表形象不佳，无形之中影响着学生的学习态度、学习动力和学术道德。

4. 高校自身对其学风形成和发展施加影响

（1）观念层面

高校在一定时期内的功能观念、教学理念和育人思想对于研究生学风的形成和发展有着极其重要的指导作用。新时期高校究竟应当具备哪些功能，应当持有哪种教学理念，应当培养什么类型的人才？对这些问题的解答和解决，是一所高校的建校之本，直接影响到高校的教学管理和教育科研等各个方面的运作。研究生学风正是在高校的运作过程中逐渐形成和发展起来的。因此，高校功能观念、教学理念和育人思想是研究生学风形成和发展的重要导向。

（2）制度层面

高校在一定时期内的教学和管理体制对于研究生学风的形成和发展有着重要的保证作用。制度既是观念的集中表现，也是观念得以实现的途径。高校的教育教学制度、学生管理制度是直接影响研究生学风形成和发展的制度因素。制度因素通过规范教育者的教学内容，明确教育者的教学目标，规范教育者和受教育者的行为来对研究生学风的形成和发展施加影响，科学合理、执行到位的教学和管理制度对于研究生优良学风的形成和可持续发展有着强大的激励作用。

（3）整体学术氛围层面

高校长期以来形成的良好的学术风气，以及高校自身学术氛围的构建和高校校园文化的自身塑造对于研究生学风的形成和发展有着潜移默化的作用。优良学风是研究生在学习和生活过程中，在浓郁的校园学术氛围的熏陶下，在优秀的校园文化的支撑下形成和发展起来的。

5. 研究生专业思想淡薄

专业思想的稳定与否直接影响研究生对专业学习的兴趣。有些研究生在报考时对所报考的学校和专业不是十分了解，在专业选择上是比较盲目和无奈的，他们或是顺从"父母之命、老师之言"，或是由于成绩的原因而被调剂到自己并不热衷的专业，或是对所选专业期望值过高，当他们进入学校后，经常会感觉到理想与现实的差距太大。由此，部分研究生会产生厌学心理和旷课、逃课现象。研究生如果对所学专业不感兴趣，他们就不会把大量的时间和精力投入到本专业的学习和研究之中，这势必会影响研究生的学习风气。

四、建立健全研究生学风建设机制，全面提升研究生培养水平

（一）将教学改革与研究生学风建设有机结合

研究生学风建设与教学改革在一定程度上属于相辅相依的关系，二者虽然表现形式不同，但互为表里。研究生学风建设，主要涉及研究生和学校两个方面的主体，学校教学管理属于手段，研究生良好学风之养成才是最终目的。研究生学风建设与教学改革应从以下几个方面进行。

唐代思想家韩愈在《师说》中指出，"师者，所以传道、授业、解惑也。"教师是人类文化、科学知识和道德观念的传播者，担负着培养人才的社会责任。邓小平曾指出，"只有老师教得好，学生才能学得好""一个学校能不能为社会主义建设培养合格的人才，培养德智体全面发展、有社会主义觉悟的有文化的劳动者，关键在教师"。因此，没有良好的教风，就没有良好的学风。教师的言传身教、教学观念、学术水平和科研能力以及师德不仅会影响研究生的学习激情，也会对研究生的学风产生潜移默化的作用。

1. 要树立以人为本的师德理念

所谓"以人为本"的师德理念，就是以教师的发展为本，鼓励人的自主发展，要教育教师把师德建设与自身发展成才结合起来，不断提高自身各方面素质。一是增强事业心，激发强烈的敬业精神和奉献精神；二是更新教育观念，树立以学生为本的教育思想，创造尊重学生、信任学生、服务学生的民主氛围；三是加强责任心，不断发扬对工作的进取精神和钻研精神；四是增强师德建设的自觉性，形成师德规范的自律意识，塑造教师良好的人格形象。

高校教师，尤其是研究生导师要注重提高自身的思想政治道德素质和加强自身的育人意识，提高自身的学术水平和教学能力，在学习和生活上为学生树立一个好的榜样。同时，研究生导师要建立一种与学生互相信任、互相支持、互相尊重的学习氛围，肯定学生的创造成果，时刻鼓励自己的学生，增加其自

信心，使其保持对本专业的学习热情，不断开发学生的研究和创新能力。只有这样，才能充分体现"以人为本"的师德理念，使得不同的教学计划真正体现因材施教的教学理念。

2. 创新教学方法

教学方法的创新是提高教学水平的重要途径。研究生群体本身的特点决定了对研究生的教学，不能采用一贯的传统的"灌输式"的教学方法。尤其是公共理论课的教学，更应该注重新颖的教学方法，因为公共理论课本身就枯燥无味，如果还采用"灌输式"的教学方法，那么势必会影响研究生上课的积极性。研究生教师不仅要注重教学内容的更新，还要注重与内容相匹配的教学方式和方法的创新，所谓"工欲善其事，必先利其器"，知识的传授要依托一定的教学手段和方式，良好的教学方法是取得良好教学效果的最为重要的因素。

随着科学技术的飞速发展、知识总量的急速增加、社会主义市场经济体制的初步确立，社会的发展逐步呈现出多元化的发展趋势，研究生的思想和获得信息、知识的渠道也越来越广泛，"我讲你听、我灌你进"、传统单一的"满堂灌"的教学方式已经不能适应当代研究生的认知要求了，研究生授课教师要增加教学的吸引力，就必须紧跟时代的步伐，积极发挥教师主体的主动性，认真研究当前研究生心理发展的特点，勇于探索，解放思想，不断创新教学方法，以激发研究生的学习激情。

因此，就必须将传统的由教师主导课堂的单向"灌输式"教育方式转变为师生双向沟通和互动的"启发式"的教学方法，在教学过程中自觉地把学生也作为教学的主体，注重提高学生的理论思维能力。此外，在日常教学中，研究生教师除了利用最基本的板书、口头的讲述外，还要学会利用多媒体技术、计算机网络等现代化的教学方法。

3. 改进教学内容

教学内容的完善是提高教学水平的基本方法。调查显示，研究生认为"教师讲课枯燥无味"是影响其学习动力的主要因素。教师讲课枯燥无味，既有教师教学方法的原因，也有教师教学内容的原因。

受市场经济的影响，一些研究生老师学术功利化思想严重，他们把大量的时间用于自己的课题研究上，因而没有时间来为研究生课程做准备。有的研究生导师甚至在几年内一直用同样的教案，没有任何创新，这样会影响研究生上课的积极性。研究生对一些课程不感兴趣的一个重要原因在于，教师授课内容过于机械、僵硬、死板，离现实生活和研究生所关注的内容比较远，不能将授课内容与现实紧密地结合在一起，使研究生觉得学习没有实际意义。

其一，研究生课程不能只是局限于"从概念到概念、从原理到原理、从书本到书本的讲解"，应将课程的内容与当前我国社会主义建设的实际、与学生的思想想法、当前的就业形势相结合，让学生学会用书本上的理论和知识分析和解决现实问题。

其二，要通过认真的调查研究，及时、准确地掌握研究生的最新思想动态，不断将学生所关心的热点问题，特别是与学生切身相关的重大问题加入教学过程中去。

其三，研究生授课教师要解放思想、实事求是，摒弃已经过时的教学内容，与时俱进，大胆创新，有的放矢，对症下药，不断用符合实际的新思想和理论观点充实和改革教学内容，为研究生教学内容注入新的血液。

（二）加强理想信念教育，引导研究生树立正确的世界观、人生观和价值观

1. 强化在校研究生理想信念

随着各种思想文化相互激荡，多种价值观念交织并存，研究生思想观念和价值取向出现了实现个人利益与发扬奉献精神、改善物质生活条件与保持艰苦奋斗美德等方面的矛盾对立。因此，高校要紧紧围绕强化理想信念这个核心，引导研究生正确处理好理想与现实、个人与集体的关系，增强辨别是非、善恶、美丑的能力，坚决抵制拜金主义、享乐主义和极端个人主义的影响，树立正确的政治信仰、价值观念、思维方式和行为准则；培养他们踏实的探索精神和独立的创新能力，增强他们的社会责任感和历史使命感。为此，思想政治教育应做到"贴近学生、贴近生活、贴近实际"，言之有物，注重实效。

2. 高校应积极树立服务研究生成才意识

高校必须树立为研究生健康成长服务的意识，不断满足他们的发展需要。既要用科学理论武装他们头脑，提高他们的理论素养和思想品德，也要及时回应和解决新形势下他们经常遇到的现实思想困惑，通过逐个地解决现实思想问题，端正他们的人生态度。此外，要给予他们更多的人文关怀和实际帮助，想研究生之所想，急研究生之所急，帮助他们解决学习、工作、生活存在的困难。

3. 树立先进典型，发挥榜样示范作用

先进典型为研究生指明奋斗方向，给研究生以思想震撼。美国心理学家艾伯特·班杜拉（Albert Bandura）认为，"看到他人因追求高尚的行为受到公众

的称赞，这促使观察者也效仿。"围绕树立正确的世界观、人生观和价值观，利用校园宣传栏、广播、网站等载体，大力宣传热爱科学、开拓创新、诚实守信、无私奉献，为国家科技进步、经济社会发展做出巨大贡献的科技工作者的先进事迹；大力宣传到基层、到西部、到祖国最需要的地方建功立业、做出贡献的优秀毕业生的先进事迹；邀请成功校友、德高望重的知名学者和优秀教师通过报告、讲座、座谈等形式给予研究生积极的影响，引导研究生树立正确的世界观、人生观和价值观。

（三）优化研究生教学课程设置

1. 将课程理论性与实用性有机结合

研究生专业课程的设置是培养研究生专业能力的重要因素，课程设置是否合理，不仅影响到研究生的培养质量，同时也与研究生的就业紧密相关。研究生课程的设置，应该以培养研究生的专业技能以及社会需求为目标。

但是现实中，研究生的专业课程通常在第一学年和第二学年第一学期开设，有些专业课程设置并不合理，无法调动研究生的学习积极性。同时，应合理配置研究生的必修课与选修课。研究生课程教学内容的选择与组织应注意"两个结合"和"一种能力"的培养。"两个结合"指国外先进的科技、管理知识与我国优秀传统文化、现实国情的结合，基础理论与前沿知识的结合；"一种能力"指国际交往与合作的能力。如何安排研究生专业课程的设置，需要结合学校自身的专业和老师优势，同时借鉴其他高校的经验，博采众长，逐渐推进。

2. 着力培养研究生的创新精神和实践能力

社会实践能使研究生认识社会、服务社会，使他们的心灵得到净化、思想得到熏陶、认识得到升华、觉悟得到提高、社会责任感得到增强、业务水平得到检验。高校应将社会实践作为必修环节纳入培养计划，建立实践基地，在经费、管理等方面给予支持和指导；建立健全社会实践与德育工作、专业学习、科技创新、择业就业、勤工俭学等相结合的实践管理体制。实践育人的内容应着眼于高起点、高层次和高水平，如科研攻关、技术推广、调研考察、自主创业活动。

（四）营造浓厚的科研氛围的同时强化学术规范与科学道德的重要性

1. 强化研究生学术规范训练

高校要将学术规范训练作为研究生培养的重要方面，列入必修课程体系，根据国家标准局、教育部等制定的学术规范制度相关规定，强化研究生学术规范训练。同时把加强学术规范训练与营造良好的学术科研氛围相结合。为此，高校要改善科研条件、加大科研经费、建设实践平台、完善激励机制；导师要积极申请课题、提高指导能力、增强责任心、加强与研究生的沟通交流。此外，通过专题讲座、主题班会以及案例警示等活动让学生充分认识到学术规范的重要性；通过组织学术沙龙、学术报告、学术论坛，举办科技节、科技创新大赛等，营造浓厚的风清气正的学风和科研氛围。

2. 把加强学术道德教育与规范制度及强化监督管理相结合

近年来，教育部先后印发了"加强学术道德建设""加强师德建设""学术不端行为处理"等相关文件，并于 2006 年 5 月成立了学风建设指导机构。科技部、中国科学院、国务院学位委员会也分别颁布了"科研不端行为处理办法""科研行为规范建设""学术道德和学术规范建设"等相应规范文件。许多高校也制定了相关配套规章制度。高校要组织导师、研究生认真学习贯彻这些文件精神，将学术道德教育纳入研究生必修课程体系，举办以科学道德的重要性、学术不端的危害性及成因为主题的研讨会、报告会等，形成良好的舆论氛围。同时，要把加强学术道德教育与规范制度及强化监督管理相结合。坚持把制度作为加强学风和学术道德建设的重点，把完善的监管体系作为加强学风和学术道德建设的关键，制定一系列切实可行的教育制度、管理制度和查处制度，加强导师、研究生的学风管理，强化导师对研究生论文的全程指导与监督，尤其是健全学术批评制度。同时高校应当设立专门的研究生学术行为监察机构，负责研究生学术规范的制定、学术行为的监督以及学术不端行为的认定与处理。

（五）健全研究生教学质量评价体系，促进教学质量不断提升

建立一套科学高效的研究生教学质量评价体系，切实保障研究生课堂教学的效果，为高校研究生管理部门提供决策支持，是一项重要的系统工程。近年来，随着研究生教育的发展，高等院校普遍建立了教学督导制度、随机听课制度等一系列教学质量评估体制。但是，目前我国研究生教学评估尚不健全，体系化的评估制度尚未形成。研究生教学质量评价体系是研究生教学质量的评判标准，既要体现它的检验功能，又要体现它的导向功能。因此，为了提升教学质量，应根据高等教育评价的理论与方法和研究生教学基本要求与特点，对研究生所开设课程进行教学质量评估。评估可以从教师备课投入、教学效果、教学控制、专家评价等不同的角度进行全面考核。

（六）引导广大研究生回归认知理性，坚持科学精神，引领学术创新

1. 引导理性认知，重视科学精神

学术是人类认知活动的最高层次，它与名誉、金钱没有必然关联。认知活动有着自己的专属使命，那就是传承知识、弘扬文化。当前，教育管理部门、高等院校、研究生导师以及研究生自身等学术共同体要自觉肩负营造追求真理、严谨求实、诚信负责、真诚协作的文化氛围的严肃使命，自觉抵制沽名钓誉、弄虚作假，树立正确的科研活动价值观。这种良好科研价值观的树立与科学文化氛围的营造从根本上需要机制的维护与约束。就当前研究生管理教育工作的实际来看，必须重视科学精神、道德品质与学风在研究生教育评价工作的体现。

2. 完善制度建设，全面构建监督与约束机制

应从研究生教育评价工作的实际出发，完善三大制度建设：科研资源的管理制度、科研绩效评价制度以及学术平等机制。从制度上营造一种公开、透明、平等、包容的学术风气。强化监督与约束的保障力度，要求做到：一是加大对学术不端、学风浮躁行为的惩戒力度，从法律层面强制科研工作者严于律己；二是发挥监督与约束组织机构的执行力、强制力，从组织维度挤压科学精神缺失行为的生存空间；三是强化学术共同体的监督与约束作用，形成社会合力，整合政府、高等院校与社会力量，共同推动研究生学风教育工作。

（七）提高研究生自身修养，以道德水平提高带动学风提升

艾伯特·班杜拉认为，"自律是个人根据自己的价值标准评判自己的行为，从而规范自己去做自己认为应该做的事。"研究生要不断加强自身修养，提高学术道德水平，以诚实守信、严谨求实的科学态度从事学术研究。这就要求他们主动加强学术规范训练，坚守学术道德规范，培养诚信科研的思想道德品质；主动与导师沟通交流，接受导师指导；自觉自律、实事求是地开展科研活动，坚决杜绝抄袭剽窃、弄虚作假的恶劣行为。同时，更重要的是，要充分发挥导师的人格魅力和能动作用，通过导师的思想、言行、情感对研究生进行潜移默化的影响，使之自觉遵守学术道德规范。

要净化社会风气，形成以"八荣八耻"为内容的社会主义荣辱观，这是新时期社会主义道德建设的行动指南，对加强研究生学风和学术道德建设具有很强的针对性和指导意义。其中，"以辛勤劳动为荣"和"以诚实守信为荣"更是明确要求全社会形成一种以"诚实守信、辛勤劳动"为荣的社会风气。营造良好的社会风气是一项长期性、复杂性、艰巨性的系统工程，需要社会群体成员的共同努力。通过令研究生置身于知荣辱、明是非的社会风气中，让他们形成正确的世界观、人生观和价值观，使他们深刻认识到学习的真正目的，成为热爱祖国、崇尚科学、乐于为社会做贡献的人。

（八）从思想上引导研究生对专业的正确认识，用发展的眼光看待就业问题

研究生入学后往往不能够正确地认识和了解自己所学的专业，总认为自己的专业不是很好，将来找不到好工作。他们会把所在学校的所有专业人为地分为"热门专业"和"冷门专业"，并努力地想转入所谓的"热门专业"。不少研究生将最好的专业定义为热门的专业、有职业前景的专业，这种思想的存在严重挫伤了其学习本专业的积极性，不利于优良学风的形成。调查显示，1/3 的研究生认为，学校应加强研究生的专业思想教育。

首先，引导研究生正确看待所学专业与就业的关系。教育者应当引导研究生从战略的高度来看待专业学习，以长远的、发展的眼光来考虑就业问题。研究生职业生涯规划是个很好的方法，职业生涯规划必须是在研究生对专业有了整体了解，有相关社会环境信息支持的基础上，在学校的引导下和导师的支持下，产生的一种内心自发的行为，同时应拓展职业生涯规划涵盖的深度，这样才有利于研究生专业兴趣的培养。

其次，减少研究生在专业学习过程的不确定性和不一致性。这就要求教育者应当具有一定的专业基础，对本学院各专业的知识结构体系、发展前途和就业形势有一个系统的了解，并结合学院各个专业认知特点，帮助研究生形成清晰明确的专业认识。

最后，要用人文关怀去激发学生的专业学习兴趣。辅导员和研究生导师要做学生的良师益友，用爱心、关心、诚心帮助学生树立专业学习的信心，用真心、耐心尊重学生，用实际行动帮助研究生学习和生活上的困难，激励学生努力学习，在本专业上有所建树。

参考文献

[1]曹国永. 多措并举大力推进研究生科学道德和学风建设[J]. 学位与研究生教育，2013（1）.

[2]杜瑛，刘念，冯小明.论研究生学术行为的引导与规范[J]. 学位与研究生教育，2007（8）.

[3] 凤启龙.研究型大学研究生培养中的学风、学术问题研究综述[J]．吉林大学社会科学学报，2009（4）．

[4] 国家中长期教育改革和发展规划纲要（2010－2020 年）[EB/OL]．（2010-02-28）http：//www.chinanews.com/edu/news/2010/02-28/2142843.shtml.

[5] 胡光利，姜永仁．季羡林先生的学问之道[M]．沈阳：沈阳出版社，2002.

[6] 谌立新，路甬祥．加强科学道德规范建设是我国科技界的重要任务[J]．功能材料信息，2008（5）．

[7] 老子．道德经[M]．南京：江苏古籍出版社，2001.

[8] 李海龙，刘帅．当前高校学风建设的现状分析[J]．文化建设，2010（5）．

[9] 徐颖．以科学发展观为指导加强高校学风建设[J]．山西财经大学学报（高等教育版），2010（4）．

[10] 张成可．高职院校学风建设现状及对策探析[J]．科技创新导报，2010（6）．

[11] 郑家茂，潘晓卉．关于加强大学生学风建设的思考[J]．清华大学教育研究，2003（4）．

[12] 中国社会科学院语言研究所词典编辑室．现代汉语词典[M]．北京：商务印书馆，2007.

研究生课程考核方式创新研究

——基于信息传递有效性的视角[①]

周永林[②]

摘要 研究生培养是一个长期的过程，在这个过程中，加强对研究生学习的控制是保证最终培养质量的重要保障。课程考核作为教学的重要环节，在研究生培养中发挥着反馈信息、评价教学效果的重要作用。因此，课程考核的方式对于教学信息的反馈至关重要。本文在信息论的基础上，研究如何通过科学合理的研究生课程考核方式来发挥课程考核应有的作用，以实现对研究生培养过程的控制。

关键词 控制论 信息论 研究生课程考核

一、研究生课程考核创新改革的意义

随着中国经济的迅速发展，社会对人才质量的要求在不断提高，对人才多样性的需求也在不断增加。现代社会需要的是高素质、复合型、创新性的人才。研究生作为我国最高层次的人才培养阶段，其培养是一个长期、系统、复杂的过程。在整个培养过程中，课程教学占据着举足轻重的地位。研究生课程教学是研究生培养过程中的基础性环节。研究生课程教学质量的高低直接决定了研

① 本文是天津财经大学学位与研究生教育教学改革研究项目"研究生课程考核方式创新研究——基于信息传递有效性的视角"（项目编号：2014YJY22，主持人：周永林，项目组成员包括侯春光、毛润卿、彭悦、平国庆、郭睿）的中期研究成果。
② 作者简介：周永林，天津财经大学研究生院助理研究员。电子邮箱：zhouyonglin@tjufe.edu.cn。

究生培养的质量。研究生通过课程阶段的学习来获取基础理论和专业知识，同时可以在复杂深入的理论知识学习过程中激发学习动机与科研创新兴趣，发掘出潜在的高层次思维潜力，辩证地、全方位地分析与探索复杂问题，甚至创造性地利用理论知识来解决经济发展和社会进步中的各种现实问题。因此，课程教学是研究生培养中的关键环节，抓好研究生课程教学是提高研究生科研能力、创新能力和实践能力的切入点。

影响研究生课程教学效果的因素有很多，课程考核是其中的一个重要环节。课程教学是否有效，能否实现预期目标，需要通过课程考核来评价。只有制定科学合理的课程考核制度，才能对研究生教学过程给予合理的监督，对课程学习效果做出客观的评价，及时发现教学过程中的问题与不合理之处，从而适时调整教学过程，保证培养出高质量的、达到预期要求的、能够满足社会需求的高层次人才。通过课程考核，教师可以发现研究生学习过程中所存在的问题，了解研究生掌握知识与技能的程度，从而对研究生的学习水平做出客观的评价。课程考核也能促进研究生的自主学习，科学且多样化的课程考核可以有效激发研究生学习的积极主动性，提高学习效率。

研究与探索建立与时代特色相适应的应用型人才培养目标的课程考核形式，是当前高等院校教育教学面临的重要课题。与人才培养需求相适应的课程考核形式，有利于推进学校学科建设、培养学习与研究氛围，还可以引导高校的教育教学改革方向，加快课程体系的建设，促进学科和专业结构的不断完善，保障创新型、应用型人才的培养。

二、目前研究生课程考核所存在的问题

我国自恢复研究生教育以来，经过 30 多年的发展，规模不断扩大，质量不断提升，但是在这个不断发展的过程中也产生了不少问题。

（一）课程考核形式单一

很多研究发现，我国目前的研究生课程考核存在的主要问题是考核形式单一。例如，张晓报（2013）发现目前很多高校教学采用论文作为课程考核的主要形式，有时甚至是唯一的形式。蔡德龙等（2013）针对高校《中国古代文学》课程考核的研究发现，普遍存在考核形式为单一的闭卷考试，考试内容一般都是记忆性的内容，枯燥乏味。但是在实际执行过程中，由于客观条件限制与管

理的松懈等原因，考核形式绝大多数为单一的期末考试或者是期末论文。

目前这种单一的考核形式存在十分明显的不足。首先，只能考核理论知识，仅仅能检查研究生对该门课程涉及的重点理论知识的掌握程度，而对一些实际能力以及系统性的、非"知识点"的理论体系，无法进行考核。而科研创新能力与实习实践能力才是研究生培养的重点。其次，这种考核形式过分强调知识记忆，研究生通过短时间内死记硬背往往能取得较好的分数，而这并不代表研究生能够很好地理解相关理论，更毋论知识的应用。最后，这种考核形式造成目前研究生中普遍存在的厌学现象，平时学习积极性不足，仅仅在期末考试前通过突击学习，死记硬背等通过考核。

这种注重结果的考核形式也忽视了过程性考核，不利于研究生个性的表现，不利于研究生学习兴趣的培养，不利于研究生创新能力的激发。

（二）考核标准不科学

在目前的课程考核形式下，课程考核将最终分数作为唯一的判定标准。目前的课程考核成绩大多采取"平时成绩+期末成绩"的综合形式。平时成绩主要是研究生出勤、课堂纪律、课堂发言、课程作业、实习实验等方面记录的量化；期末成绩则是期末考试或课程论文的成绩。

分数的形成过程存在一系列的问题。比如，平时成绩虽然要求是出勤、作业、课堂表现等多方面的结合，但是在实际执行中，为了简便，大多数教师仅仅根据几次课堂点名的出勤统计作为平时成绩的判定标准，并且存在较大的随意性。虽然期末考试分数本身具有量化性、可比较性、直观性等特点，但是课程学习是一个长期、抽象、复杂的过程，考试分数并不能够全面反映出研究生的学习效果。而课程论文的完成也存在抄袭、应付等现象。在这些问题存在的情况下，最终分数是否科学合理是存在很大疑问的。而把最终分数作为评价研究生优秀与否的唯一标准也是不科学的，这导致研究生过于追求考试分数，甚至把追求高分数作为学习的唯一目标，本末倒置，而忽视素质与能力的提高。

（三）对课程考核不够重视，注重结果而缺乏过程监督

课程学习本来是一个阶段性、长期性、逐渐积累的过程。但是目前的课程考核形式单一，不管是期末闭卷考试，还是课程论文，都仅仅是对整个学期学习最终结果的一个考核，缺乏对学习过程的监督，这种考核形式不利于学习。熊丰（2013）在对X大学研究生教育的文献研究和访谈基础上进行了问卷调查，发现研究生课程考核中存在着形式化和偏重结果等问题。

在目前的高等教育背景下，扩招造成了严重的师资不足现象，很多研究生课程也不得不采取大课堂教学。在这种情况下，仅依靠教师本人很难对全体研究生的学习实际状况进行过程监督。比如，教学过程中布置的课程作业，由于研究生太多，授课教师很难对每个研究生的作业完成情况进行认真批阅，再加上网络的普及，网上资源泛滥，更是为个别研究生的敷衍、抄袭提供了便利。而仅仅依靠授课教师本人是很难对作业完成质量进行客观评价的，更难以对全体研究生的学习质量进行监督。而期末考试时，因研究生人数多，教师既授课，又评判成绩，客观上因教师工作量较大，也难以保证其始终认真评阅每一份试卷；主观上因教师自己授课，思想局限，试题倾向于教师对课程的主观理解，课程考核严格程度不一，专业之间、课程之间考核差距较大，考核随意性很强。

（四）考核内容片面

李念良等（2013）发现，我国高校课程考核存在内容僵化、重理论轻实践等问题。大多数研究生课程考核内容主要集中在课程中较为突出的理论知识点，无法全面考核研究生对整体理论体系的掌握及理解程度，更无法考核研究生的实际应用能力、实践能力和科研能力。比如，大多数课程期末考试往往是由任课教师命题，考试范围也仅限于课堂所讲授的内容，缺乏对知识体系的全面考查和对研究生综合能力的评价。尤其是很多文科类专业的课程考核基本以书本知识为核心，研究生死记硬背即可，分析和解决问题能力的发挥空间很小，考核中普遍存在"重知识、轻能力，重记忆、轻创新，重理论、轻操作"的现象。也有一些技术性课程教师片面地将能力理解为对特定技能的熟悉，只注重考核研究生的特定的操作能力，却忽略了对研究生的理论知识和职业素养的综合考核。

（五）对反馈的考核信息利用率不高

目前的课程考核主要发挥成绩评价功能，仅仅对研究生的最终学习情况给予评价。实际上，课程考核还能反馈出更多的信息，如研究生对授课教师教学内容的偏好、课程进度的适应性、授课教师的教学水平等。有效利用这些反馈信息能够提高研究生教学质量。而且考试后除了分数反馈之外，也缺乏相关考核信息对研究生的反馈，导致研究生无法了解自己对课程的掌握情况，不知如何补缺漏，降低了研究生课程学习的意义。

（六）课程考核与教学目标相脱节

学习的目的本来是为了掌握相关理论知识与技能，而考核是学习的辅助手段之一。但是在目前的研究生教学中，往往出现本末倒置的情况。贾凌玉等（2014）提出，目前的考核制度导致研究生缺乏思辨能力。董河鱼（2014）认为，目前高校课程考核与教学目标相脱节，课程考核随意性较强，课程考核差异大，缺乏科学的考核内容与形式。

在课程考核过程中，普遍存在教师只注重评价成绩，不注重通过考试找出问题、改进教学的现象，而研究生也只是为了考试而学习，不注重综合素质和能力的提高。从根本目标上来讲，考试应该是为了检验学习成果，从而促进学习，而不应该反过来使考试和成绩本身成为最终目标。课程考试在教学过程中具有评定、区分、预测、诊断、教学反馈和激励导向等基本功能，然而教师为考而教、研究生为考而学的现象普遍存在。一次考试成为结论性评价，过分夸大考试的评价功能，淡化和忽视考试的其他功能，考试本身作为教学的辅助手段之一，却异化成学习的目的。

三、研究生课程考核作用与效果分析

针对目前研究生课程考核所存在的问题，要对课程考核进行改革，从而加强对课程考核的认识，明确课程考核的目标，完善目前的课程考试形式，发挥课程考核应有的作用，实现课程考核应有的目的。

（一）控制论视角下的研究生课程学习过程

1. 研究生培养是一个系统控制过程

从控制论的角度，研究生培养过程是一个系统控制过程，起点是新入学的研究生，终点是合格的研究生。在整个过程中，作为控制主体的培养单位需要建立全方位的监测体系，以控制作为客体的研究生。而课程考试就是培养单位获取培养过程的反馈信息，并据以加强研究生培养过程控制的主要手段。

2. 结果控制与过程控制

根据控制方式的不同，控制可以分为结果控制与过程控制两种。在缺乏中间控制手段的时候，主要采取结果控制。比如，步枪射击，主要通过射击前进行瞄准来提高准确率，一旦子弹射出，在子弹飞行过程中就不再受控制。而另外一些过程是可以控制的，如导弹在发射之后，根据导弹飞行过程反馈的监测信息，有各种手段可以控制导弹的飞行过程，使其尽可能指向最终目标。

研究生培养就是这样一种可以控制的过程。在整个培养过程中，课程考试、中期考核等发挥着过程监测的作用，这些手段可以反馈研究生培养的信息，通过对反馈信息的分析，可以了解到研究生是否达到了相应的培养要求，并以此调整接下来的培养过程。

3. 信息反馈与控制

要实现有效的过程控制，信息反馈至关重要，只有及时准确地反馈信息，才能保证对过程的控制指向最终目标。在研究生培养过程中，需要随时根据反馈的信息调整培养方式与方法。因此，监测体系是否能够及时、有效地反馈培养信息至关重要。课程教学是研究生培养过程中最基础、也是最重要的内容，所以课程考核在研究生培养的监测体系中也占据着重要位置。

（二）课程考核的作用

1. 过程监督作用

课程学习是一个阶段性的过程，因此课程考核也应发挥过程监督的作用。在学习过程的中间阶段，教师通过考核，督促研究生学习，检测和评价教学效果，发现教学中存在的问题和研究生学习中的不足，为改进授课提供依据。

2. 信息反馈作用

课程考核不是教学的结束，而是教学过程的一部分。通过考核信息的反馈，教师可以检测和评价教学效果，了解研究生对知识的掌握及存在的问题，并有针对性地在教学中进行改革，从而成为教学改革的依据，实现"以考促教"。

3. 结果评价作用

通过最终考核，教师可以对研究生学习的最终结果给予客观评价，作为是否实现了教学目标的依据。

4. 激励学习作用

考核一方面加强对研究生学习的激励与监督，督促研究生认真学习；另一方面通过考试，研究生可以发现在知识学习中的欠缺，加强对知识的理解和运用能力，实现"以考促学"。

（三）课程考核应遵循的原则

为了发挥课程考核的作用，应遵循以下几个原则。

1. 层次性、过程性的考核

学习的过程就是能力逐渐形成的过程，因此过程性考核应在课程考核中占足够的分量。过程性考核的重心在于研究生的学习态度、课堂表现以及课程任务的完成情况，考核贯穿于课程教学的全过程。过程性考核是用动态的眼光看待研究生的学习成效。考核的过程化，更有利于研究生在课程学习的全过程中始终保持良好的学习状态，保持较高的学习热情和学习动力，更有利于专业知识与专业技能的牢固掌握和灵活运用。同时，使研究生养成健康的考试心理，既不惧怕考试，也不过分怠懈。

2. 基于能力的考核

研究生专业课程的教学，尤其应以培养研究生实践、创新能力为最终目标。课程考核应在了解研究生对知识点的理解和掌握的基础上，重点考查研究生利用所学知识分析问题、解决问题的能力，还应考查研究生的研究方法能力、持续学习能力、人际协调能力和行动能力等。考核的终极目的是考核研究生的职业综合能力，从而促进研究生自主学习。

3. 多元化的考核

职业岗位对能力的要求是多元化的，因此对研究生的考核也应该是多元化的，不能用统一的考核模式或标准去看待研究生的学习成效，而要建立多元化的考核体系，以不同的考核手段和方式去评价研究生。除了教师评价，还应给研究生参与考核的机会，通过互评使研究生之间相互评价，通过自评发现自身的优缺点。引入行业评价，聘请校外专家参与考核过程，从实际应用的视角对研究生进行评价。引进权威行业认证考核，按行业要求考核研究生，使研究生尽早了解行业要求，为将来就业提前做必要的储备。

（四）信息论视角下课程考核的有效性

1. 影响信息传递有效性的因素

根据信息论，信息在传递过程中会受到各种干扰，从而影响到信息传递的有效性，干扰主要受以下因素影响。

（1）信息传递距离。从信息源到信息接收者之间的距离与信息传递效率负相关，距离越长，受到的干扰越多，效率越低。这里的距离既包括现实空间距离，也包括抽象上的距离。在信息技术飞速发展的今天，空间距离的影响越来越小，而抽象上的距离则显得愈发重要。抽象距离主要指从信息源到信息接收者之间所需要经过的环节，环节越多，干扰越多，效率越低。

（2）信息量。主要指一次信息传递所包含的客体的信息数量，信息量越大，越有利于信息接收者对于客体现状的把握。同时，信息量越大，对于信息通道的容量与数量要求越高。

（3）信息通道数量。信息通道主要指信息传递所经过的中介，信息通道越多，信息传递量和速度也越快。

（4）信息通道独立性。由于信息在传递过程中始终会受到各种干扰，所以信息通道的独立性就显得愈加重要，通过对相互独立的不同信息通道所传递的信息进行对比分析，可以剔除各种干扰，从而保证信息的真实有效。

2. 从信息传递有效性的角度理解课程考核

从信息论的角度，课程考核本身也是信息传递过程。研究生是信息源，或者说是被监测和控制的客体。教师和教学单位是信息接收者，通过对接收的信息进行分析，把握研究生学习的情况，并依此加强对研究生培养过程的控制。各种考核方式就是信息通道，包括日常考勤、课堂讨论、课后作业、期中考试、期末考试等，这些考核方式可以分阶段反映出研究生对课程内容的掌握程度。通过各种考核方式反馈的信息是信息传递的核心，是培养单位调整研究生培养过程的主要依据。

3. 有效考核的要点

根据上述分析可以发现，要实现有效的课程考核，发挥其应有作用，必须遵循信息传递的几个要点。

（1）既然研究生课程学习是一个阶段性过程，一般一门课程须学习一个学期，甚至一个学年，因此课程考核不应仅是最终的考核，应该在整个学习过程中建立分阶段的考核，监测研究生每一阶段的学习情况，从而便于培养单位随时调整培养过程。

（2）根据考核目的采取最便捷的考核方式。比如，教学过程中的考核主要是为了授课教师了解研究生学习情况，从而调整接下来的教学内容，因此主要由授课教师组织进行；而期末的考核是为了培养单位对所有研究生的学习情况做出评价，并依此做出整体性的调整，因此应由培养单位直接组织。这样尽量避免信息传递的中间环节，可以提高考核的有效性。

（3）应采取全面综合的考核方式。为全面客观地反映出研究生的课程学习效果，应避免考核方式的单一，尽量采取多种考核方式相结合的方式，这样既可以对研究生的学习做出全面的评价，又可以通过多种考核方式的综合，避免单一考核方式所受到的干扰。

四、研究生课程考核的新思路与新方法

（一）课程考核方面较为成功的经验

针对国内研究生课程考核所存在的问题，不少学者对欧美国家的研究生课程考核进行了研究，以汲取经验。王琼（2013）发现，英国高校课程考核方式包括课程论文、课程作业、口头报告、闭卷考试等多项内容。张胜利（2014）基于《研究生考核手册》，对英国开放大学课程考核制度进行了研究，发现其考核制度有以下特点：一是内容详尽，指导性强；二是明确规定研究生考核的权利与义务；三是考核体现严肃性与服务性；四是提供救济途径，尊重研究生权利；五是考核形式灵活多样；六是重视培养研究生诚信的道德品质，禁止剽窃。秦志杰等（2014）汇总统计了美国大学物理类研究生专业课考核方式，共有以下几种方式：作业、测试、期中考试、期末考试、项目、论文、报告、课堂参与等。

蔺丽娟（2013）对高校课程考核存在的问题及其原因进行了分析归纳，提出应加强形成性评价理念，改革课程考核制度，包括考核内容、考核方式、考试管理等。李念良等（2013）提出，需要以课程考核为载体，进行全方位的教学改革，理论与实践并行，根据人才培养模式的多元化，设立多样化的课程考核方式。蔡德龙等（2013）提出，当前高校文科课程考核仍流于单一的期末闭卷考试这一形式。这种形式严重阻碍了高校课程考核向着创新性、多元化、高效率的科学性教学模式发展。董河鱼（2014）建议，应改革课程考核内容与形式，提出转变课程考核理念、建立科学的考核体系，提倡多样化的课程模式，设立课程考核中心，提高课程考核质量。张晓报（2013）针对目前很多高校教学采用论文作为课程考核的主要形式，提出除采取多样化的课程考核形式外，需要限制一学期的课程论文数量，并给予较为宽松的时间；对研究生的论文选题给予一定的指导；对论文标准进行严格要求；根据论文写作情况，给予研究生一定的反馈。宗芳等（2014）提出，在研究生考核模式方面，平时成绩的评定应更多地考虑研究生的课堂表现、课后资料查阅和作业完成的情况；期末成绩评定可以考虑一改传统的闭卷考试形式，而采取命题式报告、主题演讲或开卷考试等灵活的考核形式，也可以结合采用多种考核形式，取综合成绩作为期末成绩。毕建涛等（2014）提出，课程考核应遵循过程性、能力本位、多元化的原则，并在此基础上构建了全过程、多元化基于实践能力与素质的课程考核体系。

（二）改革研究生课程考核的思路

《教育部关于全面提高高等教育质量的若干意见》（教高〔2012〕4号文件）明确提出，高等学校要加强内涵建设、进一步提升教育教学质量。研究与探索建立与时代特色相适应的应用型人才培养目标的课程考核形式，是当前高等院校教育教学面临的重要课题，不仅有利于推进教风、学风和校风建设，还可以引导高校的教育教学改革方向，加快课程体系的建设，促进学科和专业结构的不断完善，保障创新型、应用型人才的培养。

1. 从信息论角度保证课程考核的有效性

为建立科学有效的研究生课程考核体系，要从两个方面入手：一是要建立过程考核。现有考核方式大多数是结果考核，不利于培养过程中的调整与控制，一旦结果考核不合格，不但浪费了时间与之前的资源投入，而且能采取的补救措施也非常有限，仅仅是补考或重修等几种方式。因此，应在课程学习的中间阶段加入一些考核方式，随时监测研究生的学习过程，根据反馈的信息及时调整教学方式与方法，这样对研究生、授课教师和培养单位都是有益的。二是建立综合考核。信息在传递过程中，信息通道的流量及抗干扰性至关重要。通过设立几种不同的考核方式，为研究生的课程学习建立不同的信息通道，一方面可以增加信息流量，多方面考核研究生课程学习情况，尽可能对研究生学习情况给予全面的考核；另一方面，多个相互独立的信息通道会降低在几个信息通道同时发生"干扰"的概率，通过不同信息结果的比较验证剔除信息传递过程中产生的无效信息，减少外界因素对考核结果的影响，尽可能给予研究生的课程学习情况以公正、客观的评价。

从信息传递的有效性角度，建立有效的课程考核体系应遵循以下基本原则：

（1）阶段性（过程控制）。应强化课程学习过程中的考核，根据考核反馈结果随时调整教学内容与教学方法，以实现最终培养目标。毕建涛等（2014）认为，须强调课程考核应有的作用，提出课程考核应遵循过程性、能力本位、多元化的原则。因此，应构建全过程、多元化的课程考核体系。

（2）多样性。通过采取多种考核方式，建立多个传递研究生课程学习情况信息的通道，全方位监测研究生课程学习状况。姚寿福等（2010，2012）以实际教学为例，发现课程考核仅增加期中考试或实践报告并不能取得预期效果，还需要进一步采取多样化考核方式。因此，课程考核应采取出勤、平时作业、闭卷考试和课程论文相结合的方式，同时为了避免论文抄袭，采取团队的形式，既培养了研究生的研究能力，也培养了团队精神。

（3）独立性。为保证信息传递有效，尽可能排除干扰，各种考核方式应具有独立性，以降低同一个干扰源对所有信息通道造成干扰的概率。贾凌玉等（2014）提出，以思辨能力培养为导向，改变传统的终结性考核，在建构主义教学法的指导下，引入课堂表现指标和课外研究生活动指标这一全新的形成性考核方式。课程考核应区分课前准备、课内表现和课后评价，并分别由授课教师、培养单位进行。

（4）综合性。最终考核应建立在多种考核方式的综合评价上，以保证最终考核的科学、有效，包括作业、测验、实验、发言及讨论、出勤、学习态度、协作沟通、期末考试、课程论文等。

2. 探索适应需求的课程考核改革的理念

高校需要动态调查研究社会对人才的需求及评价标准，依据人才培养目标、专业方向、课程计划的变化，调整、改革课程考核的内容及方法。当今的社会需要的是富有创新能力的应用型人才，因此研究生培养应该以此为目标，课程设置、课程考核也应以适应此需求为标准。根据这一标准对课程考核进行改革，改革既包括考核方式多样化，考核内容全面性和应用化，评价方式和主体多元化，考核评价信息公开化和评价过程公平化，同时也要符合简便性原则，具有实际可操作性，便于在实践中推行。在以上原则要求下，对包括考核对象、考核内容（知识能力素质）、考核环节、考核标准（依据）、考核主体多样化、考核形式多样化等基本要素开展研究，探索实践。

3. 创新课程考核方式与方法

课程考核方式和方法很多，不同类型的课程、同一类型的不同课程的考核方式方法都各有其优缺点，因此需要系统地对不同的课程考核方式方法进行研究，主要包括闭卷考试、开卷考试、小组讨论式考核、小论文、综述、读书笔记、课后作业、实验实训操作考核、口试、随堂测验、设计小课题、论文答辩等。在实际应用中，任课教师可以根据需求及现有条件，采取多种考核方式相结合的形式。

4. 完善课程考核体系设计

基于多年的教学实践，各高校已探索出各种行之有效的考核方式，如大作业、测验、作品、论文、参赛、职业认证考试等。但这些方式各有侧重，要遵循上述考核原则，有必要对它们进行归纳梳理，整合成一个有机整体，即课程考核体系，以此取代单一的考核方式。考核结果也应以综合形式给出，如设计一个课程考核体系，综合汇总过程性考核、成果性考核、素质考核。过程考核主要考查研究生整个学习过程的情况，引导研究生在整个学习过程中始终如一；成果考核则是对能力的考核，要求研究生综合利用所学知识，完成相应的任务，以考核研究生的能力水平；素质考核主要是对研究生基本素质的考核，包括态度、参与、协作、沟通、习惯等方面，引导研究生形成基本的人文素质、能力素质。

五、以研究生课程考核为载体，推动研究生教学改革

为推动研究生课程考核改革，在理论层面，教师和研究生要树立正确的考试观、建立多元化研究生评价体系、不断完善考试制度；在制度层面，应完善考试监督机制、促进课程改革、建立健全考试法规等；在实践层面，应针对不同专业课程对人才培养的要求，根据课程的特点，对课程考核的方式、评价体系做出相应的调整。

（一）完善研究生课程考核的建议

1. 转变课程考核理念

教学工作者和教育管理者要加强学习，提高认识，深入理解课程教学和考核改革的意义。教学管理部门要依据课程特点及社会需求，设立合适的考核目标，加大运用知识的能力考核，设置技能考核内容与形式，引导研究生主动学习。只有树立正确的课程考核目的，才能树立正确的教学理念。研究生只有转变学习目的，才能树立正确的学习理念。深化教学改革，使教学推动研究生学习，研究生深入学习促进教学。

课程考核观对高校课程考试改革起着引导和统率的作用，考核观的转变是高校课程考核改革取得成功的前提和基础。课程考核要淡化对研究生和教师的甄别、选拔和评价的功能，重视改进激励功能，要建立促进研究生、教师和课程不断发展的考核体系。瑞士著名心理学家皮亚杰认为，"教育要培养的不是一个博学之才，而是一个智慧的探索者。"考试制度要让教师的"教"与研究生的"学"建立在有兴趣、积极主动的基础上，要给师生一定的自由度和灵活度。应

允许采取不同的方式、方法进行课程考核，充分发挥考核对教学的导向作用，通过考核的创新，调动教师教学方法和研究生学习方法的更新，最终达到提高教学质量和实现教学目标的目的。

2. 明确课程考核目标

我国现行的课程考核目标比较趋同，从而出现考核目标的错位。改革方向应该针对不同类型、不同学科研究生建立不同的课程考核目标。例如，学术型研究生的培养目标是使其成为理论型、研究型人才，所以在课程考核目标上面应该偏重理论水平的提升，注重理论知识的积累和研究方法的训练；专业型研究生的培养目标是使其成为应用型人才，所以在课程考核目标上应该偏向实践水平的提升，注重实践和应用能力的培养。

3. 改革课程考核内容与考核方式，建立科学的评价体系

课程考核方式本身也具有一定的灵活性，要结合课程的自身特点选择多种考核方式相结合的方法，避免采用单一期末考试带来的弊端。要结合中国研究生教育的实际和特点，加强对课程考核方式的研究工作，激发教师对教学工作的积极性、主动性。不同的课程的目的和要求也不尽相同，因此课程考核改革也必须突出课程特色，不同的课程采取不同的考核方法，采取多元化的方式进行考核。对于普通高校"一次性闭卷考试为主"的课程考核方式现状，要打破现有单一考核方式为主的考核模式，实现考核动态化，加大平时成绩的比例。

4. 建立过程考核

过程考核也称为形成性评价，它是在课程学习过程中形成的一种评价方式。过程考核并不否定结果考核，但认为结果评价不是唯一的，过程评价与结果考核是平行的关系，而不是非此即彼的关系。过程考核是一个动态的过程，它可以使教师不断改进教学工作，激发研究生的学习欲望，使教师能够对研究生的课程学习过程进行动态监控和指导，促进研究生的自主学习，增加课程学习的效果。对于课程教学过程，如每一次讨论发言、实验、作业进行记录，可作为衡量研究生课程学习效果的一个重要指标。在成绩评定上，可将总成绩分为平时成绩（含课堂讨论、课堂发言、课堂测试、论文和作业等）和期末成绩（期末考试、期末论文或者科研项目成果）两部分。

5. 更新课程考核内容

课程考核的内容应与课程考核目标相适应，应该遵循创新人才培养的要求。新一代的研究生应该具有丰富的专业基础知识储备和独立解决问题的能力，所以应该扩大考核范围，即考核内容不应局限于教材和笔记，应从记忆、理解和创新三个层面进行考核。记忆层面主要侧重研究生必须掌握的一些基本概念、术语等。理解层面主要考查灵活、富于思辨的知识。创新层面考核研究生运用已掌握知识分析问题、解决问题的能力。考试内容安排方面应体现全面和基础，尽可能减少死记硬背的内容，着重考核研究生分析、理解、判断、表达和操作技巧等。同时应通过综合性题目和实践性题目，引导研究生理解、批判地学习，灵活地应用所学知识。

6. 树立良好的考风

对于考风不正、违纪和作弊等现象，必须严肃对待。第一，要加强研究生诚信教育，帮助研究生树立健康的价值观。通过开展心理教育，建立公开透明的个人诚信管理制度，将研究生的诚信情况和评优、就业推荐等相结合，促使研究生自觉地确立诚信目标。第二，要完善考试管理制度，严肃考试纪律，对考试作弊的研究生严格按照规定予以严肃处理。在考试期间，要加强巡考工作，对研究生旳考试状态和教师的监考情况给予监督，营造公平竞争的考试风气。第三，完善高校考试违纪作弊处理的法律程序，建立申诉制度。目前各大高校针对考试管理各有一套规章制度，但是执行力度有所欠缺，同时对于考试违纪处理当中的争议处理没有明文规定，要依法治考，违纪者就应该有知情权、陈述权和申辩权，所以高校应依法健全违纪申诉制度，妥善处理违纪中的纠纷，避免激化矛盾。

7. 加强考试信息反馈

课程考核具有诊断和反馈的功能，通过课程考核既可以获得研究生对教师教学效果和教学质量的反馈，也可以给予教师及时发现问题、调整教学目标与教学过程的灵感。为此，首先要完善课程考核分析报告，分析报告不仅针对结果考核，还要覆盖所有过程考核，即对课程考核总评成绩的总体分析。其次，根据课程考核分析报告，对课程教学中的问题进行讨论，并且提出行之有效的改进措施，课程教师根据报告以及给出的改进建议于下学期开课前及时调整课程教学和建设计划。

8. 鼓励教师参与课程考核改革

针对课程考核改革缺乏动力的问题，可以采取以下几项措施：①加强教师培训，提高教师素质。教师要不断学习，更新自己的知识结构和内容。同时，学校应该加强对教师在教育评价方法和技术上的培训，使考试改革不因技术和评价方法的缺失而受阻。②建立教师激励机制。学校应该鼓励教师进行课程考核改革，在计算工作量时给予倾斜；对于课程考核改革立项的教师，要给予经费支持；同时，对于在课程考核中存在重大问题的教师要给予处罚。③建立科学合理的教师考核体系。教师优秀与否，不能只看论文和科研课题的多少，要承认教师在教学中付出的劳动。④建立合理的招生规模，控制师生比。师生比超常规，会影响教学质量、教师队伍的建设和青年教师的成长。因此，高校必须控制招生规模，优化师生比。

9. 设立课程考核中心，引入第三方考核机制

当前高校主要是以课程考试评价研究生学习水平，夸大了考试的功能，减弱了考试的激励作用，因而课程的考核急需设立新的机制，建立学校课程考核中心，制定科学的考核内容，规范考核过程，以考核为手段，以提高研究生能力为目的。

考核中心的任务：其一，课程考核的内容、题型、答案要归机构管理，筛选、评判、评定考核的内容是否符合教学目标，课程的性质与课程考核的内容、形式是否科学恰当，考核内容是否能考核研究生应掌握的知识，研究生是否可以充分地发挥自己的才能与创造性。其二，组织安排课程考核，指导开课院系建立科学的试题库和考核标准，监督检查课程考核过程，评判课程考核管理办法，完善课程考核机制，设置足够的人力物力，一门课程可以一学期考核一次，也可以设立一年考核一次，建立一种长效机制，把课程考核目标广泛公告于广大师生，深化教与学，科学实现教学目标。

（二）以课程考核为载体，进行全方位教学改革

通过课程考核改革，全方位进行教学改革，主要包括理念更新、课程体系优化、课堂教学改革、成绩评定改革、考试及教学管理改革、制度建设和保障机制等。

1. 全面优化应用型人才培养方案及课程体系

通过课程考核改革，全面更新应用型人才培养课程考核理念，提高广大教师和教学管理人员的认识，结合企业行业对应用型人才培养的具体要求，在实践调研论证的基础上，对各专业的人才培养方案和课程体系进行全面优化。

2. 进一步加强课堂教学改革

强化以研究生为中心的教学理念，积极探索运用讨论式教学法、专题式教学法、知识拓展教学法、研究性教学法等，同时强化实践实训环节和研究生自主动手能力，注重理论与实践相结合，探索竞赛牵引等教学模式。

3. 细化教学过程管理及考试改革

改革考试管理体制，优化质量考核评价体系，严格教学工作规范，强化教师责任意识，加强高校课程考核的过程管理，主要包括严格把好出题关、推进考试评价主体多元化、拓宽试卷评析及反馈渠道等，推进考试评价的科学化。

4. 积极探索科学全面的学习综合评价

提倡课程考核评价综合化，主要包括学习过程考核与课程总体考核相结合、课内与课外考核相结合、日常考核和期末考核并重等，探索采用平均学分绩点衡量研究生学习质量，使研究生学习综合评价更科学合理。

5. 健全课程考核制度和保障机制

一方面，对应用型本科院校已有的课程管理规定、教学工作规范、教学质量评价制度、出卷管理规定、考试管理制度、成绩评定及管理制度等进行全面优化，从制度上保障课程考核改革；另一方面，根据实际情况，制定相关制度，健全相关机制，对课程考核改革及相关试点改革立项项目管理给予制度保障、经费保障等。

参考文献

[1]毕建涛，于秀丽，闫会娟. 全过程、多元化基于能力的课程考核体系研究[J]. 中国管理信息化，2014（2）.

[2]蔡德龙，饶玉群. 高校《中国古代文学》课程考核改革思考[J]. 现代语文（学术综合版），2013（12）.

[3]董河鱼. 改革高校课程考核内容与形式[J]. 语文学刊，2014（12）.

[4]贾凌玉，章国英，胡继岳. 以思辨能力培养为导向的医学研究生口语课程考核方式设计[J]. 中国医学教育技术，2014（4）.

[5]李念良，李望国. 基于应用型人才培养的高校课程考核改革探究[J]. 科教导刊，2013（9）.

[6]蔺丽娟. 普通高校课程考核现状研究[D]. 厦门：厦门大学，2013.

[7]秦志杰，贾瑜. 美国物理专业研究生课程考核方式对中国研究生教学改革的启示[J]. 郑州师范教育，2014（7）.

[8]王琼. 英国大学课程考核方法对我国高校课程考核改革的启示[J]. 河

南工业大学学报（社会科学版），2013（3）.

[9]熊丰. 研究生教育课程考核现状及出路[J]. 教育与考试，2013（6）.

[10]姚寿福，刘泽仁，袁春梅. 本科计量经济学课程教学改革探讨[J]. 高等教育研究，2010（6）.

[11]姚寿福. 经济管理类本科专业统计学课程教学改革思考[J]. 高等教育研究，2012（9）.

[12]张胜利. 英国开放大学课程考核制度探析[J]. 当代继续教育，2014（6）.

[13]张晓报. 研究生课程考核的论文形式利弊谈[J]. 考试研究，2013（4）.

[14]宗芳，李志瑶，唐斌. 研究生课程教学方法研究[J]. 现代教育科学，2014（2）.

以过程管理和节点控制为重点的研究生学位论文质量保障研究①

张　媛②

摘要　研究生学位论文是研究生科研能力和学术水平的集中体现，也是衡量研究生培养单位的教育质量和整体实力的客观标准。然而，随着近年来研究生招生规模的迅速扩大，如何提高研究生培养质量已经成为研究生教育培养过程中的重大问题。其中，研究生学位论文质量下滑更是成为众多高校亟待解决的难题。目前，我国各高校为保障论文质量所采取的措施往往局限于某个特定方面或环节，在实践中难以达到理想的效果。本项目将研究生学位论文作为一个系统，运用“全面质量管理”理论，以保障学位论文质量为核心，采用全员管理、全过程管理和全环节管理的手段，从实践性与创新型共存的角度出发，从学位论文的内容管理和过程管理两个层面，对学位论文学术不端行为检测、匿名评审、论文答辩等学位授予的多个环节及其重点节点进行研究，具有重要理论意义和现实价值。

关键词　过程管理　节点控制　全面质量管理　质量保障

---

① 本文是天津财经大学学位与研究生教育教学改革研究项目“以过程管理和节点控制为重点的研究生学位论文质量保障研究报告”（项目编号：2014YJY28，主持人：张媛）的中期研究成果。

② 作者简介：张媛（1979—），天津财经大学研究生院助理研究员，文学硕士。

一、绪论

（一）研究意义

管理学理论中的全面质量管理（Total Quality Management）的核心理念是以质量为中心，以全员参与和责任分解为基础，通过优化管理流程而达到长期成功的管理途径。全面质量管理包含全过程的管理、全环节的管理和全员的管理，运用统计分析表法、措施计划表法、排列图法、分层法、控制图法、散布图法等工具，将定性管理和定量管理、事先控制和过程控制、工作量和工作难度、工作绩效和工作创新等有机结合起来，适合于社会组织的管理，对研究生的教育管理工作同样具有合理性。

研究生学位论文是研究生科研能力和学术水平的集中体现，也是衡量研究生培养单位的教育质量和整体实力的客观标准。然而，随着近年来研究生招生规模的迅速扩大，如何提高研究生培养质量已经成为研究生教育培养过程中的重大问题。其中，研究生学位论文质量下滑更是成为众多高校亟待解决的难题。目前，我国各高校为保障论文质量所采取的措施往往局限于某个特定方面或环节，在实践中难以达到理想的效果。

本项目将研究生学位论文作为一个系统，运用"全面质量管理"理论，以保障学位论文质量为核心，采用全员管理、全过程管理和全环节管理的手段，从实践性与创新型共存的角度出发，从学位论文的内容管理和过程管理两个层面，对学位论文学术不端行为检测、匿名评审、论文答辩等学位授予的多个环节及其重点节点进行研究，具有重要理论意义和现实价值。

（二）国内外现状与分析

1. 全面质量管理在国内外高校中的应用

美国一些大学自 1985 年开始尝试全面质量管理应用，截至 1990 年，共有78 所大学在学校各方面管理中应用了全面质量管理理论，从而使这一理论在美国高等教育领域得到快速和广泛的传播。美国国家质量协会教育工作小组于2002 年底发布了新的版本《质量管理体系——教育及培训类组织实施指南》，用于指导美国的教育及培训类组织建立、实施质量管理体系并通过国际认证。北美、欧洲和亚洲分别有 139 所、263 所和 123 所教育机构通过了国际认证。在 10 余年的应用实践中，越来越多的教育院校看到了全面质量管理体系对于学校管理工作的促进作用。

在我国，近年来也开始有学者借鉴了企业质量管理有关理论与技术构建研究生教育质量保证体系，如山东大学承担教育部的"21世纪初教育改革项目——高等学校内部教学质量监控体系研究与实践"就属于这一方面的课题。

2. 国内高校在研究生学位论文质量保障研究上的主要观点

目前，我国各高校在研究生论文质量保障研究上，主要有以下几种观点：一是研究生本人为责任主体，认为研究生应对学位论文的质量负主要责任，导师和研究生培养管理部门只是起到督促和检查的作用；二是导师为责任主体，认为导师的学术水平和责任心直接决定着研究生学位论文的质量，导师应采取"保姆式"指导方式，对论文内容、格式编排、进度时间都要安排入微；三是研究生培养管理部门为责任主体，认为管理部门应出台众多管理规定，制定精细的学位管理日程、中期检查、评审制度、奖惩措施和淘汰制度等。上述观点各有其积极合理的因素，但都局限于某个环节或方面，因此在实际操作中不能达到理想的效果。

因而，本项目拟借助全面质量管理的理论对研究生学位论文质量进行全员管理、全环节管理和全程管理，根据本校实际情况，构建严谨有效的论文管理流程，切实保障研究生学位论文的质量。

二、全面质量管理相关理论及应用

（一）学位论文质量

1. 学位论文

学位论文是指为了获得所修学位，被授予学位的主体按要求撰写的论文。根据《中华人民共和国学位条例》的规定，学位论文分为学士论文、硕士论文、博士论文三种。

2. 论文质量

论文质量的标准根据《中华人民共和国学位条例暂行实施办法》的规定："硕士学位论文对所研究的课题应当有新的见解，表明作者具有从事科学研究工作或独立担负专门技术工作的能力""硕士和博士学位的申请者，都必须有学术论文，并应进行答辩"。

（二）全面质量管理概述

全面质量管理最早应用于工商管理领域，是企业界的一种管理思想和管理实践，是企业管理发展进程中继质量检验、统计质量控制之后的第三个阶段。管理学理论中的全面质量管理（Total Quality Management，TQM）的核心理念是以质量为中心，以全员参与和责任分解为基础，通过优化管理流程而达到长期成功的管理途径。

"全面质量管理"的概念最早是由美国学者费根堡姆（Feigenbaum）于1961年提出的，在其著作《全面质量管理》中，费根堡姆对全面质量管理概述如下："全面质量管理是为了在最经济的水平上考虑充分满足用户要求的条件下进行市场研究、设计、生产和服务，由企业内部各部门研制质量、维持质量和提高质量的活动构成一体的一种有效体系。"[①]

此后，TQM 成为一种管理哲学，其包含了一系列的指导原则，应用定量方法充分调动人力资源因素，持续不断地改善当前和未来一段时间企业的生产过程、供应链管理、服务和顾客满意度等。[②]

1994 年版 ISO9000 标准将 TQM 定义为"一个组织以质量为中心，以全员参加为基础，目的在于通过让顾客满意和本组织所有成员及社会受益而达到长期成功的管理途径。"这一定义反映了 TQM 概念的最新发展，也得到了质量管理界的广泛认同。

目前，TQM 理论和技术方法已被广泛应用于各个领域，正如美国著名管理学家斯蒂芬·P. 罗宾斯所言，它已成为一场"无论工商企业还是公共组织都在发生"的"质量革命"。

（三）全面质量管理的内容

1. 质量体系

质量体系是指为实施质量管理所建构的组织结构、实施程序和所需资源的总和。质量体系的建立，要求组织按照某一标准来规范现有的体系，使之满足质量管理和顾客的需要。它是全面质量管理实施的基础。

2. 质量方针

质量方针是指由组织的最高管理者正式发布的该组织总的质量标准与质量

---

① 赫伯特·西蒙. 西蒙选集[M]. 黄涛，译. 北京：首都经贸大学出版社，2002.

② 贾志敏.全面质量管理在美英高等教育中的应用及启示[J]. 西安电子科技大学学报（社会科学版），2004，14（1）：133-138.

改进方向。对外，它代表组织对产品用户和服务对象的质量承诺；对内，它是为组织所有部门和员工确立的行动指南。

3. 质量手册

质量手册是指根据质量方针制定的纲领性文件，具体阐明组织的使命、目标及行为准则。质量手册是质量方针的书面化形式。

4. 质量控制

质量控制是指为达到质量要求所采取的贯穿于整个活动过程中的操作技术和监视活动。目的在于及时发现问题，消除生产活动中的不利因素。这里的"控制"并非仅仅是指采取监控与管理方式，而是指在活动中采取更加人性化和更加科学的可以保持活动"持续改进"的方法。

5. 质量保障

质量保障是管理形式的一种，其实质是组织机构通过提供足够的产品和服务信任度，阐明其为满足顾客和服务对象的期望而做出的某种承诺。它的目的是为顾客提供信任，使顾客认为组织具有满足其需求的能力。

6. 质量审核

质量审核是确定质量活动和有关结果是否符合并达到预定目标的检查过程。

7. 质量评估

质量评估是指通过自我评价和顾客评价相结合的方式，及时提出完善的目标，督促质量改进。

（四）全面质量管理的观点

1. 为用户服务的观点

在企业内部，凡接收上道工序的产品进行再生产的下道工序，就是上道工序的用户，"为用户服务"和"下道工序就是用户"是 TQM 的一个基本观点。通过每道工序的质量控制，达到提高最终产品质量的目的。

2. 全面管理的观点

所谓全面管理，就是进行全过程的管理、全企业的管理和全员的管理。

（1）全过程的管理

TQM 要求对产品生产过程进行全面控制。

（2）全企业管理

全企业管理的一个重要特点是强调质量管理工作不局限于质量管理部门，要求企业所属各单位、各部门都要参与质量管理工作，共同对产品质量负责。

（3）全员管理

TQM 要求把质量控制工作落实到每一名员工，让每一名员工都关心产品质量。

3. 以预防为主的观点

以预防为主，就是对产品质量进行事前控制，把事故消灭在发生之前，使每一道工序都处于控制状态。

4. 用数据说话的观点

科学的质量管理，必须对正确的数据资料进行加工、分析和处理，并找出规律，再结合专业技术和实际情况，对存在问题做出正确判断并采取正确措施。

全面质量管理是一个完整的体系，包含全过程的管理、全环节的管理和全员的管理，运用统计分析表法、措施计划表法、排列图法、分层法、控制图法、散布图法等工具，将定性管理和定量管理、事先控制和过程控制、工作量和工作难度、工作绩效和工作创新等有机结合起来，适合于社会组织的管理，对研究生的教育管理工作同样具有合理性。

三、研究生学位论文质量存在的问题

（一）影响研究生学位论文质量的主要因素

在我国，《科学技术报告、学位论文和学术论文的编写格式》中是这样定义学位论文的："学位论文是表明作者从事科学研究取得创造性的结果或有了新的见解，并以此为内容撰写而成、作为提出申请授予相应的学位时评审用的学术论文。"此外，对硕士论文有进一步更明确的定义，"硕士论文应能表明作者确已掌握了本门学科坚实的基础理论和系统的专门知识，并对所研究课题有新的见解，有从事科学研究工作或独立担负专门技术工作的能力。"由此可见，研究生学位论文是研究生科研能力和学术水平的集中体现，也是衡量研究生培养单位的教育质量和整体实力的客观标准。研究生学位论文作为研究生在学期间科研工作的成果体现，从选题到论文定稿至少要经历一年半，甚至更长的时间，它既是研究生综合能力的成果结晶，也是研究生毕业、获得学位的重要依据。

然而，近年来随着研究生招生规模的迅速扩大，数量的提高和质量的下降之间的矛盾已经成为研究生教育培养过程中的重大问题。其中，硕士研究生学位论文质量下滑更是成为众多高校亟待解决的难题。造成这种现象的原因是多方面的，主要有以下几种因素。

一是各高校盲目增扩硕士点，扩大招生规模，造成某些专业导师人数不足，有些导师甚至可能指导十几个学生，没有足够的精力对每个学生进行必要的指导。

二是学风不正，部分研究生缺乏学术道德意识，论文抄袭、数据造假等学术不端行为严重。

三是论文写作环节的质量控制不够完善。很多研究生缺乏收集资料的能力，未掌握论文写作技巧的基本知识。研究生培养院系和导师对开题和论文中期检查的重视程度不足，不能及时发现问题。

四是论文评审和论文答辩把关不够严格，通过率过高，导致研究生从主观上不重视论文的质量。

五是缺乏对研究生创新能力培养的重视，难以从根本上提高学位论文的质量。

（二）国内高校在研究生学位论文质量保障研究上的主要观点

目前我国各高校在研究生论文质量保障研究上，主要有以下几种观点：一是研究生本人为责任主体，认为研究生应对学位论文的质量负主要责任，导师和研究生培养管理部门只是起到督促和检查的作用；二是导师为责任主体，认为导师的学术水平和责任心直接决定着研究生学位论文的质量，导师应采取"保姆式"指导方式，在论文内容、格式编排、进度时间等方面都要安排入微；三是研究生培养管理部门为责任主体，认为管理部门应出台众多管理规定，制定精细的学位管理日程、中期检查、评审制度、奖惩措施和淘汰制度等。上述观点各有其积极合理的因素，但都局限于某个环节或方面，因此在实际操作中不能达到理想的效果。

因而，本项目拟借助全面质量管理的理论对研究生学位论文质量进行全员管理、全环节管理和全程管理，根据本校实际情况，构建严谨有效的论文管理流程，切实保障研究生学位论文的质量。

四、基于全面质量管理理论的研究生学位论文质量保障研究

研究生学位论文的全面质量管理是指与学位论文质量有关的责任主体与管理部门为保障和提高论文的质量而进行的全程监控和评价的活动。学位论文管

理的"质量中心原则"要求以提高学位论文的质量为管理的出发点和检验管理效果的依据，所采取的管理措施、所制定的管理规章都应当围绕提高学位论文质量这一中心。

研究生学位论文的全面质量管理包含两种机制：内容管理和过程管理。内容管理主要是对论文的内容从创新性、前瞻性、实践性与规范性等方面进行管理；过程管理主要是针对完成论文过程的重要节点的制度和规则进行管理。两者相辅相成，缺一不可。

（一）学位论文包含要素及其与学位论文质量联动效应的理论分析

学位论文的"全员管理"。学位论文质量的责任主体包括研究生、导师、校学位管理部门、评审专家、答辩委员等，以研究生和导师责任为主。在确定他们的责任分工时，每项责任最好只有一个责任主体，避免因存在多个责任主体而造成责任不清，对每个责任主体要有职责要求和评价，评价结果要公示。从全员管理的角度看，学位论文的各个主体都对论文质量保障发挥重要作用，要对所有责任主体履行岗位职责的情况做出不同等级的评价。

学位论文的"全程管理"。学位论文质量不仅要有目标管理，而且要有环节控制。尤其是学位论文的完成要经过多个环节，如选题与开题、论文中期检查、论文学术不端检测、论文"双盲"评审和论文答辩等，具体的管理措施要落实到每一个因素和每一个环节上，每个环节都有责任主体。要确定学位论文全程管理中的关键节点，重点管理关键节点的各种质量指标。

（二）研究生学位论文质量保障的内容管理

1. 加强导师队伍建设，强化导师在研究生学位论文质量保障体系中的主体职责

（1）加强导师队伍建设的重要性

研究生指导教师在研究生培养教育中起着主导作用，是保证和提高研究生学位论文质量的关键因素，也是影响研究生培养质量的核心因素。导师的学术水平、科研能力和治学态度直接影响着研究生学位论文的质量。但导师队伍中出现的种种不良现象直接影响到了学位论文的质量。

此外，近几年，随着研究生招生人数的不断增加，目前许多院校都面临着指导教师缺乏和导师队伍老龄化的问题，一些小学科甚至出现了导师断代的情况。而一些热门专业也同样面临着导师数量不足的窘境，以我校金融和会计专业为例，一个导师甚至要指导十几个学生，平时还有教学任务和科研压力，因此无暇对每个学生进行充分的指导和监督。

（2）加强导师队伍建设的具体措施

要加强导师在学位论文质量控制中的作用，就要大力加强导师队伍建设，在确保导师指导水平的基础上，逐步扩大导师的队伍规模，尤其是在教学和科研上有突出贡献的中青年导师，从而形成年龄梯队合理、总体素质过硬的高质量导师队伍。

第一，要严格硕士生指导教师的准入条件，制定完善科学的硕士研究生指导教师遴选办法，并严格执行。

第二，建立规范可行的导师评估考核制度和动态竞争管理机制，定期对导师进行评估考核，提高整个导师团队的工作责任性，对不认真履行指导教师职责、严重影响研究生培养质量的导师实行指导教师资格退出机制。

第三，建立长期有效的导师培训平台，采取多样化的培训形式，聘请专家学者向导师介绍国家研究生教育的政策动态以及研究生培养过程中的具体业务技能。对新遴选的导师，要由有经验的导师负责组织培训。

第四，对于某些实践性较强专业，可以采用双导师制培养研究生，以促进跨学科、交叉学科的复合型人才的培养工作。

第五，加强导师队伍建设，着重对青年教师的培养，促进导师梯队年轻化建设，提高导师团队中青年导师所占比例。

（3）天津财经大学加强导师队伍建设的具体措施

为了充分发挥导师在研究生培养中的主导作用，全面提高研究生导师队伍的综合素质，保证研究生的培养质量，培养出真正具备创新能力的高素质研究生，天津财经大学积极采取相关措施，加强导师队伍建设。

1）增加青年研究生指导教师的数量。天津财经大学硕士研究生指导教师选聘时间为两年一次，自2008年以来，在硕导遴选中逐年增加青年教师的数量，引入知识视野开阔、学术思想活跃、在教学科研等方面有突出贡献的年轻教师加入导师团队。以31～35岁导师为例，2006年遴选导师14名，其中31～35岁导师1名，仅占总人数的7%；2008年遴选导师68名，其中31～35岁导师14名，比例达到了21%；2010年遴选导师44名，其中31～35岁导师9名，比例为20%；2012年遴选导师26名，其中31～35岁导师13名，比例已经达到了50%。

青年导师的加入为整个导师团队注入了新的活力，带来了新的思维方式和新的教学理念。青年导师们往往本身也正在从事本学科的科研创新研究，具备大胆探索、传承拓新的科学精神。他们勇于突破传统的教学模式，探索以创新实践为基础的新模式，善于挖掘学生自身潜能，营造浓厚的创新氛围，可以提高研究生的综合创新素质。目前，在岗的硕士生导师中，40 岁及以下的年轻导师共 44 人，占总数的 20%，50 岁及以下的中年导师共 88 人，占总数的 40%，50 岁以上的导师占 40%，形成了一支年龄梯队合理、总体素质过硬的高质量导师队伍。

2）探索实践研究生指导教师工作职责制考核。我校借鉴相关财经类院校的成功经验，积极探索实践研究生指导教师工作职责制考核。研究生的培养实行导师负责制的办法，导师应定期（从第二学年开始，至少两周一次）组织研究生进行交流，了解、掌握所指导研究生的学习和科研情况，及时给予指导帮助，切实担负起指导研究生的责任。研究生导师考核工作每三年进行一次，由导师所在学科专业的院（系、所、中心）负责完成。相关院（系、所、中心）在规定时间内负责组织召开导师考核会，听取导师培养研究生及履行导师职责等情况的汇报，并做出客观评价。研究生导师考核结果分三个等级：合格、警告、不合格。凡认真履行导师职责、合理行使导师权利，近三年的学术成果和科研立项达到导师任职条件的要求，即为合格；达不到上述要求，但半年内可以完成的，为警告；其他情况均为不合格。对考核结果为不合格的导师，研究生院将暂停其招生，连续两次考核为不合格者，取消其研究生导师资格。

2. 发挥研究生管理者作用，为学位论文质量提供保障

研究生教育管理部门作为研究生学位论文全面质量管理的主体责任人之一，一方面要针对论文写作规范性和学术道德问题制定切实有效的具体措施，保障研究生学位论文质量；另一方面要从营造学术氛围、搭建学术平台等方面，结合其他院校的成功经验，提出进一步提高研究生科研水平和创新能力的可行性办法与措施。

（1）构建程序规范的研究生学位论文管理平台

基于学校的研究生信息管理平台，构建信息公开、程序规范的研究生学位论文管理平台。学位论文管理的信息公开透明化能够保证各个责任主体的信息知情权，根据相关制度规定合理安排论文写作的日程，按质按量地完成论文写作和答辩。管理程序规范有利于按照统一标准撰写论文，避免因掺杂人为因素导致在学位论文管理中忽宽忽严而使人无所适从。

1）学位论文管理要从入学教育开始，介绍学校的学位管理理念，展示本校优秀学位论文所产生的社会影响和社会效益。在研究生院网站"学籍学位"栏目开设"博硕士优秀论文数据库"等子栏目，供新生了解并熟悉本校学位论文相关概况。

2）将学位论文管理贯穿于整个研究生学习阶段，将课程学习、科研工作与论文写作结合起来，并明确每个阶段的具体任务。对于开题报告及其之后各学期学位论文管理的日程，要细化到按月历编排，以确保每个阶段的论文写作进度。

3）将国家和省市级学位管理文件、学校和学位办的学位管理规定汇编为研究生手册，在研究生院网站上提供下载链接，并及时更新相关文件规定，以保证研究生和导师严格按照相关规定制订学位论文写作计划。

（2）加强学风道德建设

要提高学位论文质量，必须要加强学风道德建设，严格处理论文编造、作假、剽窃等学术不端行为。大规模的研究生扩招导致就业压力增加，许多研究生在学期间忙于实习、找工作，无暇潜心进行科学研究，对毕业论文也是敷衍了事。近年来，全国多所高校违反学术道德规范而相继卷入学术造假事件，项目造假、论文抄袭现象不胜枚举。针对这种现象，2012 年 11 月 13 日，中华人民共和国教育部公布了第 34 号令《学位论文作假行为处理办法》。明确了对违反学术道德规范的学生、指导教师以及学位授予单位的处理办法。为了进一步界定和明确认定学位论文作假行为，许多高校采用"学位论文学术不端行为检测系统"软件对研究生学位论文进行学术不端行为检测。学术不端行为的认定以检测报告中"总文字复制比"项的比值为主要依据。对"总文字复制比"超过一定比例的研究生予以修改后答辩、推迟答辩，甚至取消学位资格等相应的处理。这一举措，为界定研究生学术不端行为提供了有效的依据，对研究生起到了一定的震慑作用，对减少和杜绝论文抄袭现象起到了明显而积极的作用。

然而，"学位论文学术不端行为电子检测系统"仅仅是一种认定手段，对于提高论文质量的直接作用有限。加强学风道德建设，杜绝学术不端行为，不能仅仅依靠"电子检测"，还要依靠学校、院系及指导教师等多方面的力量。

（3）营造学术氛围、多方位搭建学术交流平台和创新平台

研究生的创新能力和科研能力是保障学位论文质量的基础。要培养学生的创新能力，就要有浓厚的学术氛围和创新环境，更要有能让学生展示创新能力的平台。传统的研究生教育注重知识的传授，忽视对学生自主实践能力的开发，

这种被动学习的状态压制了学生的创新思维。在传统培养模式下，能够让学生发挥主观能动性参与实践的创新活动不多，也缺乏吸引学生自主创新的活动载体。绝大部分研究生还处于被动接受知识的学习状态下，缺乏主动思考、主动创造的机会，难以形成创新精神和创新思维。

因此，要培养研究生的创新能力，就要全方位搭建有效的创新活动平台，引导研究生从被动学习的状态中解脱出来，逐步树立创新思维，培养研究生形成主动思考、自主创新的能力。研究生管理部门可以积极采取措施，如定期开展学术讲座和研究生学术论坛、设立研究生创新基金，来提升研究生科研创新兴趣、培养创新能力并最终应用于学位论文中。

（4）建立长期有效的激励机制

制定校级优秀学位论文的评选办法和奖励制度，对每年度毕业的研究生的学位论文进行评优，对那些选题具有很好的实际意义和应用价值，体现出作者创新观点和创新思维的优秀学位论文给予奖励，不仅对研究生个人，也要对其指导教师给予奖励。在评选出的校级优秀学位论文的基础上，要优中选优，再选择特别优秀的推荐参加省部级（市级）优秀学位论文的评选，对获奖的研究生和导师也要给予奖励和表彰。这样可以形成长期有效的激励机制，不仅能够促进研究生培养质量，更可以提高研究生的创新能力。

创新能力是研究生教育培养中的关键问题，在今后的工作中，要把如何提高研究生创新能力作为工作重点，以培养高素质的创新型人才为核心，不断探索，积极构建更多的创新型人才培养平台，继续完善创新型人才培养体系，进一步培养研究生的创新思维、创新意识和创新能力。

（三）研究生学位论文质量保障的过程管理

按照全面质量管理中"全程管理"和"全环节管理"的理念，结合我校实际情况，学位论文的过程管理可以从以下五个方面来展开。

1. 论文选题与开题

开题报告是对研究生学位论文选题工作的总结，是开展学位论文工作的基础和重要环节，也是保证学位论文质量的重要措施。针对不同专业、不同年级研究生在论文选题方面存在的问题和实际需求，研究生培养单位和导师采取不同的措施以加强选题环节的质量控制。

一方面，为低年级研究生开设学位论文指导与写作方面课程，指导研究生如何收集与研究课题相关的信息资料，引导研究生广泛阅读相关文献资料，教授研究生完成论文所需的写作技巧和格式规范要求。在研究生培养过程中，要尽量多举办专题讲座，邀请相关学科的专家，介绍学位论文写作的经验与方法，将研究生学位论文写作视为整个研究生学习期间的持续性工作。

另一方面，要加强论文开题环节的质量控制。学位论文的选题是研究生开展科研工作的起点，直接关系到学位论文的质量。论文选题应强调对社会发展具有较大的理论意义和实践价值，在本学科内有一定的深度和较高学术水平，要体现学科领域的前沿性和先进性。开题报告是硕士论文工作的重要环节。研究生培养部门应在此阶段加强质量控制，采取一系列措施，保证论文质量。目前，很多高校实行研究生学位论文开题报告评审会制度，即先组织专家评审，通过后再做开题报告，其成效较为明显。

2. 论文中期检查

学位论文中期检查是对研究生论文工作进度、完成情况、遇到的困难、下一步研究的内容及目标进行检查和指导。为了合理安排论文进程，及时发现问题，总结前期成果，要强化论文中期检查制度。在论文进行的中期，要求硕士生在一定范围内报告论文进展情况，导师、指导小组及有关人员积极参与，帮助硕士生分析论文工作进展中的难点，及时给予指导，确保论文研究工作的顺利进行。

制定详细的学位论文写作日程表，并严格执行。科学合理的学位论文写作日程表的制定有助于将整个学位论文写作过程具体化、明晰化。对此，我院专门设计制定了一个详细的日程表，涵盖论文写作的各个环节，如确定论文题目、撰写开题报告、完成论文初稿、参加预答辩、参加正式答辩等，时间具体到某一天。此日程表被传达至每一位撰写学位论文的硕士研究生，要求其严格遵照执行。此日程表的制定把一项长期的写作任务成功分解为几项短期任务，每项短期任务都规定了明确的起止时间和相应完成要求。如果某阶段的写作目标不能达成，将不能进入下一阶段的写作。这样不仅有助于督促学生按时完成写作任务，更重要的是能在写作早期及时发现论文写作中存在的问题，避免事倍功半。不仅如此，日程表中每个阶段任务的完成都需要学生自己撰写、导师提出修改意见并准许其进入下一阶段的写作，从而推动学生自觉阅读广泛而丰富的文献资料，不断学习新的知识，确立自己的研究思路和研究框架，从而达到学位论文写作的真正意义：让学生学到研究问题的方法和思维方式，而不是单纯为了完成写作而写作。

3. 论文学术不端行为检测

要提高学位论文质量，必须要加强学风道德建设，严格处理论文编造、作假、剽窃等学术不端行为。近年来，全国多所高校违反学术道德规范而相继卷入学术造假事件。针对这种现象，2012年11月13日，中华人民共和国教育部公布了第34号令《学位论文作假行为处理办法》，明确了对违反学术道德规范的学生、指导教师以及学位授予单位的处理办法。《办法》中将剽窃他人作品和学术成果、伪造数据等五种行为视为学位论文作假。对于作假行为规定，未获得学位者，学位授予单位可以取消其学位申请资格；已获得学位者，学位授予单位可以依法撤销其学位，并注销学位证书。取消学位申请资格或者撤销学位的处理决定应当向社会公布，并从做出处理决定之日起至少三年内，各学位授予单位不得再接受其学位申请。学位申请人员为在读学生的，还将面临开除学籍的处分；为在职人员的，学位授予单位除给予纪律处分外，还将通报其所在单位。从这一对论文作假的"史上最严处罚"中不难看出，国家对打击论文作假、重塑科学道德与学风环境的决心。不仅如此，各高校也高度重视学位论文写作质量，不仅采取各种措施严防论文造假事件的出现，而且努力提高学位论文写作质量，塑造良好的科研学术氛围。

为了进一步界定和明确认定学位论文作假行为，许多高校采用"学位论文学术不端行为检测系统"软件对研究生学位论文进行学术不端行为检测。学术不端行为的认定以检测报告中"总文字复制比"项的比值为主要依据。对"总文字复制比"超过一定比例的研究生予以修改后答辩、推迟答辩，甚至取消学位资格等相应的处理。这一举措，为界定研究生学术不端行为提供了有效的依据，对研究生起到了一定的震慑作用，对减少和杜绝论文抄袭现象起到了明显而积极的作用。

我校从2012年开始引入"学位论文学术不端行为检测系统"软件，由各学院负责本学院在答辩前对拟申请博士、硕士学位论文的检测。各学院采用"学位论文学术不端行为检测系统"对学位论文进行检测，以检测报告中"总文字复制比"为主要依据。同时，各学院设学位评定分委员会，负责对检测报告的分析和处理工作。根据检测结果的不同，分别采取不同的处理办法。

4. 论文"双盲"评审

《中华人民共和国学位条例暂行实施办法》第八条明确规定，在学位论文答辩前，学位授予单位应当聘请1~2位相关学科的专家对论文进行评阅。评阅人应当对论文写出详细的学术评语，供论文答辩委员参考。由此可见，论文评阅是研究生学位论文质量最重要的控制和保障环节。

但是在实际工作中却经常出现论文高通过率，甚至是"零淘汰"的现象，这些现象严重影响了学术的公平性和严肃性，对研究生学位论文质量产生了负面影响。产生这种现象主要是因为随研究生招生人数增加，评阅专家人数有限，评审任务加重；部分院校学位论文送审时间较短，送审程序不规范。

此外，参与论文评阅的专家一般都是由院系或导师本人亲自选定，往往都是导师的熟人或同行，在论文评审过程中存在着"人情"的因素，也导致本该是实质性的审查流于形式，评阅的通过率过高。因此，为了提高学位论文质量，一定要完善学位论文评阅制度，建立健全硕士研究生培养质量监控机制和评价体系，保证硕士学位论文评审的严谨性和规范性。

鉴于此，我校于 2008 年开始实施学位论文"双盲"评审制度。由研究生学位授予部门按一定比例随机抽取论文，隐去研究生及导师信息，直接寄送到评审单位的研究生管理部门，再由他们分发给相关评阅专家进行评阅。实施硕士生学位论文"双盲"评审制度，有利于提高评阅结果的公正性和客观性，可以避免公开评审中的人情关系等非学术因素干扰，便于评阅专家对送审论文给予客观公正的评价。对于送审结果不合格的，要及时采取相应的处理措施，必要时可以增加"复审"环节，促使导师和研究生进一步注重学位论文质量的提高。

5. 论文答辩

硕士学位论文的评审和答辩是对学位申请者基础理论、专业知识掌握情况、独立从事科研能力的一次综合考核和评定，是保证硕士学位授予质量的重要环节，也是硕士学位质量保障体系的最后一个监控环节。但就是在这种重要的关卡，往往存在着严重的"放水"现象，论文评审和答辩严重失范。论文评阅人和答辩委员会成员往往由院系决定（实际上是由导师定好人选后再报院系），有的甚至因为导师太忙就由学生自己定。因此，所聘请的专家往往与研究生导师是同行熟人，甚至是朋友或师生关系，在评审和论文答辩时，即使明明认为论文质量较差，但为了顾全导师的面子，也会产生"全票通过，一致同意"的情况。即使评阅实施"双盲"制，也因"上有政策、下有对策"，其效果也大打折扣。当前的学位论文评审和答辩中，评语越来越动听，空洞的赞美之词泛滥，提出不足之处极少，即使提出不足，也只是皮毛，无关痛痒；答辩气氛愈来愈柔和，说好话、打高分的多，揭露问题的少。学位论文的评审与答辩变成了走过场、例行公事。这种盛行的"人情风""关系风"使得学位论文的淘汰率几乎为零。硕士学位论文评审和答辩中的严重失范，也在硕士研究生中产生了严重的负面影响，致使他们在学习和科研方面动力不足，助长了他们对论文研究和写作的惰性和敷衍了事的习气。这种不良现象的滋生和蔓延，必将严重影响到我国的研究生培养质量。

因此，必须建立科学公正的学位论文答辩制度。保障学位论文答辩工作公平公正进行的基本前提是要有严格规范的答辩制度。建议可以建立答辩委员专家库，由研究生学位授予部门从专家库中随机抽选相应研究方向的专家，安排答辩，从制度上最大限度地减少答辩委员人为选择的可能性，保证答辩工作的公平性。除此之外，还要建立科学完善的答辩评分体系。目前绝大多数院校的学位论文答辩结果仅有通过、不通过两个选项。这种评价的标准难以全面衡量研究生的论文答辩水平，增加了答辩评价的随意性。建议在保留学位论文答辩委员会表决票的前提下，增加论文答辩评分表，由答辩委员从论文的选题及综述、论文及研究成果的创新性、论文写作能力、论文答辩口头表达能力、回答问题圆满程度等几个方面给出具体分数。这样可以更加全面综合地衡量研究生论文答辩水平，有效地减少答辩委员对论文答辩评价的随意性。

6. 预答辩

严格审查，实施预答辩制度。预答辩是指在对学位论文进行送审和答辩之前，依照答辩程序预先进行的非正式答辩。预答辩是对论文进行质量审查的一个有力措施。学位论文初稿完成后，经导师审阅通过后，由导师聘请3～5名本学科及相关学科专家组成预答辩委员会，预答辩程序依正规程序进行。由于预答辩不是直接关系到研究生是否能够毕业和获得学位，而是为了保证能够顺利通过正式答辩，因此，预答辩委员会成员一般都能本着科学、公正、认真、严格的态度进行审查，并能够详细而又一针见血地指出论文中存在的不足和问题，提出改进意见，并决定可否提交正式答辩，从而保证了提交正式答辩的学位论文具有较高的质量。

参考文献

[1]伯顿·克拉克. 探究的场所——现代大学的科研和研究生教育[M]. 王承绪，译. 杭州：浙江教育出版社，2001：1.

[2]董泽芳，何青，张惠. 我国研究生创新能力的调查与分析[J]. 学位与研究生教育，2013（2）：79-81.

[3]冯琳佩. 略论基于社会互动理论的 Seminar 教学模式对研究生教育质量的影响[J]. 成都教育学院学报，2006（4）：45.

[4]顾建民. 研究生创新教育模式的构建及应用[J]. 学位与研究生教育，2001（9）：14-17.

[5]顾丽娜. 提高研究生学位论文质量的对策研究[J]. 华北水利水电学院学报（社科版），2010（6）：148-150.

[6]顾越桦，陆爱华. 完善研究生学位论文"双盲"评审工作的实践与思考[J]. 高等建筑教育，2012（1）：33-36.

[7]姜鑫. 研究生创新能力培养之多维实验教学体系解构[J]. 教育与教学研究，2012（2）：12-15.

[8]教育部长周济谈 2005 年教育改革发展六大重点［EB/OL］.（2005-01-27）.http://news.xinhuanet.com/edu/2005-01/27/content-2514128-4.htm.

[9]刘建树，陆嵘，等. 研究生导师队伍建设若干问题的思考[J]. 东华大学学报（社会科学版），2010（6）：140-147.

[10]饶从满，等. 优化培养模式提高培养质量——东北师范大学硕士研究生培养的改革与探索[J]. 学位与研究生教育，2009（11）：8.

[11]徐亚清，王怡然. 我国研究生创新能力培养研究述评[J]. 河北大学学报（哲学社会科学版），2009（2）：25-28.

[12]鄢娟，贺艳丽. 省属高校硕士研究生创新能力的比较分析[J]. 湖南师范大学教育科学学报，2011（3）：88-90.

[13]杨春梅，陶红. 论研究生课程学习与科研训练的整合[J]. 学位与研究生教育，2008（3）：10.

[14]杨乔清，李阿利，朱耀武. 促进创新型研究生培养的几个核心问题[J]. 中国农业教育，2011（6）：103-106.

[15]姚志彪，邵克勤，等. 研究生学位论文质量内部管理与外部监督实践[J]. 研究生教育研究，2011（10）：31-37.

[16]钟细军. 研究生学术论文质量的质、功、形分析与编辑对策[J]. 湖南大学学报（社会科学版），2010（3）：153-155.

硕士学位论文全流程管理模式研究

——基于天津财经大学的视角①

梁 雪②

摘要 本文从硕士学位论文全流程管理模式的现状出发，对我校硕士学位论文全流程管理现状进行了分析，并讨论了改进的方向。在此基础上，对我校硕士研究生学位论文全流程管理流程与制度提出了对策建议。

关键词 硕士学位论文 全流程管理 管理程序

一、硕士学位论文全流程管理模式现状与研究意义

（一）硕士学位论文全流程管理现状

从 20 世纪 90 年代末起，流程管理作为一种管理创新方法在企业管理中逐步应用，它是把作业流程作为起点和焦点，通过对流程过程进行分阶段分层次的管理，使得管理的整个流程得到优化，流程管理针对各阶段流程的目标，以抓住流程中的关键控制点为着力点，力图使得整个流程的成本降低，流程的质量和服务的成效得以提升。

近年来，我国硕士研究生教育规模逐步扩大，硕士研究生学位论文的质量愈发引起招聘单位、家长和学生等更多的关注。国家相继出台了多项政策，强调要保障和提高研究生教育质量。在高校教师培养硕士研究生的工作较为繁重，

---

① 本文是天津财经大学学位与研究生教育教学改革研究项目"硕士学位论文全流程管理模式研究——基于天津财经大学的视角"（项目编号：2014YJY31，主持人：梁雪）的中期研究成果。

② 作者简介：梁雪（1981— ），天津财经大学研究生院学位科副科长，管理学硕士。

甚至存在一定的压力情况下，在硕士研究生学位论文工作中采用流程管理的理念与方法，对于提高硕士在读研究生同导师沟通的效果，提高各审核环节的管理效率等具有较好的作用，通过学位论文各环节的管理控制，可以提高沟通效率，从而达到规范硕士研究生的论文管理的目的。

英爽（2014）提出学位论文主要审查环节"贯通"管理的思路，指出应当关注学位论文在各个审查环节的质量提升，科学合理地划分各审查环节应承担的主要职责，健全与各环节审查材料、审查要求相适宜的管理规定。

钱成敏（2014）分析了通过网络平台"定期检查，辅以不定期抽检"方式进行全程把关的效果和方法。

陈奇俤（2013）分析了在学位论文全过程管理中引入答辩督导制度的重要作用。

1. 相关院校论文全流程管理实践应用现状

哈尔滨工业大学研究生院学位办在论文过程管理中，一个突出的特点就是强调行使抽审职能。各院系将开题等各环节信息通过网络向研究生院备案。研究生院每学期针对开题、预答辩、外审、答辩等环节分别确定本学期的抽审专业或院系，从而达到监管的目的。

西南财经大学实行硕士论文统一答辩制度，即每年在全校范围内随机抽20～30 篇学位论文进行统一答辩；答辩资格审核由培养院系进行，研究生院一般不会提出异议。各院系进行全部硕士论文双盲送审，要求相似性检测比≤15%，要求各培养院系每答辩组的最后一名须进行二次答辩。

西安交通大学在论文质量控制的流程保障措施中，强调严格的管理、流程化的服务和科学的评价体系。除了图书馆提供多样化的图书资料外，在网络上提供往届学生论文库，通过流程制度建设使学生从被动写作提升到主动的论文撰写与多次修改，并严格贯彻执行。该校非全日制 MPAcc 2007—2013 年论文答辩与获得学位的情况显示，429 名参加答辩的学员中，答辩未通过者占比8.86%，盲审未通过者占比 13.05%，查重不通过者占比 4.43%，学位一次获得率仅为 73.64%。

西安交大研究生院论文管理文件主要包括：《西安交通大学硕士、博士学位论文规范》《关于〈研究生涉密学位（毕业）论文管理办法〉的补充规定》《研究生学位论文学术不端行为检测系统使用办法（试行）》《关于专业学位实施不同形式硕士学位论文标准的指导意见》《西安交通大学关于研究生学位申请的若干规定》。二级学院（以管理学院专业学位为例）下发文件包括：《西安交通大学管理学院专业学位研究生学位论文管理条例（2006）》《关于专业学位选题报告与中期考核要求的说明（2009）》《专业学位论文阶段几个培养环节实施方案的修订（2009）》《西安交通大学管理学院专业学位答辩实施细则（2011）》《关于对〈西安交通大学管理学院专业学位研究生学位论文管理条例〉修订的建议（2012）》。

武汉大学研究生管理信息系统提供各种与毕业论文有关的资料和模板供学生下载，系统为信息的上传、交流、汇报审批和存档查询提供了技术支持。

北京工商大学从 2011 年起，开始实施硕士学位论文"末位监控"制度，作为论文质量保障系统的重要组成部分。"末位监控"一方面增强了学生学习的自觉性、主动性、认真性、严肃性，强化与完善了导师对学生撰写学位论文的指导管理，另一方面增强了学生、导师的紧迫感，提升了培养质量。其中，"双肩挑"研究生导师指导的论文进入末位监控范围比例呈现上升趋势。

对外经济贸易大学研究生教育综合改革思路以研究生成长成才为出发点，贯彻落实指导教师第一责任人，并组织优秀研究生指导教师和教育管理者评选。

2. 关于高校论文质量管理的相关文件背景

全国会计硕士教育指导委员会于 2014 年 12 月 8 日印发的《会计硕士专业学位论文指导意见的通知（第 5 号）》中，对于学位论文流程规范、学位论文内容要求和学位论文评价指标体系等提出了指导性的意见。

2009 年《教育部关于做好全日制硕士专业学位研究生培养工作的若干意见》和 2010 年国务院学位委员会下发的《硕士、博士专业学位研究生教育发展总体方案》均指出，"各专业学位研究生培养单位要强化过程管理，建立和完善包括招生、培养、学位授予等各个环节的专业学位质量保障体系。2013 年出台的《关于深入推进专业学位研究生培养模式改革的意见》（教育部、人力资源社会保障部）则强调了要建立招生、培养、学位授予等全过程质量保障制度。同年，教育部、国家发展改革委、财政部联合组织召开全国研究生教育工作会议，标志着研究生教育综合改革正式启动。学位与研究生教育改革发展的关键在于对服务的需求和质量的提升上。

2014 年 5 月 4 日，习近平总书记在北京大学师生座谈会的重要讲话中指出，"高校要有中国特色，要遵循教育规律"；2014 年底、2015 年初，刘延东先后两次主持召开教改会议，他在全国研究生教育质量工作会议暨国务院学位委员会第三十一次会议的重要讲话中强调，要深化改革、优化结构、确保研究生教育质量的提升，通过学位与研究生教育综合改革，尤其是学位点优化布局、培养模式深化改革、导师队伍建设、奖助体系完善、以质量为导向统筹数量与质量关系等重要方面精心部署、着力推动。

2015 年 2 月 12 日教育部发布的 2015 年工作要点和 2015 年 3 月 5 日李克强总理的 2015 年政府工作报告，均指出要建设世界一流大学和一流学科。经 2015 年 8 月 18 日中央全面深化改革领导小组第十五次会议通过，2015 年 10 月 24 日国务院印发，《统筹推进世界一流大学和一流学科建设总体方案》出台；2015 年 11 月 3 日，《中共中央关于制定国民经济和社会发展第十三个五年规划的建议》也对一流大学和一流学科有所阐述。

纵观我国的研究生教育，服务需求、提高质量已成为发展主线，协同推进则为研究生培养模式改革的支撑；内涵发展、特色优势、中国品牌成为历史使命的新的常态。治理方式的关键词也已从"行政、项目、审批、微观、直接、批量"发展为"指导、引导、协调、宏观、间接、精准"；发展动力则从"自上而下、外在推动"发展为"自下而上、内在追求"；学生需求也从"感性、盲从"发展为"理性、个性"；发展形态则从"统一性、规范性"转化为"个性化、特色化"；发展方式从"规模型、层次型"转化为"内涵型、质量型"。

学位授权点合格评估作为我国学位授权审核制度的重要组成部分，其抽评要素包括导师指导、论文质量、分流淘汰、管理服务等。其中对学位论文的抽检日益引起重视，抽检的结果也已成为反映学位授权点评估质量的重要因素，并且对学位授权点的存留、研究生教育资源配置、导师招生资格都产生重要影响。2010—2012 年，在我国学位办分别抽检的博士学位论文中，不合格论文存在的主要问题主要反映在论文选题方面、文献阅读引用方面、研究方法乃至于逻辑结构、论文工作量方面，甚至在文字表述、公式书写、插图、撰写规范等方面也有问题产生。这些问题对于硕士学位论文的指导管理起到了警示的作用。

《学位与研究生教育》杂志社的周文辉等人在 2013 年在 37 所培养单位进行了 14000 份问卷调查；2014 年在 43 所培养单位进行了 15000 份问卷调查。问卷调查显示，对科研训练满意度，2012 年为 66.0%，2013 年为 69.9%，2014 年为 71.0%；对指导教师满意度，2012 年为 78.6%，2013 年为 86.2%，2014 年为 85.7%；对管理与服务的满意度，2012 年为 61.2%，2013 年为 68.8%，2014 年为 68.0%，总体略低。

《博士硕士学位基本要求》从选题的前沿性和社会需求方面、毕业生的能力素养等方面，对博士或硕士学位获得的基本要求进行了规范，是对开展学位工作具有较强的指导性的标准性的规范文件。

《学位授予单位研究生教育质量保证体系建设基本规范》对学位评定委员会、学术委员会、导师在内部质量保证体系中的作用发挥进行了强调，对研究生教育质量管理制度、质量信息平台、毕业前质量反馈和后续跟踪、质量保证理念提出了要求。

综上所述，我国的研究生教育处于快速发展时期，面对新的历史时期对人才的要求，对高校的研究生培养提出了更多的挑战，论文作为学生出口质量的重要体现，学位论文质量管理的重要性毋庸置疑。新形势与新技术，为提升研究生学位论文管理理念和管理水平，提供了更多的思路。

（二）硕士学位论文全流程管理的研究目的

"管理是过程、制度是保障、质量是目标"。本文对于硕士学位论文全流程的管理进行了研究，希望能够在以下两方面对我校的论文管理发挥作用。

（1）在研究生管理机构职能范围内，加强对硕士学位论文质量全过程的制度化监督管理。例如，促进审查环节"贯通"管理的制度、答辩督导制度、对论文各环节进行抽检的制度。

（2）借助网络平台实现硕士学位论文全流程管理的模式。建立从毕业生选题开题、毕业资格审查、学位论文提交、指导老师指导纪要、答辩安排审查、双盲评审评阅、答辩结果录入、毕业学位证号信息填写、学位信息导出等各个环节的全过程网络化学位论文全流程管理的模式。减少纸质材料的归集，借助网络平台用户组权限的分配，完成实时监控的优化管理。

（三）硕士学位论文全流程管理的研究意义

学位论文从开题到写作，从毕业资格审查到答辩申请，从答辩通过到最终学位信息导出是一个完整的过程。只有加强学位论文工作的各个环节的全过程管理，才能切实保证学位论文的质量。

通过信息系统控制论文管理环节的时间节点，对学生按时保质完成硕士学位论文发挥着重要的作用。本课题报告将从我校硕士研究生论文全流程管理的现状出发，通过对国内外论文管理模式的梳理，结合我校自身特点和兄弟院校的管理经验，以研究生院管理信息系统为手段，从开题－论文提交－预答辩－答辩申请等基本模块出发，归纳总结我校硕士学位论文的全流程管理模式，以保障和促进硕士学位论文质量提高为目标，探寻管理我校硕士研究生论文质量的长效机制。

二、对我校硕士学位论文全流程管理现状的分析

（一）我校硕士学位论文全过程管理的现状

学位论文从选题、定稿到通过答辩，一般要经过若干环节。规范学位论文撰写与答辩流程，有助于培养单位、导师和学生依照流程完成学位论文工作的各个环节，有效保证学位论文质量。硕士学位论文撰写和答辩一般遵循表1和图1所示流程。

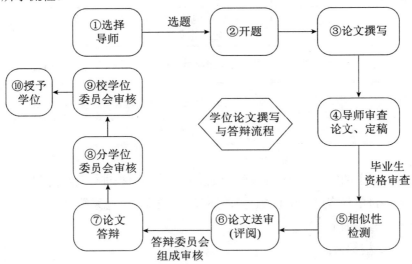

图1　硕士学位论文撰写和答辩流程规范

表1　硕士学位论文撰写具体流程

	流程		形式
1	选题报告	申请选题	提交"天津财经大学博士学位、硕士学位论文选题报告评审表"
		论文选题	所在院、系组织选题（至少于论文答辩前6个月完成）
		报所在院系备案	"天津财经大学博士学位、硕士学位论文选题报告评审表"一式二份

	流程		形式
2	论文撰写	论文撰写	参照"天津财经大学博士硕士学位论文编写规范例文"及"天津财经大学博士硕士学位论文编写规范说明书"撰写
		指导记录	填写"天津财经大学研究生学位论文指导记录备案表",至少6份
		论文规范格式审核	向所在院、系提交"天津财经大学研究生学位论文规范格式审核表"
3	论文答辩	申请答辩	向所在院、系提交"天津财经大学研究生学位论文答辩申请表"、定稿论文(一份)
		论文匿名评审	参照《天津财经大学研究生论文匿名评审的通知》执行
		论文提交	向所在院、系提交纸制版论文(10份)、电子版(一份)
			论文答辩

　　我校目前的研究生学位论文管理基本按照上述流程进行,部分专业如经济学院劳动经济学等增加了硕士预答辩的环节。在研究生信息系统中,设计的主要审查环节和程序如下:

　　(1)选择导师

　　系(中心)、学院、研究生院审核通过

　　(2)开题

　　系(中心)、学院、研究生院审核通过

　　(3)系(中心)、学院对毕业生资格进行审查,上报研究生院

　　"表1-1　社会实践审核清单"(全日制硕士专业学位研究生适用)

　　"表1-2　全日制硕士研究生(学历硕士)科研成果情况统计表"

　　"表1-3　硕士研究生毕业资格审查结果汇总表"(含学分、科研、实践等)

　　"表1-4　拟毕业的硕士研究生名单"

　　(4)通过资格审查学生,进行答辩申请,同时上传电子版定稿论文

　　　　导师审核答辩申请,同意进行相似性检测和送审(教师端需增加)

　　　　"以上学生提交的学位论文电子版经本人确认,同意进行学位论文学术不端行为检测和论文送审。"

（5）系（中心）下载论文（允许批量下载）

相似性检测，结果导入（根据学号），检测报告匹配上传，并且导师可见。
（6）研究生院组织双盲送审，系（中心）、学院组织论文送审

双盲送审结果处理
（7）"表2 硕士专业学位答辩人员名单及答辩安排"上报研究生院

研究生院对学生学位档案等纸质版材料审核盖章
（8）答辩结果录入，分学位委员会文件上报
"表3-1 学位评定分委员会拟授予硕士专业学位人员简况清单.xls"
"表3-2 授予硕士学位表决意见总表.doc"
"表3-3 分会授予硕士专业学位表决结果.doc"
"表3-4 毕业论文指导情况表.xls"
（9）导出校学位委员会会议文件
"表4-1 拟授予硕士专业学位人员简况清单（全日制硕士）.xls"
"表4-2 拟授予硕士专业学位人员简况清单（非全日制硕士）.xls"
"表4-3 学位评定委员会表决结果.doc"
（10）导出"全国学位授予信息年报系统用表：硕士专业学位授予人员信息表"

（二）我校硕士学位论文全流程管理中存在的问题及完善方向

研究生论文质量保证和监督管理给我们提出了这样的问题：质量的过程管理的目标是什么？是否有质量标准作为参照？质量保证的具体措施众多，哪些措施有利于调动导师积极性？为保护研究生写作论文，哪些措施有利于提高论文应用的积极性？哪些措施可以制度化？哪些还需要改进？目前的众多措施中，学位评定委员会、学位评定分委会、学术委员会、学科带头人、院系负责人、一线导师等这些组织和个人之间的权责关系是怎样的？如何真正发挥论文评价的诊断性功能？等等。

为解决上述问题，首先结合我校和相关高校对论文盲审意见的普遍意见，对未通过论文的原因进行分析发现，造成论文盲审意见为不合格的原因如表2所示。

表 2   影响论文盲审不合格的因素

一级原因	二级原因	三级原因 （盲审专家具体理由）
选题	选题不符合学位研究要求	选题及研究内容太宽泛，没有具体研究对象
		题目太宽泛，没有集中明晰研究对象
		建议从题目上做出修改，体现专业背景；在内容上体现选择典型部门，从而增强评价体系的针对性
		选题及研究太偏冷门学科，建议对问题的分析研究融入与专业相关的内容
	题目含义不清	题目含义不准确，是模型应用还是模型的证明？
		对主题说明不充分
	文题不符	研究内容与题目的主旨不一致
研究内容	问题分析	在查找问题时不集中、不准确、重点不突出，结构不明确
		文中的现状分析与方案设计、保障措施之间缺乏必然联系
		保障措施与存在问题、方案之间逻辑关系不明确，且太一般化
	自身所做工作	论文中表现作者独立研究的内容较少
		研究内容不充实，工作量不足
		案例分析不能体现前述的研究成果
	研究方案	评价指标形成的依据及计量不清楚
		在说明采取的具体措施时，应说明管理的关键环节和难点，便于落实管理
		评价指标权重尚未确定，无法应用
		有些资料表述不够准确，如有些资料是历史，但论文中还叫"预测"
论文规范	序号混乱等	排序不规范，序号不一致，如页码排序混乱，还有其他地方也有此类问题；比重饼图表达含义不符合饼图的常规表达；论文构建的机制应用不够
	参考文献不规范	参考文献标注不规范

这些盲审发现的问题，与其他环节发现的问题关系如何，具体如图 2 所示。

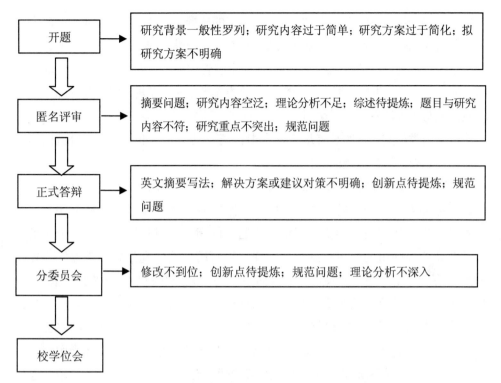

图 2　硕士学位论文各审查环节发现的问题

从以上各审查环节存在的主要问题可以看出，对于各审查环节建立明晰的责任机制是非常重要的。例如，在前一审查环节当中发现的问题，学生和导师是否做出了反馈，是否进行了接纳和修改，是否具备相应的签字；由于评阅专家提出的问题具有随机性，关注点与应当审查的环节的审核重点可能存在偏差，因此，应当规范主席、委员、秘书在审查环节上应当主要承担的工作职责和相应的责任范围，明确审查重点并做出具体的规定性的要求，这样当审查重点能够聚焦在之前环节中审查发现的问题以及论文是否真正修改到位等，通过做好各个审查环节之间的衔接和连通，可以减少各审查环节发现的相似问题甚至重复现象。

基于上述问题分析，利用全过程管理的思路，对完善的主要方向分析如下。

（1）在选导师后、开题前的选题环节，加强学位论文选题指导。一般情况下，选题前期主要是学生的导师通过对自己多年教学科研的实践，指导学生把握好论文选题的原则、需要结合的方法、资料搜集查阅等具体实际问题，通过对文献进行搜集整理分析，最后确定选题方向。一个好的选题对学位论文至关重要。研究生院作为职能处室，行使督导监管职责，在制定指导性要求的基础上，可通过抽查的办法对选题环节的情况进行把握，推动学院管理部门加强对导师责任制的落实。我校规定研究生应按照各专业学位培养方案的要求，在规定时间与导师一起编制并填写"天津财经大学全日制硕士专业学位研究生社会实践计划表"，实际上对于应用类论文的选题是有帮助的。同样，学术型研究生也应当与导师共同编制培养计划表，做好选题的选择和落实。

（2）完善开题报告制度。通过成立开题组，特别是在专业学位论文开题时，实务界人士参与开题组甚至导师组，建立导师责任制下的导师组体系，明确导师组的认定资格和责权规定。开题组的指导可以贯通到后续的论文指导，即使得导师组的作用得到有效发挥。当新聘任的研究生导师或者外聘导师指导的研究生开题时，甚至专业排名后位的研究生开题时，应当引起重视，如组织学科、学位点的负责人加入开题评审的把关之中，对学院的学位论文开题监管方面进行加强，最终达到从源头促进和保障学位论文质量的目的。

特别是，如果开题流于形式，会给整个论文的质量把关环节都带来困难，包括对于学生本人也是很不公平的，在某些严重问题存在的情况下，重新开题也是必要的。作为整个论文工作的起点，开题报告和选题方面都应当符合规定和要求，并对开题记录、开题后开题报告的确定整理进行明确，相关责任人做好签字，完善相应档案的整理程序。

（3）论文撰写环节。我校的学位论文指导纪要制度，可借鉴哈尔滨工业大学的做法，每年对不同专业进行抽查，以保障学位论文写作环节的质量。

（4）增加对论文的中期考核，为有效督促学生依据开题报告的工作开展计划，按照时间要求进行研究和写作，可考虑增加对论文的中期考核。通过中期考核材料的准备，学生能够通过对开题报告计划以及进度安排与现实的比对，发现前期工作中存在的问题，通过中期汇报组里老师的指点，进一步明晰下一阶段的工作（如进度的安排），在前期论文工作的成绩和存在问题的基础上，通过导师组相应的指导，更好地开展工作，防止问题和困难的堆积，保证论文工作按期保质完成。对于中期考核发现的问题，需要区分重要程度，并提出要求，如警告、限期改正及复查等。

（5）对学位论文送审评阅进行严格管理。匿名评审是对学位论文进行客观的、公允的评价的重要措施。通过匿名评审，论文评审的可靠性、学术权威性和严肃性得到尊重和体现。因此，评审老师应当具备严谨的作风，保证做到认真负责。送审学校应当对匿名评审的专家要求明确，通知组织评审专家的单位，从源头上把握好送审专家的资质，做好约束工作。对于送审评阅结果的反馈，应当落到实处，至少由两人对结果进行汇总、反馈和下达。对于论文评阅的处理程序，我校的做法相对比较健全，规定了相关的责任人签字程序，执行得比较到位。

（6）对学位论文答辩等相关监督机制进行完善。关于学位论文答辩工作，在答辩委员会组成和职责方面，我校有明确的规定，并且每年要求按时报送答辩委员会，由其上报研究生院审核，方可开展答辩。规定由教授、副教授或相当职称的校外本领域本学科专家担任主席，至少要有1位来自校外的答辩委员会委员。专业学位毕业生答辩时，还需要报院学位评定分委员会审核，应随学年新增和更新答辩委员会专家信息库。

关于答辩程序，我校要求申请答辩的研究生申请人，在一定期限内提交答辩申请，并且在确定的期限内，提交给评阅答辩委员会成员纸质版的毕业（学位）论文，答辩工作最迟在申请人提交论文后半年内完成。此外，对答辩委员会成员缺席的情况进行了约定，要求答辩秘书如实做好答辩记录。在此基础上，建议通过加强学校学院成立的督导组，完善答辩督导制度，通过对学位论文答辩进行督导检查，以及随机检查相关专业学位论文答辩从申请到完成的整个程序，包括答辩时间是否在规定的程序执行完成之后等情况。如发现违反答辩要求（包括程序）的情况，作为研究生培养管理部门，可以做出撤销答辩结果以及勒令重新组织论文答辩等处理。

（7）建立审查环节全流程"贯通"管理思路。"贯通"管理的主要目的是在硕士学位论文主要审查环节形成前后贯通的体系，使得每个审查环节发现的问题都能够得到改正落实。

（8）对我校硕士研究生论文全流程管理模式进行梳理，充分借助并发掘网络信息系统的功能。依照上述论文管理环节，我校研究生院管理信息系统学位论文相关模块，目前主要在登记信息等方面发挥了作用，一定程度上减少了纸质文件的传递。下一阶段，为有效提高指导教师的工作效率、给指导教师和学生提供一个交流平台、提高研究生院各项学位论文管理环节的效率，可以在流程环节细化上做积极的努力。比如，对于学生论文形式的统计，"案例研究、实证研究、调研报告、专题研究"等分类完全可以在提交学生论文或开题信息时就记录在系统中，进行年度的统计分析时，就可以简化院系上报、学科汇总、研究生院再汇总的处理方式，部分信息直接从系统中进行提取即可，也方便发现问题和提高管理效率。

三、完善我校硕士学位论文全流程管理现状的对策建议

（一）硕士研究生学位论文全流程管理流程与制度

1. 全流程管理的主要控制要点

对各个审查环节的审查重点进行明确，明晰审查重点并健全管理规定，有利于对从选题开始的各个论文环节的问题和责任进行明确，在导师第一责任人的前提下，对各个专家评议环节进行责任的落实，并与各环节审查材料和审查要求相匹配。每个环节有相应的审查重点，如专家评议环节，是对学术论文的整体评价，而其后各个环节则应对之前的问题进行复核，对重点问题进行关注。在此期间，专家意见表、学生记录、秘书汇总问题、答辩审查意见表等应作为重要的原始资料留档备查。应杜绝论文审查时可能出现的非常规性行为。答辩委员会专家、秘书、导师的责任需要进一步明确。首先，指导和首要的把关人必然是导师，这里要包括答辩前和答辩后；答辩秘书与答辩委员会各专家共同承担着答辩环节的把关作用。学位评定分委员会和校学位评定委员会在最后环节承担审查监督的责任。

我校 MPAcc 中心历来实行的论文修改程序可供借鉴：①论文指导纪要，每一次都要有明确的时间和签字；②外审后论文修改登记表的签字和盖章存档；③答辩后论文修改登记表存档；④学位信息的最后确认和提交。每个环节都要由相应的责任人签字，形成硕士学位论文培养质量档案。

2. 论文全流程管理程序

基于上文的分析，可增加中期考核和预答辩的环节，如图 3 和表 3 所示。

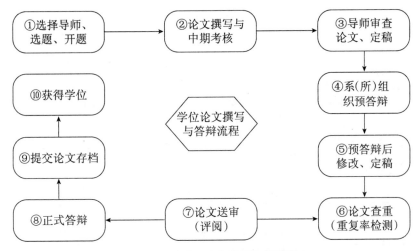

图3　改进的学位论文撰写与答辩程序

表3　硕士学位论文工作事项和流程

论文选题 与开题	1. 组织论文选题指南，上报研究生院 2. 组织论文开题报告评审会 3. 向研究生院上报通过开题的硕士生名单。开题材料各学院、系（中心）自行存档保管 4. 监督研究生论文开题评审过程
论文定稿、 学术不端检 测与论文 印制	1. 预答辩 2. 论文定稿，保存导师指导纪要等有关材料，进行学术不端检查，相关材料上报研究生院 3. 检查指导导师指导过程，研究生院抽查 4. 确定论文格式和论文印制要求 5. 印制学位论文 6. 按要求向研究生院、图书馆、档案馆提交学位论文
论文评阅	1. 审查硕士研究生资格，审查结果上报研究生院。研究生院做出是否同意组织论文评阅工作的批复 2. 组织硕士研究生学位论文双盲评阅工作
论文答辩	1. 组织实施硕士研究生学位论文统一答辩工作 2. 上报答辩安排报告（含答辩委员会组成、答辩时间、地点） 3. 审核各院系（中心）硕士学位论文答辩安排报告，做出是否同意答辩的批复 4. 下发学位申请材料、论文答辩等有关材料 5. 组织硕士研究生学位论文答辩工作 6. 硕士研究生论文答辩工作结束后，整理答辩材料。制作并上报学位申请人情况汇总表 7. 指导与检查硕士研究生论文答辩工作

学位论文的抽查与复审	1. 按要求开展学位论文的抽查与复审工作 2. 将抽查与复审结果上报校学位评定委员会，下发院（中心）学位评定分委员会
学位申请审核与授予	1. 组织召开学位评定分委员会，审核硕士学位申请事宜 2. 向校学位办上报有关材料 3. 审议学位评定分委员会工作，做出是否授予学位的决定
毕业暨学位授予典礼	1. 预订研究生毕业证书与学位证书 2. 制作研究生毕业证书与学位证书 3. 召开毕业、学位授予典礼，颁发毕业与学位证书
学位申请材料的归档和报库	1. 研究生学位申请与学业材料的汇总、整理工作 2. 研究生归档材料（包括硕士研究生学位申请书、答辩材料、学业成绩单等材料）向校档案馆的报送 3. 研究生人事档案材料寄送（包括学业成绩单、毕业生登记表、学位档案等材料） 4. 学位授予信息上报学位办
优秀学位论文的评审与推荐	1. 制定评选办法，下达指标 2. 院系（中心）将初审名单上报研究生院 3. 公示评审结果
学位工作检查、监督与评估	1. 检查监督学位授予工作政策、规定的执行情况 2. 评估学位工作质量

3. 论文全流程管理制度

我校目前在工作中采用的制度办法主要如下：

（1）《天津财经大学全日制硕士研究生学位论文"双盲"评审工作细则》。

（2）《天津财经大学专业学位硕士研究生培养质量管理实施办法》。

（3）《天津财经大学研究生学位论文检测及管理暂行办法（2015 年 6 月修订）》。

（4）《2014 年版博士、硕士研究生学位论文格式规范》。

（5）《天津财经大学学位论文原创性声明及版权使用授权书》。

（6）《天津财经大学攻读硕士学位学位论文选题报告评审表》。

（7）《硕士专业学位论文选题报告评审表（硕士专业学位适用）》。

（8）《天津财经大学硕士研究生毕业（学位）档案材料》。

（9）《天津财经大学专业学位硕士研究生毕业（学位）档案材料（专业学位适用）》。

（10）《天津财经大学全日制硕士研究生在学期间科研要求的规定》。

（11）《关于全日制专业硕士学位研究生"科研要求"第四项的说明》。

（12）《调查报告（案例分析报告、实践报告）鉴定表》。

（13）《天津财经大学全日制专业学位硕士研究生毕业资格的相关规定》。

（14）《关于全日制硕士专业学位社会实践考核的具体程序》。

（15）《天津财经大学全日制专业硕士研究生学位论文正文规范要求》。

（16）《天津财经大学全日制硕士研究生学位论文指导纪要》。

（17）《天津财经大学全日制专业硕士研究生学位论文指导纪要》。

每学期末，研究生院提前发布下学期学位工作时间安排《天津财经大学拟于某年某月份申请博士、硕士研究生学位工作时间安排》。

上述文件从规范学位论文写作的角度，对研究生、导师和各相关部门在各阶段的工作和责任进行了规范，包括防止学术不端行为、专家组构成、论文送审专家库、论文使用授权说明、论文书写格式和引用规范、专家组审核、论文评定标准、评阅体系、学位论文盲审制度等的贯通管理体系。此外，可参考建立《学位论文指导质量评价表》，从而给管理监督提供参照（表4）。

表4 学位论文指导质量评价表（管理、检查部门用）

教师姓名 指导学生数量

评价项目	评价等级及分值（分数取整）	优秀（90~100）	良好（75~89）	合格（60~74）	不合格（60以下）
选题符合要求，与科研、生产实践相结合，工作量合理，选题报告内容具体、可行（w=0.2）					
认真指导学生收集、分析资料，处理数据、提炼观点，审定论文提纲和设计方案，指导研究方法，解答疑难问题（w=0.2）					
严格评阅、审查论文，杜绝弄虚作假、抄袭剽窃（w=0.2）					
参加学校组织的学生选题报告检查、论文中期考核和答辩（w=0.1）					
及时客观全面填写论文选题报告、中期报告、评议书、答辩评语等资料（w=0.1）					

评价项目	评价等级及分值 （分数取整）	优秀 （90~100）	良好 （75~89）	合格 （60~74）	不合格 （60 以下）
指导论文期间，外出时间不超过 3 个月（w=0.1）					
论文指导水平高，所指导学生论文成绩优异（w=0.1）					
综合得分					

（二）硕士研究生学位论文全过程管理的网络平台

我校研究生院从 2011 年开始，在研究生信息系统进行学位论文管理的试运行。事实证明，网络平台对于无纸化实时监控是具有一定的促进作用的，如学生申请开题、论文资料和申请的上传，查看各级审核意见，教学秘书对开题申请、答辩申请等的审核等。此外，在使用信息系统的过程中已解决或正在解决的细节性问题如下：

（1）论文管理——学生论文下载。需要时可批量下载，并以学号姓名命名（允许按专业批量下载）。

增加相似性检测结果导入功能（根据学号、研究生院端），检测报告也能匹配上传，仅导师可见。学生端电子版定稿论文上传后，导师审核，同意进行相似性检测和送审（教师端须增加）："以上学生提交的学位论文电子版经本人确认，同意进行学位论文学术不端行为检测和论文送审。"

（2）毕业答辩管理——开题申请。选题来源选项应与学位授予数据核对功能中选题来源选项一致。

（3）毕业答辩管理——答辩申请审核、答辩结果审核、科研成果登记审核。缺少批量审核功能，已提出改正。

（4）毕业答辩管理——答辩讨论结果录入，批量审核，只局限在单页的批量审核，要求全部选中各页，批量审核。审核后，辅助库管理——答辩讨论结果修改功能，学生信息未显示。

（5）毕业答辩管理——学生实践报告鉴定登记审核，下拉菜单均为空，应增加筛选条件同上述功能。

（6）学位授予信息上报，需要一个时间控制按钮，过了时点不可更改信息。或者打印完毕不可更改信息，已提出改正。

（7）关于毕业资格审查环节说明。学生端添加：社会实践情况、科研情况。教秘端添加：审核社会实践，可批量审核，一次性多页全部通过审核。目前表格形式不对，缺少学生实践单位、岗位等信息，须调整，并修改学生端。填写和审核科研成果界面，科研成果级别内容需要更新。

（8）学位管理的其他子模块，须调整符合财大输出表格格式的需求，所有审核环节应增加审核人和审核时间。

（9）在一台电脑同时登陆 2 个学生账号带来的隐患问题，已提出改正。

参考文献

[1]邓涛. 美国教育博士学位论文改革：理论探索与实践样态[J]. 学位与研究生教育，2014（2）.

[2]耿云江，王沫. 硕士研究生学位论文质量提升路径研究——以东北财经大学会计专业硕士研究生为例[J]. 财会通讯，2014（13）.

[3]郭慧梅. 反思双主体理论在研究生导师负责制中的运用[J]. 学位与研究生教育，2015（8）.

[4]黄宝印. 适应发展新常态 全面深化研究生教育改革 全面提高研究生教育质量[J]. 学位与研究生教育，2015（12）.

[5]刘晗，龚芳敏. 优化预答辩制度 提升硕士学位论文质量的探索与实践——以吉首大学文学与新闻传播学院为例[J]. 研究生教育研究，2014（4）.

[6]陆晓雨，刘俊起. 研究生学位论文实行网络评阅的探析[J]. 学位与研究生教育，2014（8）.

[7]宋远方，李艳丽. 构建学术型研究生培养钻石模型[J]. 学位与研究生教育，2015（12）.

[8]熊静，杨颉. 中欧博士教育质量保证政策与实践——基于"中欧博士教育合作与对话国际研讨会"的分析[J]. 学位与研究生教育，2015（8）.

[9]许涛，郭尚敬，梁妍. 非全日制教育硕士学位论文质量保证体系初探[J]. 大学教育，2014（12）.

硕士研究生职业生涯规划中团体心理辅导的应用研究结项报告[①]

常晓春[②]

摘要　随着我国社会主义市场经济的发展和高等院校招生规模的不断扩大，硕士研究生就业难的问题日趋凸显。与此同时，就业制度从过去统包统分的分配模式转变为毕业生与用人单位双向选择的就业机制。硕士研究生的择业自主性越来越大，但在择业时也出现了更多的困难，从而影响他们自身的发展。就业难、择业难的问题已成为我国当代硕士研究生面临的一个严峻的现实问题。如何使硕士研究生充分认识自己、选择适合自己的职业也成为大学教育工作者必须解决的一个问题。本文研究者利用团体心理辅导在实践过程中的一些优势，设计出一套符合硕士研究生特点的心理辅导方案，使学生能够更加了解自我、了解职业、了解社会，帮助学生制定实现职业目标的策略，并及时反馈信息修正职业目标，以提高硕士研究生职业生涯规划的意识和能力。

关键词　硕士研究生　职业生涯规划　团体心理辅导

近年来，随着高校招生规模的不断扩大，研究生就业也面临着严峻考验，由于高不成低不就的观念作祟，间接导致了未就业的研究生人数逐年增加。从近年来的就业资料中了解到，近几年财经类研究生就业形势越发严峻，一方面是因为目前就业单位对研究生从学历以及能力上都有了更高更具体的要求；另

---

① 本文是天津财经大学学位与研究生教育教学改革研究项目"硕士研究生职业生涯规划中团体心理辅导的应用研究"（项目编号：2014YJY30，主持人：常晓春）的中期研究成果。
② 常晓春，政工师，天津财经大学研究生院学生工作办公室副科长，研究生专职辅导员。

一方面是学生的就业思想不成熟，欠缺职业生涯规划的意识和能力，对于就业感到茫然，而对现在的就业形势严峻程度没有深刻的理解和认识，片面地认为就业是毕业后的事情，在学习阶段不用考虑。在这种情况下，既要求学校努力提高学生的专业能力和加强技能、技巧的培养力度，也要深入研究就业形势发展现状，在研究生就业之前引导学生进行最符合自身特点的职业生涯规划。而以往研究表明，研究生较长时间处于学生时代，很容易沉浸于学术研究中，但是就业是每个人必须经历的一个过程，当两者相冲突时就很容易在转换衔接上产生脱节，所以对研究生的心理辅导要特别深入和耐心。

随着高校心理健康教育的不断深入，越来越多的心理工作者认识到，仅仅把问题学生作为心理健康教育的对象是不够的，青少年心理健康教育应该从补救性模式逐渐转向发展性模式。20 世纪 90 年代初，团体心理辅导传入我国，它是在团体情境中提供心理帮助与指导的一种心理咨询与治疗的形式，是一种预防性、发展性的工作。通过采取团体辅导的形式，面向全体学生并积极关注每一个人的心理健康，让团体来陪伴成员在人生路上克服种种难题和障碍，积极快乐地踏上成长路，充分发挥潜能，迈向成功人生。实践证明，发展性团体心理辅导可以促进普通硕士研究生的人格成长，增进心理健康。团体心理辅导与个体心理辅导相比，更符合硕士研究生对心理健康教育的迫切需要，也更能体现硕士研究生素质教育的内在要求。总之，高校团体心理辅导的开展是硕士研究生心理健康教育的必然趋势。而心理健康教育的重要使命在于使正常的个体具有健全的人格、良好的个性心理品质，促使其丰富内心世界、充实精神生活，有利于潜能的发挥与人生价值的正确体现。从整体上看，有些在心理和行为上表现出的问题，其中大部分是成长过程中出现的发展性问题，如学习能力差引起的学习困难，挫折承受力低而导致的情绪易波动等，属于学生正常心理发展中有可能出现并可以理解的问题。需要针对这些学生的共同的成长课题进行心理健康教育。心理辅导应该以发展性心理辅导为重点，而团体心理辅导能充分地利用现有资源，起到更积极的作用。

在当前学校的心理健康教育中，主要的方式有个别心理咨询（电话、面谈或咨询室咨询）、心理辅导活动课、心理辅导讲座等形式。在发展性的心理辅导中，前两者占了主要方面。在基层学校，往往有一些学生厌学、迷恋网络、考试焦虑、情绪抑郁或不善交往、孤独另类，很难进行有效教育。对于这些学生，个别心理咨询的群体效率不显著，一般的心理辅导课很难考虑他们的特殊性和针对性，而团体心理辅导正是将这些有同质性问题的学生集中在一起，成立小组，相互鼓励，寻找自信，共同解决问题，一起成长。笔者认为，团体心理辅导是当前就某一类学生进行辅导或发展指导的比较有效的方法和途径。

一、研究意义

（一）理论意义

团体心理辅导是在团体情境下进行的一种心理辅导形式，创造轻松自由的环境，让团体成员通过团体内人际交互作用，在共同的活动中彼此进行交往、相互影响，使成员能通过一系列心理互动的过程，探讨自我，尝试改变行为，学习新的行为方式，改善人际关系，解决生活中的问题。团体心理辅导作为一种新兴的职业生涯规划模式，在实践过程中有其特殊的优势：它的感染力更强，能够更深刻体验与认知，更有利于提高人际交往能力。设计一套对于硕士研究生职业生涯规划切实有效的团体心理辅导方案，对于高校硕士研究生就业指导工作具有重要的应用价值。

硕士研究生职业生涯规划是指将硕士研究生个人发展与组织发展相结合，对决定硕士研究生职业生涯的主客观因素进行分析、总结和测定，确定硕士研究生的事业奋斗目标，并选择实现这一事业目标的职业，制订相应的工作、教育和培训的行动计划，对每一步骤的时间、顺序和方向做出合理的安排。硕士研究生职业生涯规划要求硕士研究生根据自身的兴趣、特点，将自己定位在一个最能发挥自己长处、可以最大限度地实现自我价值的位置，职业生涯规划实质上是追求最佳职业生涯的过程。硕士研究生的事业究竟向哪个方向发展，他的一生要稳定从事哪种职业类型、扮演何种职业角色，都可以在此之前做出设想和规划。

（二）现实意义

项目负责人长期工作在硕士研究生就业工作的一线，在日常与学生的沟通交流中发现，有很大比例的研究生在校期间职业生涯规划的意识比较淡薄，许多研究生往往是跟着感觉走，抱着等机会、看形势的想法，而不是根据自己的职业规划进行有针对性的职业储备，这也是造成研究生在就业市场上竞争力不强、就业形势日益严峻的重要原因之一。因此，在高校开展硕士研究生职业生涯规划显得尤为必要和重要。找到符合研究生发展规律的职业生涯规划教育的途径，以增强研究生的职业生涯规划意识，促进研究生职业生涯规划能力的提高，对硕士研究生的择业、就业具有重要的现实意义。

项目负责人所在学校为财经类院校，研究生学习的知识比较多，有很强的自我认知能力和判断力，对一些现实问题有很强的个人见解，不容易接受别人的意见，自尊心强。因此，需要采取团体心理辅导模式，创造轻松自由的辅导环境，创造良好的交流氛围，通过团体的心理辅导，引导成员敞开心扉进行轻松认真的交流，并且进行正确深入的心理辅导，可以在成员职业生涯规划指导方面起到积极的促进作用。

二、研究方法

（一）抽样选取

本文以天津财经大学 2013 级应届研究生为对象，采取随机抽样的方式进行取样。问卷调查时，充分考虑了天津财经大学财经类学科学校的办学特点，尽量选取了具有代表性的专业，如金融学、会计学、数量经济学、统计学、财政学、西方经济学等学科类型的专业。在理工、文学专业则选取了英语语言文学、经济法学、国际法学、计算机应用技术等专业。同时兼顾考虑了性别、专业的比例，以减少样本过度集中所产生的抽样误差。此次调查共发放了正式问卷 250 份，实际回收 220 份，回收率为 88%，剔除无效问卷后，有效问卷总共为 184 份，有效率达 83.64%。基本情况见表 1。

表 1　职业生涯规划现状调查基本背景变量统计表

项目	选项卡	数量	百分比	合计
性别	男	84	45.7	184
	女	100	54.3	
来源	城镇	69	37.5	184
	农村	115	62.5	
独生子女	—	123	66.8	184
学生干部	—	76	41.3	184

（二）研究工具

本研究采用南京师范大学夏海燕编制的硕士研究生职业生涯规划现状调查

问卷进行测量。问卷共分为五个维度，包括就业信心、职业认识、生涯定向、自我认知和规划认知。本问卷按 Likert 5 点计分（非常赞同、比较赞同、不赞同也不反对、比较不赞同、非常不赞同），其中有正负向计分条目，正向型条目按 5、4、3、2、1 计分，负向型条目按 1、2、3、4、5 计分。得分越高，职业生涯规划现状越令人满意，反之，则令人担忧。在正式问卷中加入了专业、性别、生源、是否独生子女、是否学生干部等 5 个人口学统计变量。该问卷各维度之间的最高相关系数为 0.713**，最低相关系数为 0.406**。五个维度与总体量表评价呈正相关关系。说明问卷在各个维度上的得分与职业生涯规划的总体评价是一致的，这就表明了该问卷具有良好的效度。在使用该问卷之前，对本问卷的信度进行了验证分析，得出结果显示，该问卷的内部一致性信度（克伦巴赫 α 系数）得分分别表现为就业信心 0.739、职业认识 0.737、生涯定向 0.657、自我认识 0.655、规划认知 0.747，职业生涯规划总问卷信度为 0.872。由此看出，硕士研究生职业生涯规划现状调查问卷的各项 α 系数都大于 0.65，具有比较高的内部一致性。

（三）统计方法

本研究采用 SPSS17.0 统计软件对本研究的数据进行统计分析。

三、研究思路

该课题的研究过程主要分为以下两个方面。

（一）准备

辅导之前的准备工作有很多，但最重要的工作有两项：一是选择研究对象；二是设计方案。

1. 研究对象

本研究首先对研究生院正在面临就业的学生进行集体问卷调查。根据测试结果，结合自愿报名的原则，笔者从检出的中度以上焦虑者中抽取 20 名为被试者，其中男生 10 人，女生 10 人。对实验组成员实施团体心理辅导，初期自动退出 3 人，17 人坚持始终。

2. 方案设计

整个辅导方案包括四个单元，即放松身心、调整认知、训练自信、训练行为。

第一阶段：放松身心

①介绍辅导目的、共同制定协议。②热身活动：进行大树与松鼠的游戏。③进行相识游戏：随机点选学生进行自我介绍、活跃气氛后再让相熟的人进行他人介绍等系列游戏，使成员彼此认识、接近。④命题画——身陷就业焦虑中的我。本活动旨在使学生在绘画、分享中将就业中的焦虑一吐为快，放松身心。⑤作业：找出自己产生就业焦虑的原因。

第二阶段：调整认知

①热身活动：跑不了。②进行集体讨论，畅所欲言。③小组讨论。焦虑寻根：探讨引发就业焦虑的原因，为消除就业焦虑打下基础。④通过讲授和运用合理情绪疗法，使成员学会与不合理观念辩论，用合理的观念取代不合理的观念。⑤通过讲授和运用森田疗法，使成员承认焦虑的客观性，接受症状，学会顺其自然。⑥作业：找出导致自己就业焦虑的不合理观念，并与之进行辩论。

第三阶段：训练自信

①热身活动：进行小风吹、大风吹的游戏。②积极暗示法：讲授积极暗示的作用、使用方法，然后组织成员两人一组，互相帮助对方将消极的自我暗示转变为积极的暗示，在互助、自助中树立自信。③成功再现法：组织成员在小组内分享自己最成功的一次经历，在良性回忆中重塑自信。④表象训练法：指导成员在暗示的诱导下，通过在头脑中反复想象生活中获得成功的情景，从而提高情绪控制能力，掌握建立自信的方法。⑤作业：夸夸我自己——给自己找优点。

第四阶段：训练行为

①热身活动：口香糖。②放松训练：双手钩拉法、深呼吸法、肌肉放松法、想象放松法。③言语模拟训练：两人一组，一人生动逼真地描述就业中面临的情景，另一人随指令想象自己进入面试间，当感到高度焦虑时，马上停止想象，进行放松活动直到全身放松。然后，前者再继续描述面试情景，直到后者在想象的考试情景中不再感到焦虑为止。然后，两人互换角色。④总结评估：指导成员交流收获、感想。

（二）实施

上述设计方案为期 1 个月，隔周 1 次，共 4 次，每次 2 小时。每次辅导包含五个环节：讲解——讲解相关的知识、操作方法；演练——组织成员按规则练习相关技巧；分享——组织成员在团体内交流感受与收获；点评——对活动的宗旨、成员的表现给予适当总结；作业——要求成员思考、练习重要的知识、技能，学以致用。

四、高校研究生职业生涯规划现状及存在的问题

（一）现状调查研究结果分析

硕士研究生的大幅度扩招，让本应该以考上研究生为骄傲的同学们瞬间失去了以往的光彩与突出优势，甚至在年龄上，在择业、就业过程中也出现了无法与本科生抗衡的局面，尤其是女性研究生，更会产生对职业生涯规划的未知、对择业的恐慌和对就业的缺乏自信。据统计，全国共有 55.6% 的硕士研究生对自己的职业生涯规划没有信心。为什么会出现此种状况？究其原因，是因为从心理上就没有做好充分的准备，学习期间也没有进行整体、系统的规划。根据调查发现（表 2），现阶段硕士研究生对于职业生涯规划的意识、想法很单纯且十分模糊。

表 2　在校硕士研究生职业生涯规划情况统计

非常明确的规划	没有规划	想过但是没有具体规划	跟着感觉走
24%	76%	48.5%	13.7%

因此，如何培养硕士研究生在校期间对职业规划的认知、把控以及系统规划是高校教育工作者们必须研究探索的重要课题，也是硕士研究生心理辅导研究的关键所在。

表 3　五个维度及总体水平的平均数、标准差（N =184）

维度	项目数	最小值	最大值	平均数	标准差
就业信心	5	1.80	4.80	3.320	0.493
职业认识	7	1.57	4.57	2.712	0.628
生涯定向	4	1.25	5.00	3.569	0.695
自我认知	4	1.00	4.50	2.970	0.674
规划认知	4	1.00	4.75	3.121	0.635
职业生涯规划（总体）	24	2.08	4.00	3.093	0.403

由表 3 可知，184 名硕士研究生在五个维度上的得分为 2.71～3.57，表明了硕士研究生的职业生涯规划状况呈现中等程度的满意度。五个维度中最高得分为生涯定向（3.57），最低得分为职业认识（2.71）。生涯定向（3.57）得分最高，表明了目前研一学生对于未来的职业取向和选择态度都比较肯定和明朗。仅次于它的是就业信心（3.32），与笔者预先设想的就业信心不足背道而驰，或许是由于刚处在研一阶段，对就业环境和自身水平尚未形成一个客观透彻的认识。职业认识（2.71）得分最低，说明硕士研究生对于自己未来将要从事的职业并没有很好的认识，或者他们在填报专业志愿的时候也没有很好地去了解所报考的专业，盲目随大流的情况也多有发生，造成职业认识得分低。职业生涯规划现状的性别差异通过独立样本 T 检验分析不同性别学生在职业生涯规划各维度是否有差异（表 4）。

表 4　不同性别在职业生涯规划上的 T 检验（N=184）

维度	性别	人数（N）	平均数（M）	标准差（SD）	T
就业信心	男	84	3.22	0.518	-2.668**
	女	100	3.41	0.455	
职业认识	男	84	2.79	0.603	1.465
	女	100	2.65	0.644	
生涯定向	男	84	3.39	0.781	-3.294***
	女	100	3.72	0.575	
自我认识	男	84	2.94	0.641	-0.546
	女	100	2.99	0.703	
规划认知	男	84	3.01	0.642	-2.275*
	女	100	3.22	0.616	
职业生涯规划（总体）	男	84	3.04	0.401	-1.680
	女	100	3.14	0.401	

根据团体动力学的理论，硕士研究生要想清楚地了解自己，最好到团体中去；要想改变和完善自己，也最好到团体中去；要想实现自我的价值，最好到团体中去。在团体中，成员不仅可以交流信息，探索自己，也可以相互模仿而学到适应社会的态度与技巧。团体在助人方面有着其他助人形式无法代替的特殊功能。

在硕士研究生职业生涯规划中，运用团体心理辅导技术具有以下几个独特的优势：首先，团体心理辅导感染力强，影响广泛，适合辅导员、任课老师使用；

团体心理辅导是一个多向沟通的过程，对每一个成员都存在着多个影响源，每个成员在接受来自团体每一个成员的帮助的同时也可以成为帮助其他成员的力量。职业生涯团体心理辅导已成为提高职业决策自我效能的一种干预方法，它以职业生涯发展理论和团体辅导理论为基础，将职业生涯辅导的内容以团体心理辅导的形式加以实施。职业生涯团体心理辅导是指应用团体心理辅导的形式，协助来访者将自我概念转变成相应的职业角色，进行职业探索，并做出职业决策的过程。职业生涯团体心理辅导是硕士研究生职业生涯辅导的具体实施方式之一。

（二）高校研究生职业生涯规划的现状

1. 职业生涯规划意识淡薄

部分研究生在考研时，没有明确自己的兴趣在什么地方，目标是什么，带有很强的盲目从众心理或者单纯想要回避就业的压力，缺乏对自身特有条件的客观认识，导致职业生涯规划意识淡薄。

2. 职业生涯规划目标不明确

现阶段，研究生生源趋于年轻化，大部分研究生不参加或者很少参加社会实践活动，对于当前社会中需要什么样的人才不甚了解，往往不能预见到理想与现实之间的差距，无法确立明确的目标，只能走一步算一步。

3. 职业生涯规划太过于死板

部分研究生在就业时沟通存在一定的障碍，求职简历千篇一律，不了解自己的优缺点，更不能确定自己可以胜任什么样的工作。

五、高校在对研究生职业生涯规划辅导中存在的问题和原因分析

（一）职业生涯规划辅助体系不够完善

目前，很多高校设置了就业辅导中心，及时为学生提供就业信息。但是对于研究生的职业规划还存在很大的不足，难以适应硕士研究生职业生涯规划发展的需要。除了设置就业指导中心外，还要设置专门的职业生涯规划的辅导课程以及专门的职业生涯规划机构。因此，把团体辅导应用于高校思想政治工作，更应以发展性问题为主。发展性团体辅导适用于培养领袖人才、协助个人成长等，同时也适用于帮助那些缺乏自信或在社会适应方面有问题的人。可采取如下形式，如自我成长工作坊、成功心理训练、领袖才能拓展营等。这样才能够

帮助更多硕士研究生了解自己在心理发展过程中需要要注意的心理问题，使其更好地认识自我和发挥潜能，防止并消除在其成长中可能出现的各种思想问题和心理异常问题，防患于未然，从而使其进一步提高环境适应能力，更好地塑造个性和完善人格。在工作中我们发现，由于专业发展需要，要求学生们在学习中更多采取小组互动式学习，强调合作性学习。如果单纯以授课形式——接受式教学方法对学生进行职业生涯规划教育，将不利于学生理解理论知识，也不利于增加体验的深度和强度。而团体心理辅导主要强调认知和体验并用，可以帮助学生更好地将职业生涯规划理论与实践相结合。传统从事思想政治工作的人员中，很少有人接受过咨询心理学方面的培训，其中接受过团体辅导专业培训的人更加少之又少。因此，要把团体辅导的方式方法引入思想政治工作中，对思想政治工作者提出了很高的要求。思想政治工作者只有接受挑战，不断充实自己，才能在今后的专业性工作中取得优异成绩。

（二）缺少专业的指导人员

目前，许多高校就业指导中心还没有专门的职业规划师，一般是由做学生工作的老师或者学生辅导员来指导，而这些指导者往往缺乏相应的专业知识和技能。众所周知，我国的教育体制在某些方面还存在着很大的弊端。例如，高考志愿的选择由家长做主，学校和专业的选择没有考虑学生自己的意愿，因此，上大学后仍有相当数量的硕士研究生没有明确的发展目标。专业指导人员的缺乏对学生的职业生涯规划影响较大。由于种种原因，国内相当数量的团体咨询大多是应用于治疗、矫治性目标，很少用于发展性目标。随着对我国学校心理健康教育认识的深化，越来越多的人开始认识到心理咨询对每一个学生的成长发展具有重要的意义，以全体学生为服务对象，发展为主、治疗为辅作为心理咨询的目标已逐渐成为共识。

六、团体心理辅导在研究生职业生涯规划中的应用

在职业生涯规划特质因素论的框架下，依据以下原则进行心理辅导方案的设计：①了解自己，包括个人能力、能力倾向、兴趣、资源、限制及其他特质；②了解职业成功必须具备的条件、优缺点、酬劳、机会及发展前途；③合理推论上述两点的关系。我们的目的是希望通过教师辅导、观察，及时发现研究生在职业生涯规划方面存在的问题，通过相互沟通，让更多的学生能采取积极主

动的方式去认识自己、认识职业、规划职业、做出职业决策等。

研究的主要方法如下：通过实验获得学生进行团体心理辅导前后对自我认知程度的量化数据；运用数理统计方法对前后观测数据中实验组和对照组的差异进行显著性检验，获得是否具备有效性的结论。对硕士研究生职业生涯规划进行团体辅导的方式较多，其计划书的制定也主要是从自我探索、职业探索、职业定位三个方面来进行辅导。本研究者即为团体领导者（带领者），此次团体心理辅导的时间为 2014 年 9—11 月，采取参与式观察法，以 12 人的 12 次团体心理辅导为一个研究周期，根据硕士研究生职业生涯规划团体心理辅导计划书的内容，实施团体心理辅导，从而达到辅导的要求、目标以及预期的结果。

（一）硕士研究生职业生涯规划团体计划书的确定

1. 明确团体的性质与类型，定位要准确

硕士研究生职业规划团体辅导属于发展性、结构式、封闭式、同质性、训练型。从团体辅导方案设计伊始，就必须有清晰的认识和准确的定位，在团体辅导进行过程中，自始至终都要把握好。职业生涯规划团体心理辅导的直接目标是帮助成员迅速深刻地了解自己所学的专业，并指导成员进行简单的职业生涯规划。同时，职业生涯规划团体辅导的间接目标是引导成员初步体验与人交往与沟通的技巧以及与人分享的快乐，培养和提高成员能够让他人认识自己，正确而诚实地回应他人的态度和方法。直接目标与间接目标达成后，终极目标也会顺理成章。团体辅导结束时，要让团体成员普遍认识到职业生涯规划是一个长期的过程，需要自身不断地自我认识与自我探索。

2. 确定合适的团体规模，人数不宜过多

一般团体辅导人数控制在 8～12 人为宜，性别分布最好均衡，这样容易保持团体有较好的动力。团体人数的控制和人员的选择，均有助于团体目标的实现与团体成员的成长。团体辅导按期进行，出勤率必须得到保证。团体辅导人员招募完成，进行人员筛查后，选出合格人员参与团体心理辅导，必须签订硕士研究生职业生涯规划团体辅导协议书和承诺书，并经团体全部成员签字认可，而且要规定全体成员请假不能超过 1 次以上，团体成员都必须自觉遵守，这是每个成员必须遵守的义务。只有每位成员都准时到位，并养成守时习惯，才能保证职业生涯规划团体按期完成所有的工作任务，达到自身的目标。在这一点上，团体领导者必须要率先严格遵守，并严格要求，因为团体辅导过程中，团体人员的缺勤会影响团体动力和团体探索的深度和效果。

（二）硕士研究生职业生涯规划团体心理辅导的技巧与策略

1. 把握好团体动力的流向

在团体心理辅导中，可能会出现团体中某些成员特别能说、停不下来的情况。在分享的过程中，这部分成员的话语量很多，所占时间过长，个别成员会出现不耐烦的情绪，这时可以采取打断的技巧，可以让情绪不满的成员发表对长篇大论的看法，然后让其他同学也发表自己的看法，最后让能说的同学再次分享对其他成员的看法，同时分享自己的感受，引导团体成员进行深刻的自我反思。在团体辅导结束后，可以找同学聊一聊，听听他们的真实想法和建议，考虑适当修改团体心理辅导计划书，更好地引导和带领团队，达到职业生涯规划团体心理辅导的目标。

2. 做好团体成员的前期筛选工作，确定团体成员的同质性

在团体成员的招募中，注明团体对成员的要求。团体成员报名时，按照团体心理辅导的目标和要求对团体成员进行单独筛选和集体筛选。单独筛选就是一对一的单独谈话，筛选符合要求的团体成员。集体筛选就是采取集体谈话的形式，了解报名者的动机与目的以及对职业生涯规划团体的认识。职业生涯规划团体心理辅导主要招募有强烈职业生涯探索意向的同学参与。对有心理问题和怀有其他动机和目的的同学，必须剔除，不允许参加此次职业生涯规划团体心理辅导。一般情况而言，单独筛查的效果要好于集体筛查的效果，而且要做好被剔除同学的思想工作，确保他们是自愿离开，确保不会对他们造成思想负担和心理伤害。若筛查出有严重心理问题的学生，要建议其到学校心理咨询机构进行专业的个体心理咨询。

3. 团体招募广告要简练清晰，标题醒目

团体领导者要多次修改招募广告，招募广告内容要简洁明了，标题醒目，字数不要太多，让人一眼看上去就能捕捉到有用的信息，读懂招募广告的含义，广告纸质和排版的设计均要精益求精。如果招募成员的数量和人员还不理想，可委托高校院系的辅导员进行再次宣传，尽量保证职业生涯规划团体心理辅导成员的同质性，确保各院系各专业均有成员参加，这样职业生涯规划团体心理辅导的效果才能更为理想。在职业生涯规划团体辅导之前要确保团体成员具有较强的动机、明确的目标。在团体心理辅导过程中，如果感觉到成员对团体辅导的目标不清楚时，可以加入一些团体活动，再次进行职业生涯规划的探索，帮助成员加深对目标的认识。

4. 绘制职业生涯蓝图，活动指导要到位

职业生涯规划团体心理辅导的主题主要在于时间管理，引导团体成员绘制职业生涯蓝图是很重要的一项时间管理活动。在成员绘制职业生涯蓝图过程中，要强调区分有重大影响的积极事件和消极事件，切记不要绘制成生命线。在成员分享的过程中，再次强调与自身职业生涯规划有关的重大事件，对成员不自觉提到的创伤事件和重大事件，如父母离异、车祸、亲人去世等，只做简单处理，尽快带领团队回到职业生涯规划蓝图的设计上来。

除了采用经典的热身活动，如"大风吹""松鼠与大树"等活动以外，还可自己设计一些主题活动，如"摘取桂冠""职业规划师角色扮演""价值观大拍卖"等。在活动设计中要考虑成员的性别、性格和人格等特点，同时兼顾职业生涯规划团体心理辅导的目标。留团体辅导小作业时，也要考虑到职业生涯规划目标的达成，无论是新活动，还是旧活动，团体领导者必须要做到对团体活动的足够熟练，做好充分的准备，在团体的带领过程中，尽量不要发生口误，将活动要领形成一整套熟悉的口令，达到理想的活动效果。同时要注重各类活动的总结和积累，如哪些活动适合于团体初期，哪些活动适合于中后期，在团体相应的阶段，采用合适的活动。

（三）硕士研究生职业生涯的团体心理辅导的实施

首先，在准备工作方面，包括团体实施计划，主要由团体名称及性质、目的、理论依据、实施对象、团体结构、领导者、时间地点等多个模块组成。同时，企业可以参与到团体心理辅导的过程中，为开展职业生涯规划活动奠定基础。

其次，需要有团体契约。在实施前测方面，实验前，对实验组、对照组同时进行职业生涯决定量表测试。对实验组进行团体心理辅导，每周一次，共进行 8 次，每次 120 分钟，团体性质为结构化、发展性团体。在实施后测方面，团体心理辅导结束后，对实验组、对照组分别进行职业生涯决定量表测试；团体心理辅导结束 1 个月后再次对实验组、对照组进行职业生涯决定量表测试。

最后，是统计分析阶段，运用数理统计方法对前后测数据中实验组和对照组进行差异性分析，获得是否具有有效性结论。硕士研究生阶段是人生的辉煌期培养阶段，在人的一生中占有很重要的地位，除了学习好本专业课程外，通过适当的团体心理辅导，构建研究生的职业生涯规划设计，自我评价，达到对以后择业、就业的正确认识，使学生更具有竞争力。

七、结论和建议

（一）结论

造成研究生就业困难的因素是多方面的，包括客观和主观的原因。主观原因是由自身的原因造成的，自身原因可以通过一些正确的引导得到改善。在研究生进入社会的过程中，对于自我的成长、心理素质的发展、潜能的开发有着强烈的渴望和追求。心理学家马斯洛认为，实际上每一个人都具有一种对健康的积极向往，一种希望发展或希望人的各种潜力都得到实现的冲动。因此，心理工作者要是把更多的精力用于帮助一般常态心理者（心理基本健康，无明显的心理冲突，能基本适应环境），那么花费少量的时间就会有更大的收获。从心理健康教育的实践来看，我国硕士研究生心理健康教育始于 20 世纪 80 年代，但长期以来，许多高校把为少数有心理障碍的学生提供援助、支持、矫正、治疗作为心理健康教育的重点，这远远不能满足绝大部分学生对心理健康的需求。发展性模式下的心理健康教育应面向全体学生。要实现这一要求，就必须在高校开展发展性团体心理辅导。

众所周知，实施素质教育正是当前高等院校的一项重要任务，素质教育的根本目标是培养学生的整体素质。人的素质包括生理素质、科学文化素质、思想道德素质、能力素质和心理素质。而心理素质作为整体素质的组成部分，是人的全部高层次素质的基础，没有健康的心理，其他素质不可能培养起来。心理素质在整个素质系统中具有基础性的作用。而团体心理辅导正是直接培养学生优良心理素质的工具，在这方面它具有个体心理辅导所无可比拟的功能。

（二）创新之处与不足之处

国内有关团体心理辅导的研究开展得较好，关于职业生涯规划的相关研究也因国家重视而如雨后春笋般兴起。但将团体心理辅导设计应用于提高硕士研究生职业生涯规划能力还是比较新鲜的，尤其是在大部分的文章纷纷"聚焦"于高年级毕业生的职业生涯规划能力上时，另辟思路，将目标定位于低年级的硕士研究生是比较新颖的视角。同时，整合出了一套针对硕士研究生的职业生涯规划团体心理辅导方案。

此次研究虽然取得了预期效果，但依然存在一些不足：第一，团体心理辅导时间较短。生涯规划是一个长期的过程，对实验效果的评估需要长时间对试验进行指导和监督，这样收集的数据才更合理、更具说服力。此次六期团体辅导持续时间为一个半月左右。第二，选取的团体成员志愿者有时候因外部客观原因不能自始至终参加每一期的活动，致使一两个团体成员的后期资料搜集不是很完整。第三，团体成员来自不同专业、不同地区（最北有沈阳，最南有海口），因其组成结构复杂，相互之间差异比较大。在短期的团体心理辅导过程中，可能难以照顾个体差异。近年来，生涯规划教育在我国发展得比较快。20世纪90年代，开始引入相关概念，该领域慢慢起步，近几年在国家的重视发展下，该领域日臻成熟。但不得不承认的是，在我国现有的教育体制下，各项资源还不是很丰富，职业生涯规划指导虽然在慢慢渗透到各大高校，但收效甚微，大部分指导形式仅限于课堂、讲座等，无法引起学生兴趣，很多生涯辅导流于形式。尤其是近20年，高校的教育逐渐呈现出为"职业"而教育的趋势，教育的中心在潜移默化中由"硕士研究生成才"转向"就业"，对于硕士研究生毕业后的职业发展过多关注导致职业生涯规划教育片面化。这一倾向使得广大学校和老师普遍认为，生涯教育在高年级实行即可，忽视了低年级学生在校生涯规划教育，造成面临毕业的时候手忙脚乱、不知所措的局面。而笔者以此聚焦，进行了针对硕士研究生职业生涯规划的现状调查，并对其中部分同学进行了职业生涯规划团体心理辅导。通过采用量化研究与质性研究相结合的研究方法，结果显示团体成员在辅导之后提高了就业信心，更加明确了生涯方向，对自我的认识有显著提高，对职业的认识变得越发清晰，对生涯规划的认知也有一定程度的提高。这样的结果肯定了本次针对硕士研究生制定的职业生涯规划团体辅导方案，也认可了此次活动的效果。

（三）建议

团体心理辅导运用于职业生涯规划的研究越来越多。研究方向上也出现了积极变化，由治疗团体开始转向发展性团体，有些研究者把心理辅导从即时影响转向了辅导后的长效影响，这为硕士研究生今后塑造良好人格起到了积极作用。同时也给今后研究职业生涯规划团体心理辅导提供了新视野。前期准备上，对于团体心理辅导场地的选择要考虑更周全，尽量选择宽敞舒适的环境；团体规范契约要坚决贯彻到底；团体心理辅导活动的后期反馈量表要事先准备充分；团辅督导和助手是比较重要的活动协助者，须严格筛选。活动实施中，对时间的把握要控制好，不宜过长，也不能太短，将团体心理辅导时间控制在100~150分钟比较合适；每期活动开始前，可向成员简要介绍，使其能了解活动目标等；

活动过程中，领导者要适当引导团体成员的参与。后期反馈上，团体心理辅导结束后可利用之前建立起来的交流平台，如 QQ、微信、微博、邮箱等，追踪观察，及时提供交流和指导。转变学生与学校的思想观念，真正把职业生涯设计工作提升到一定高度上来。同时，应借鉴国外先进理论，整体化思考学生职业生涯设计这一工作如何做、如何做好的问题，将人力资源管理理念规范到职业指导部门的工作中去，真正提高职业指导部门的工作效率，明确职业指导部门的职责、任务，切实地帮助学生宏观设计职业生涯。

参考文献

[1]程社明. 你的船你的海——职业生涯规划[M]. 北京：新华出版社，2007.

[2]樊富珉. 硕士研究生心理健康教育研究[M]. 北京：清华大学出版社，2007.

[3]樊富珉. 团体心理咨询[M]. 北京：高等教育出版社，2007.

[4]封国强. 硕士研究生心理健康教育发展性模式探悉[J]. 中国高等医学教育，2007（2）.

[5]国俞良，曾盼盼. 心理健康与生涯规划[J]. 教育研究，2008（10）.

[6]黄天中. 生涯规划——理论与实践[M]. 北京：高等教育出版社，2007.

[7]库伯. 体验学习——让体验成为学习和发展的源泉[M]. 王灿明，朱水萍，等译. 上海：华东师范大学出版社，2008.

[8]刘宣文. 学校发展性辅导[M]. 北京：人民教育出版社，2004.

[9]石建勋，等. 职业规划与创业管理[M]. 北京：机械工业出版社，2006：76-79.

[10]苏光. 高校团体心理辅导的理论探悉[J]. 思想政治教育研究，2007（2）

[11]唐慧敏，李志德. 硕士研究生团体心理辅导的探索与实践[J]. 职业技术教育，2006：14-27.

[12]王凤兰. 心理健康教育本土化探索[M]. 北京：中国农业大学出版社，2008.

[13]肖渭淳. 艺术教育在高校校园文化建设中的作用[J]. 科技咨询导报，2007（1）.

[14]尤建国. 高校校园文化建设的新思考[J]. 教育与职业，2007（17）.

马中化硕士点研究生人才培养模式研究[①]

郭俊华[②]

摘要 马克思主义中国化专业硕士点人才培养机制的建设对马克思主义在中国的继承、丰富和发展具有重要意义。本文关于马中化学科研究生人才培养模式研究，着重于课程体系创新、导师队伍建设以及完善管理制度三个方面。基于党对马克思主义中国化理论的不断创新以及结合我校本专业研究生特点，通过比较分析国内相关院校课程体系建设的情况，笔者认为应增设中国特色社会主义政治经济学专题、中外政党制度比较研究、当代中国文化建设研究、马克思主义生态文化专题研究等课程。提高导师素质、创新导师指导方式以及健全导师考核机制是加强导师队伍建设的重要内容。创新理念、建立科学的合理的科研激励制度、规范的学术交流制度是构建及完善研究生培养制度的重要方面。

关键词 马克思主义中国化 研究生人才培养机制 课程体系创新

一、本文研究的意义及研究现状

（一）本文研究的意义

自 2005 年 12 月国务院学位委员会《关于调整增设马克思主义理论一级学科及所属二级学科的通知》（学位〔2005〕64 号）（以下简称《通知》）将"马克思主义中国化研究"专业作为马克思主义理论学科的二级专业设置以来，作

---

① 本文是天津财经大学学位与研究生教育教学改革研究项目"马中化硕士点研究生人才培养模式研究"（项目编号：2014YJY18，主持人：郭俊华）的中期研究成果。
② 作者简介：郭俊华，女，天津财经大学理论课部教授。

为一个新兴的学科专业，近 10 年来，"马克思主义中国化研究"专业获得了迅速的发展。目前，全国有近 200 所高校设有"马克思主义中国化"专业硕士点。然而，作为一个仍非常年轻的学科专业，其在研究生人才培养方面尚存在一些问题。我校于 2007 年开始招生，至今已招生九届，培养了几十位研究生。总结本学科研究生培养的经验，探寻更为有效的人才培养机制，为国家培养更多人才，是本文研究的意义所在。

马克思主义中国化是马克思主义同中国革命和建设具体实践相结合的过程。它是专门研究马克思主义中国化的基本经验、基本规律以及马克思主义中国化理论成果的学科。

马克思主义的强大生命力及伟大力量，就在于它能够同各国的具体实际相结合，通过一定的民族形式在各国的具体实践中发挥指导作用，在新的实践中获得新的发展。对于中国而言，实现马克思主义的中国化，就是把马克思主义的基本原理应用于中国的具体环境，使马克思主义在其每一表现中带有中国的特性，带有中国的作风和气派。马克思主义中国化是一个历史进程，它的实质是马克思主义的基本原理同中国的具体实际和时代发展相结合。马克思主义的研究是全球性的，中国化的马克思主义或马克思主义中国化理论与实践是马克思主义研究的重要组成部分和重要方面，中国的学者、中国高校思政课教师应当承担起马克思主义在中国的继承、丰富和发展的重任，而马中化人才培养是承担这一重任的一个重要环节。加强马中化硕士点人才培养机制的建设，有利于丰富和发展中国化马克思主义学科内涵，特别是将十八大以来党对中国特色社会主义建设探索的最新成果、新思想、新理论融入研究生教学之中，有利于本专业研究生马中化理论水平的提高以及知识结构的完善，有利于理论课部教师马克思主义理论水平的提高以及理论课部本学科点的建设和发展，有利于全校研究生政治理论课教学水平的提高，有利于研究生综合素质的提高以及树立正确的世界观、人生观、价值观，进而有利于学校研究生事业的发展。

（二）研究现状

国内关于马克思主义中国化的研究成果，笔者以"马克思主义中国化学科"为篇名在 CNKI 上收集 2008－2015 年的研究成果，搜索到 1576 条。以"马克思主义中国化研究生人才培养"为篇名搜索到 23 篇文章。从已有的研究成果来看，关于马中化研究生人才培养主要涉及这样几个方面：关于人才培养目标问题、关于人才培养内容问题、关于人才培养制度问题、关于研究生创新能力培养问题等。沈阳理工大学的杨松教授（2014）在《内涵式发展视阈下的研究生培养问题研究——以马克思主义中国化研究学科为例》一文中，提出了内涵式发展要求下的研究生发展要求和对策。宋进（2006）的《"马克思主义中国化"学科建设的多维路径》从人才培养目标角度提出，人才培养不能仅限于二级学科的视野，应着眼于马克思主义理论一级学科的视野进行研究生培养，拓宽人才培养口径。顾钰民（2009）的《论"马克思主义中国化研究"二级学科建设》针对人才培养制度建设问题指出，人才培养制度应包括研究生学业与能力、导师工作及人才培养保障制度等，这对提高研究生培养质量起着重要的导向作用。冯秋季、杨冠英（2013）的《高校研究生创新能力培养的思考——以马克思主义中国化研究专业为例》对研究生创新能力培养问题进行了研究。马志荣、李莹（2011）的《马克思主义中国化研究专业研究生培养课程设置分析》和姚宏志（2010）的《马克思主义中国化研究学科建设基本问题述论》针对研究生学科建设提出了问题及改进的意见。

学术界关于马中化研究生人才培养模式的研究，对本文问题的解决具有一定的指导意义。但是随着党对中国特色社会主义实践的不断探索，特别是十八大以来对马克思主义中国化理论的进一步丰富和发展，要求对马中化学科的研究生培养也应本着与时俱进的原则，结合我校本学科研究生培养的一些具体情况，有必要对此做进一步的研究和改进，以利于培养合格的马克思主义中国化学科的研究生以及促进马克思主义整体学科的发展。

二、本文研究的基本内容

人才培养模式是指在一定的现代教育理念和教育思想指导下，按照特定的人才培养目标和要求，以相对稳定的教学内容、课程体系、师资队伍、管理制度以及评估方式，实施人才教育的过程的总和。本文关于马中化学科研究生人才培养模式研究，着重于课程体系创新、导师队伍建设以及完善管理制度三个方面。

（一）创新课程体系

1. 我校马中化专业课程现状

国务院学位委员会《通知》规定，马中化硕士研究生必修课为 8 门，即《马克思主义中国化的历史进程及其规律》《中国化马克思主义的基本原理》《中国化马克思主义基本著作和重要文献选读》《马克思主义基本原理专题研究》《马克思主义发展史》《当代国外马克思主义研究》《重大理论前沿问题研究》《马克思主义主要经典著作选读》。在我校的马中化专业硕士研究生培养方案中，课程设置包括公共基础课、专业基础课、专业必修课、公共选修课四种类型。为适应本专业建立之时的培养目标的要求，我校严格按照《通知》的规定要求，为研究生开设了 8 门必修课程。在此基础上，结合 2012 年教育部《关于进一步与加强高校马克思主义理论学科建设的意见》以及吸收和借鉴其他高校相关学科课程设置的长处，调整和增设了相关课程，在原有基础上拓展和创新了一些课程。以《中国特色社会主义理论与实践研究》替代《中国化马克思主义基本著作和重要文献选读》，还开设了公共基础课《政治》、公共选修课《马克思主义与社会科学方法论》《学位论文指导与写作》、学科专业课《马克思主义与中国文化研究》《马克思主义价值观与人学研究》《马克思主义发展史与西方马克思主义研究》《科学发展观与和谐社会理论研究》《当代热点前沿问题研究》等共 16 门课程，选修课程分别开设了《逻辑学》《经济法》《劳动法》《国际法》《金融学》《投资学》等相关课程。客观上讲，这些课程对培养研究生的马克思主义中国化理论水平起到了一定的积极作用。但是随着中国特色社会主义实践的不断深入发展以及我党对马克思主义中国化理论的不断创新、丰富和发展，客观上要求在课程设置上也必须与时俱进，及时修改、补充。本课题组对本专业在校生及毕业生进行调查显示，多数同学认为，由于我校属于财经类院校，所以为研究生开设的选修课程中，财经金融类的课程所占比重较大，对于马中化专业的研究生来讲，专业差距较大，特别是本科非财经类专业的学生，学习这些课程困难较大，缺乏学习的兴趣。同时，这些课程对专业课程的学习也不能起到很好的帮助和促进作用，学生只是单纯地为了修读学分而被迫选学，因此难以达到预期目的。

2. 相关院校情况

依据《通知》中马中化硕士点培养目标的要求，研究生经过 2～3 年的学习，能够以马克思列宁主义、毛泽东思想、中国特色社会主义理论为指导，掌握马克思主义中国化基本原理、基本规律和基本经验等方面的基本知识，具备对某些专攻方向的研究能力和其他研究方向的发展能力，具有较高的写作能力和讲解能力，重视自身的道德修养和处世、处事能力的提高。取得本专业硕士学位的学生应能胜任高校马克思主义理论专业的教学与研究、党政部门的理论宣传和管理、企事业单位文秘管理等工作。本课题组对国内 8 所院校（7 所为综合类院校，1 所为财经类院校）本专业研究生课程设置进行了调查，所开设的课程除了《通知》规定的 8 门课外，还开设了其他课程（见表 1）。从这些课程的设置情况来看，基本特点是在结合国务院学位委员会要求的基础上突出了培养单位自身的学术传统和研究重点。

表 1　国内数所高校马中化专业研究生开设的非规定课程

院校	开设课程
北京大学	重大理论前沿问题研究 马克思主义基本原理研究 马克思主义世界观和方法论 马克思主义中国化专题研究
北京师范大学	科学发展观与当代中国发展 当代中国政党政治研究 马克思主义发展史专题研究 当代世界与马克思主义发展研究 现代中国社会研究
山东大学	马克思主义经典著作研究 马克思主义与当代社会发展
吉林大学	中国化马克思主义理论专题研究 中共党史专题 当代社会发展理论研究 中外政党制度比较研究 中国化马克思主义发展史 中国化马克思主义文献阅读
兰州大学	政治学研究方法 当代资本主义研究 当代社会主义研究 当代世界政治思潮专题研究 专业英语（政治）
辽宁大学	中国化马克思主义文献选读 中国特色社会主义前沿问题研究 社会主义与资本主义比较研究 当代国外社会主义专题 就业与创业指导课
中央财经大学	专业英语 马克思主义发展理论与当代社会发展研究 执政党建设研究 马克思主义中国化前沿问题研究

3. 马中化学科生源情况、特点

目前全国高校尚未设立马中化本科专业，与本专业最相近的是思想政治教育专业，全国共有思政教育本科专业院校 231 所[①]，每年招收学生数千人，但是选择继续深造马中化研究方向的思政专业学生不多，因此本专业生源存在非本专业出身、跨专业学生所占比重较大的现象。从整体上看，文科专业本科毕业生报考马中化专业硕士研究生的人数居多，而思想政治教育专业学生报考本专业的人数却低于其他专业的报考人数，大多数选择报考本专业的研究生主要目的是为了提高学历。

由于学科专业背景不同，学生所具有的专业知识结构和水平也存在很大差异，因此很多学生对该学科的理论框架、研究内容、发展方向等缺乏基本的了解，学生缺乏本专业基本理论素质、专业知识结构的有效支撑，客观上存在着生源专业知识先天不足的现象。马中化研究专业招生中最大的特点是研究生入学考试难度系数较小，这也是导致生源状况不佳的一个主要原因。现阶段，研究生入学考试的几门课程中，有思想政治理论、外语、两门公共课和两门专业课，而马中化研究专业的专业课考试内容基本与思想政治理论专业的内容重合或者相关度极高，致使备考难度降低。此外，从历年研究生入学考试国家控制线的情况看，无论是外语还是总成绩的要求，马中化研究专业远低于同层次人文社会学科的管理类、经济类和法律类。

由于跨专业学生先天存在的专业缺陷，研究生很难跟上教师的正常教学进度，很多学生对一些基本的专业知识不了解，基本的专业术语也不理解，很多学生对教学内容一头雾水，学习效率较低，由此逐渐失去对本专业的学习兴趣。对于跨专业研究生而言，虽然在本科阶段，在公共课上或多或少学习了马克思主义基本原理、马中化基本理论，但是要真正完成马中化专业所要求的专业理论储备尚存在着很大的距离。

4. 目前我校马中化学科课程存在的问题

（1）专业课程结构及内容设置方面

专业课程在课程体系中占主导地位，选修课程和前沿性、探索性课程或讲座偏少，研究生根据自己的兴趣和职业发展需要选择课程的余地较小，科研能力培养方面的课程不足。开设选修课的目的是帮助研究生进一步拓宽专业基础

---

① 2014—2015 年中国本科教育思想政治教育专业大学竞争力排行榜，来源：中国科教评价网，2014-04-09。

理论，扩大知识面及培养相应的能力，但目前开设的选修课难以达到上述目的，学生选修课程的目的基本上只是为了获得学分，大多数学术讲座和学术讨论性质的课程组织管理不规范、质量不高、数量较少，致使研究生的思维视野不够宽广，直接影响了研究生研究方向的确立及论文的选题。大多数的研究生缺乏社会科学的科研方法的训练，虽然在课程体系中，有专门的《学位论文指导与写作》课程，但是讲授的方法和内容有待改进。此外，在课程设置上，不同科目的课程内容有重复现象，导致学过一遍的知识又重新学，既让学生感到厌烦，又是一种资源的浪费。

（2）缺乏相关的学科知识支撑

马中化研究专业涉及的领域十分宽泛，既包含基本原理内容，如马克思主义的基本原理、马克思主义中国化理论，又包含史学、党建、政治学、社会学、经济学、伦理学等多个领域。学生为了较好地完成本专业的学习，不仅要阅读大量的马克思主义经典原著、文献，还要具备相关的政治、经济、文化、社会等学科理论知识，以及丰富的史料知识。因此，仅靠学习本学科的课程来研究马克思主义，特别是中国特色社会主义理论这一宏大的课题是远远不够的。学生在论文写作过程中，需要运用到的知识涉及政治学、社会学、管理学、经济学、法学、伦理学、心理学等多学科内容，而现有的课程设置缺乏相关的学科知识支撑，由此导致学生知识结构狭窄，难以达到预期培养目标。

（3）外语课程设置不合理，缺少专业外语的学习

研究生目前的外语课程包括读写和听说两部分，目前存在的问题是公共外语课对学生在听、说、读、写方面的训练所选用的教材以及所采用的教学方法已经落后于社会的需求。教材基本沿用 20 世纪 90 年代的版本，教学内容局限于书本材料，听说能力训练偏少。此外，专业外语涉及量过少。马克思主义是从西方传入中国的学说，我们现在所读到的经典原著也都是翻译过来的，所以在理解上也会受到翻译水平的局限。研究生如果能够熟练地掌握一门与专业相关的外语，不仅可以阅读与本专业相关的外文书籍和资料，也有利于进行学科范围内的学术交流，帮助专业课的学习和研究。此外，专业外语的开设还可以提高研究生的外语水平，促进研究生综合素质与能力的提升。

（4）重理论，轻实践

根据笔者对部分院校的调查与了解，绝大多数院校马中化专业研究生的培养方案中涉及了实践教学，并要求研究生在校学习期间必须参加社会实践和

教学实践。至于研究生的实践教学如何实现，以及通过实践教学达到何种目标，有何配套措施，怎样进行考核等，不少学校没有明确详细的要求，不免使人感到实践教学流于形式。甚至不少人在实践教学上存在一个误区，认为实践教学就是走一走、看一看、做一做调查、写一篇调查报告。由于存在认识上的误区，或者说实践教学可操作的弹性空间太大，可有可无，学时可长可短，造成实践教学效果大打折扣。目前，我校对研究生学习期间科研要求有硬性规定，而对研究生的实践能力缺乏有效的考核手段。在研究生培养方式上仍然沿用传统模式，过分注重课堂传授、阅读文献和理论研究，忽视了实践教学的探索和研究。

5. 课程体系创新

基于本专业生源存在的学科基础缺陷，在课程设置上，首先，要按照《通知》中的原则性规定开设八大基础课程；其次，根据生源的特点开设相应的专业基础知识课程，以弥补专业知识缺陷；再次，设立多层次的课程，使学位课同必修课、非学位课同选修课有机结合起来。大部分学生对于学科范围内重要的学术著作阅读量较少，与该学科相关的前沿热点问题也很少关注，因此难以具备该学科研究生应有的专业能力。由于本专业理论性和实践性较强，要想完整准确地理解和掌握马中化理论，必须真正掌握马克思主义原理，因此课程设置上应当增加马克思主义经典文献阅读分量。马克思主义中国化是一个实践过程，随着我党对中国特色社会主义实践探索不断在广度、深度上的创新，马克思主义中国化的理论也在不断深入、创新和发展，具体体现在政治、经济、文化、社会、生态建设、外交、军事、民族、宗教、党建等多个领域，因此客观上要求学生紧跟时代的步伐，及时掌握党在马克思主义中国化进程中的理论创新内容。从学科属性上看，马中化属于人文社科理论学科，它所涉及的领域十分宽泛，与历史学、政治学、经济学、社会学、法学、文化学、伦理学、生态学等都具有密切的联系，因此需要具备相应的基本的历史背景、文史哲知识、社会学研究方法、经济学理论、政治学理论等来辅助专业课的学习。例如，马克思主义中国化的历史进程及规律这门课程就涉及与中国近现代史相关的一系列宏大的历史事件、历史人物。在意识形态领域斗争依旧激烈的当下，在敌对势力恶意中伤我党的开国领袖、恶意歪曲共产党的历史功绩以及历史虚无主义影响下，要使学生真正把握马中化的历史进程及规律这门课程内容，必须对这一宏大的历史背景、历史人物有充分的了解，学生必须大量阅读相应的史料，将马中化两大理论成果与中国革命和中国社会主义建设、改革开放的实践有机结合，才能从理论上真正掌握该课程的基本内容。而目前在该专业研究生的课程设置上还缺少这种学科间的互补和渗透，使学生在课程学习的过程中，不能充分运用相关学科的知识来帮助对课程的理解和学习，进而不能达到本专业研究生人才的培养目标。

按照"马克思主义中国化学科"建设要求，课程设置应构建以中国化马克思主义的研究为中心、结构合理、功能互补、有机拓展、注重创新思维方法的学科课程体系。本着将专业课程与方向性课程有机结合，既注重拓展知识层面，夯实基础，又反映出本学科发展的新动向的原则，同时还要结合我校的实际，坚持"有所为，有所不为"的方针，笔者认为课程体系创新应围绕这样几个原则：第一，应加强学科基础课程学习。一是开设好马克思主义基本理论和著作的课程，二是开设好具有特色的研究方向的课程。第二，从培养研究型的优秀人才角度出发，制定本学科的学位课，要"按需设课"，不要"按人设课"，去掉低层次课程，整合内容相近的课程；鼓励开设研究性、实践性强的课程，增强学生科研及论文写作的水平，不断提高学生的科研能力。第三，课程设置要具有整体性。既必须坚持马克思主义的基本原理，又必须弘扬马克思主义与时俱进的理论品质，把马克思主义理论与高校思想政治理论的实际相结合，紧密围绕研究生普遍关心的重大问题，以及改革开放和现代化建设中的重大问题，教育和引导研究生。第四，加强学科间的交流和实践教学，鼓励学生积极参加学术研讨会、交流会，增强学生论文写作的能力。

依照上述原则并结合我校具体情况，笔者认为应增设如下课程：①中国特色社会主义政治经济学专题研究；②中外政党制度比较研究；③当代中国政治制度；④当代中国文化建设研究；⑤思想政治教育原理与方法研究；⑥马克思主义生态文化专题研究；⑦专业英语。

6. 教学与学习方式改革

笔者针对目前开设的课程，分别在教材、授课方式、认可度、不足及建议四个方面对本专业毕业生和在校生进行调查，通过调查分析及结合当前实际，建议从如下几方面进行教学与学习方式的改革。

（1）探索积极的互动式教学方式

大学生步入研究生学习阶段，应从被动接受知识向主动探求创新知识方面转化。目前，在研究生的教学与授课中仍采用传统教学方式的高校不在少数，课上教师与学生之间缺少应有的交流与互动，学生对教师的依赖性较强，导致学生缺乏基本的自主学习能力和独立思考的能力。此外，灌输式的教学方式也不能有效地激发学生的学习兴趣，学生上课很难集中注意力，被动式地听课，学习效率不高。尤其是对跨专业学生而言，马中化研究学科的理论性、政治性极强，本科生步入研究生阶段，没有经过社会的历练，特别是随着入学研究生年龄较轻，他们很多人对中国近现代历史，尤其是新民主主义革命阶段、中华人民共和国成立前 30 年的历史了解不足，对许多重大历史事件缺乏基本的认知。特别是"90 后"学生，他们是在改革开放时代背景下成长的，是在物质财富日益丰富的环境中成长的，对中国共产党艰苦卓绝的奋斗历程知之甚少，再加上一些媒体舆论的错误导向，课堂灌输式的教学无法达到预期的教学效果。因此，要提高学习效果，教师就要由知识的输出者向研究生自主学习的指导者和合作者转变。在教学方式上，还应当以问题为导向，带着问题去学习，增加讨论式、辩论式等互动式教学方式，增加师生间的交流，形成和谐的师生互动环境，使每个学生都能积极地进入到课堂教学内容中来，调动学生的学习主动性、积极性，充分开发学生的潜能，锻炼学生独立思考及语言表达能力，提高学生的学习兴趣及学习效率，促进学生的能力素质的提高。总之，要本着注重讲授与自学相结合、课上与课下相结合、经典原著理论与实践相结合的原则，加大学生的理论、文献、资料的阅读量，逐渐培养研究生的学习兴趣，使学生所学理论更为系统、专业、深刻、扎实。

大量阅读文献是获取专业知识和最新科研动态的重要途径。导师应根据学生的实际情况指导学生应读什么书、怎么读书，通过大量阅读了解本学科基本的专业理论知识及理论热点前沿问题，增加学生对本学科的学习兴趣。学生也可以根据自己的研究方向和学习兴趣进行阅读。可建立读书报告会制度，组织学生交流读书心得体会，探讨书中的主要观点及阅读中出现的问题。采用读书讨论式的教学方式，既可以帮助学生积累知识、增加阅读量，为日后的研究及论文写作奠定基础，还可以激发学生的研究兴趣及创新能力，提高学习效率。

（2）理论与实践相结合的教学方式

目前，研究生教学中还存在着教师在教学中偏重于对理论知识的讲解而忽视实践的倾向。马克思主义之所以要实现中国化就是为了解决中国的实际问题，因此马克思主义中国化研究也是一门实践性很强的学科，它源于实践，又要指导实践、还要在实践中检验理论的真理性。教师讲授一个理论很容易，但要想让学生真正明了理论的内涵、理论对中国革命和建设、实践的巨大作用、对马克思主义理论的贡献、对世界社会主义运动的意义，就必须将理论与特定的历史背景和实践背景结合起来，才能达到预期的教学效果。而目前在本学科的教学过程中缺少理论与实际的结合。因此，为了弥补理论与实践脱节带来的问题，在教学中，不仅应当加大学生的阅读文献和资料的分量，还应当让学生走出校门，进行实地调查。我们应当充分利用天津较为丰富的文化资源及实地教学资源，让学生走出课堂，实地参观考察历史纪念馆、博物馆、文化遗址、改革开放成就显著的工厂、农村等场所，通过生动直观的感性接触，让学生更真切地感受到马克思主义与中国历史、中国文化、中国社会主义实践相融合的历史进程以及取得的巨大成就，以增加对理论知识的理解。同时还可以有效地改善学生在单纯理论学习过程中感到枯燥无味的状况，开拓学生的视野，增加学生的学习兴趣。把学生放到社会中去，让其体会和观察人们普遍关注和最为敏感的社会热点问题，带着问题有目的、有计划地制定学习研究方案，利用一切可以利用的资源进行有针对性的社会调查研究，使理论与实践更好地融合，从而在理性认识上获得提升。

（二）加强导师队伍建设

1. 导师现状及存在的问题

目前，我校理论课部教师 15 人，马中化专业硕士生导师 8 人，其中教授 6 人，副教授 2 人。硕导研究方向较为分散，非硕导（主要是年轻教师）研究方向也较分散，与马中化硕点对师资的要求存在一定距离。研究生的招生规模每年为 2～4 人，出现了导师人数多于学生人数的局面，学术氛围不甚浓厚。目前我校马中化导师队伍存在如下问题。

第一，导师职责不明确。按照导师制度要求，导师应对研究生在学业学习、论文写作、社会实践、就业指导、德育教育及身心健康等方面进行指导。但是，有的导师在指导研究生的过程中，履行职责的意识不强，只注重学术指导，忽视对研究生的身心健康、思想道德教育指导；只注重对研究生论文写作的指导，忽视对研究生培养的全程化指导；只注重对研二、研三学生的指导，忽视对研一学生的指导，结果是在踏入研究生学习初期最需要教师给予指导的学生，却得不到导师的关注，影响了研究生学习目标的确立，使研究生在茫然中度过了研一，也直接影响了研二、研三的开题、论文写作等环节的培养质量。

第二，导师责任心不强。责任心是导师有效指导的根本前提。但是个别导师由于对其职责认识不清，因而不能认真对待其研究生导师工作。比如，有的研究生导师对研究生指导时间不够，有的一学期都不能与学生交流一次；有的研究生导师对研究生指导不到位，得过且过；有的研究生导师对研究生疏于管理，不能尽其职责。这直接影响了研究生培养质量。

第三，导师指导能力需要提升。作为一门新学科，并且学科成立时间较短，研究生导师大都是新导师，不仅缺少导师指导的经验，而且指导能力和水平也急需提升。有的导师对自己的研究方向了解不深，对学科研究范围了解不广，导致对研究生选题难以有效指导；有的导师对学科前沿问题了解不够，科研任务不足，无法指导学生运用科学方法发现问题，批判创新的能力不足，导致对学生的科研创新指导不够，直接影响研究生培养质量；有的导师学术交流活动很少，特别是与国内同行的交流机会很少，由此制约了导师学术水平的提高。

第四，导师考核、管理制度不完善。现有的导师考核制度存在不完善之处。首先，考核制度侧重于对导师的学术水平考核而忽视对其师德的考核，这让一部分研究生只可能从导师那里学习到知识而不能被老师的个人品德精神所感染；其次，侧重于对导师的科研水平考核而忽视其教学水平的考核，这会出现导师虽然科研成果丰硕，却无法将自己的知识如数传授给研究生的现象；再次，侧重于对导师的个人考核而忽视对其研究生培养质量的考核，有责任心的导师就会培养出合格的研究生，而那些缺乏责任感的导师便是误人子弟，导致研究生培养质量的下降；最后，侧重于对导师的约束制度的执行而忽视其激励制度的制定与执行，这种情况使导师产生压力感和危机感，不能够很好地调动导师们的指导积极性，不能够促使他们认真指导学生。

2. 改进措施

马中化专业在我校虽然是一门小众专业，但是该学科的地位十分重要。基于上述存在的问题，笔者认为，加强导师队伍建设可以从如下几个方面入手。

（1）明确导师职责

导师对研究生的指导应是全过程、全方位的，涵盖研究生教育的每一个环节，包括研究生成长的每一个方面。因此，研究生导师职责也是全面的，既包括对研究生的学业指导，也包括对研究生的身心健康指导；既包括对研究生的论文写作指导，也包括对研究生的理论学习指导；既包括对研二、研三学生的指导，也包括对研一学生的指导；既包括对研究生做学问的指导，也包括对研究生做人的指导；既包括对研究生学业的指导，也包括对研究生就业的指导；既包括对研究的指导，也包括对实践的指导。这样才能使导师明确职责、履行职责，促进导师队伍的可持续发展。

（2）提升导师素质

研究生导师承担着教书育人的重任，不仅指导研究生做学问，还指导研究生如何做人，因此立德树人的根本任务要求全面提升导师素质。研究生导师不仅要有较高的学识水平和指导能力，还要有较高的道德修养、人格魅力、责任心等，导师较高的综合素质是培养优秀研究生的关键。导师要坚持不断地学习，要有渊博的学识，能站在学术研究的前沿，引领研究生进入学术前沿领域，学会运用科学方法发现问题并研究问题，培养研究生批判创新的能力；导师要治学严谨、求真求实、平等沟通、为人师表，以其真、善、美的人格魅力潜移默化地影响学生，以其高尚的师德和人格魅力实现立德树人的教育任务；导师要有责任心、进取心，以身作则，为研究生树立表率。

（3）创新导师指导方式

研究生教育要以科学发展观为指导，走内涵式发展之路，通过创新研究生导师指导方式，提升创新型人才的培养质量。马中化研究学科的创新型人才主要表现为具有独立从事中国特色社会主义理论研究与创新的能力，这种创新能力是在导师的指导、培养、实践、训练中形成的。为此，导师的指导既不能采用"抱着走"的方式，也不能采用"放羊"的方式，要做到"既管又不管"。这既能给研究生足够的独立思考的空间，培养研究生的创新能力，又能对研究生产生一定的约束和压力。同时，导师要根据不同的研究任务、学生的情况，选择多样性的指导方式，包括个别指导、集体指导、个别与集体指导相结合等。在对研究生的指导中，导师可以进行研究方法指导、讨论评析、案例解读、重要文本解析等，帮助研究生提升研究能力，这是研究生教育的根本所在。

（4）健全导师考核机制

高等教育内涵式发展要求树立新的高等教育质量发展观，其核心就是提升教育质量，提高创新型人才的培养水平。提升教育质量是高校发展的生命线，是高等教育改革发展的核心任务。而要提升研究生培养质量，就需要优化研究生导师考核机制。研究生导师考核机制应是贯穿于研究生指导全过程的、对导师全面考核的机制。这种全过程的、全面的考核机制要以提升研究生培养质量为根本，通过导师考核的内部因素调整与协调，通过对研究生导师的激励和约束来加强导师队伍建设，实现导师队伍的数量与质量、结构与效益的和谐统一。我们要把导师的学术考核与师德考核相结合，把导师的科研水平考核与教学水平考核相结合，把导师的个人考核与研究生培养质量考核相结合，把导师的约束制度与激励制度相结合。这样才能调动导师的主动性、积极性，推动导师队伍的可持续发展，才能从根本上保证研究生培养质量的提升。

（三）加强各项规章制度建设

1. 创新理念

创新理念，确保学科建设管理机制的先导性，是学科管理制度创新的源泉。学科管理机制创新的先导性，首先是建设思路的创新。随着国内外高等教育的发展动态变化，学校相关职能部门要与时俱进，及时做出动态的制度体系调整，并对制度调整后出现的新问题，进一步再完善、再分析、再提高，做到循环递进、螺旋上升，形成持续改进、不断创新的制度运行机制，从而实现学科建设整体运作的最佳状态。其次，提升思想理念。让学科每一位研究生都意识到自己在学科建设中的责任，都意识到本学科在学校建设中的重要地位。最后，在坚持动态创新的基础上，保持学科建设管理的相对稳定性。不可过快、过急地进行改革，要在严格遵循学科发展规律的轨道上进行创新。

2. 建立科学的合理的科研激励制度

加快和提高教师科研能力，第一，要围绕学科建设组织科研。目前，理论课部教师的研究方向比较分散，从学科发展的整体来看，组织科研是推进科研发展的重要条件。一个学科点的科研发展，应该是有规划、有组织的。有规划，科研就有明确的目标和方向。学科建设不是靠一个人或几个学科带头人就能够完成的，学科带头人发挥的最大作用在于组织一批人和一个团队进行科研，因为组织科研本身就能够形成一种新的科研生产力。第二，合理使用科研经费。科研是需要有大量的人力、财力投入的，有一定的经费支持是保证科研可持续发展的一个重要条件。马中化学科点的资金使用，目前主要用于对科研成果的支持，建议是否可以对本专业研究生的科研成果也给予支持。

3. 建立规范的学术交流制度

学术交流的基本形式分为两种：一是参加各种学术交流活动，二是自己主办学术会议。前一种形式比较容易，主要是为教师提供条件的问题，当然也需要更多地了解学术信息。本学科的导师能够参与校外学术交流活动的机会较少，建议加大教师参与校外学术交流活动机会。后一种形式有一定的难度，所以学术交流建设主要是指后一种形式。一个学科点的建设，应该把召开由本学科点主办的学术研讨会作为一个建设指标。其作用和意义一是能够向学术界展示自己在学科建设方面的研究成果，二是能够与学术界建立广泛的联系，保持与学术界的学术交流。结合我校目前的情况，主办学术会议存在一定难度。但是我们应该从现在开始，积累能量，积极创造条件。

4. 进一步完善研究生培养制度

建议学校把专业课必修课、专业选修课、公共必修课、公共选修课四个层次课程的学分计算标准进行调整，适当增加非专业课程的学分，增加选修课程、前沿性课程及探索性课程的学分比重，使研究生可以根据自己的论文选题、研究方向、兴趣爱好及职业发展的需要选择课程，在修读学分的同时满足自身的兴趣及现实需要。

为提高研究生的培养质量，本学科要从自身的实际情况出发，进一步完善具体制度：一是完善研究生课业学习制度，包括每学期研究生阅读书目、读书笔记、课堂出勤及表现、论文开题报告及答辩制度等；二是完善研究生科研能力培养制度，包括定期的学术交流制度，如学术交流会、读书报告会、学术论文的写作及发表。本学科应当为研究生参加各种学术交流会议提供一定的支持，建立研究生发表高质量论文的奖励制度以及对各层次优秀论文的奖励制度等。

三、本文的创新与不足

（一）创新之处

近年来，随着高校马中化研究专业的设立和硕士招生规模的不断扩大，马克思主义中国化研究进一步受到学术界的广泛关注，并且成为理论热点。随着新成果不断问世，把马克思主义中国化作为一个整体来看待的意识逐渐增强，这无疑为马中化研究这个学科的设立和建设奠定了必要的基础。但同时我们也应该看到，马中化研究相比其他学科，仍属于名副其实的新学科。因此，在人才培养、课程设置、导师队伍、学科建设等很多方面还存在许多问题和不足，本文的研究立足于本校及其他院校马中化研究专业研究生培养的特点，结合本校实际情况，分别从课程设置、导师队伍建设、学科建设、制度建设等方面对研究生的培养模式进行调查研究，以实现优化教学过程、提高人才培养质量的目的。

一是研究内容具有独特之处。本文着重研究马中化硕士点人才培养模式的途径，特别是课程体系的创新，这是自本硕点建立以来的首次研究。

二是通过本文的研究，探索马中化研究生学科点人才培养的规律，为马克思主义中国化理论的传播以及中国特色社会主义事业的发展培养合格的人才。

三是提出构建马中化研究生人才培养的评级指标体系，使研究结果更接近真实性、更具有可操作性。

（二）不足之处

本文针对马中化硕士点研究生人才培养模式进行了初步的探索和研究，虽然形成了一定的研究成果，但由于学科建设的时间及其他条件的限制，还有许多工作和细节有待于在以后的实践中进一步深化，还应当以此为基础继续探索和研究更为有效的研究生培养模式，使研究生可以在这有限的三年时间里，学到更多的知识，锻炼更强的能力，从整体上提高研究生的培养质量，加快本学科的学科建设。

参考文献

[1]程美东.关于马克思主义中国化研究学科发展若干问题[J].南京政治学院学报，2012（3）.

[2]段冷昕，叶青海.基于培养质量的我国硕士研究生导师制度改革[J].黑龙江高教研究，2009（9）.

[3]顾钰民.论"马克思主义中国化研究"二级学科建设[J].理论学刊，2009（8）.

[4]马志荣，李莹.马克思主义中国化研究专业研究生培养课程设置分析[J].教育理论研究，2010（11）.

[5]祁晓庆.我国研究生培养模式研究十年[J].中国高教研究，2006（9）.

[6]薛林群，门相国.深化研究生导师制度改革的几点思考[J].黑龙江高教研究，2003（4）.

[7]严晓凤.当前研究生导师制度的问题与对策分析[J].教育发展与研究，2010（2）.

[8]杨松.马克思主义中国化研究学科研究生培养模式研究综述[J].时代教育，2014（5）.

[9]姚宏志. 马克思主义中国化研究学科建设基本问题述论[J]. 教学与研究，2010（5）.

[10]张炜. 中美研究生教育规模和结构的比较与思考[J]. 学位与研究生教育，2003（7）.

翻译硕士专业学位（MTI）生态型口译学习共同体研究①

郑意长②

摘要 随着全球化进程的不断加深及我国对外交往的日益频繁，口译工作愈加不可或缺。有鉴于此，我国翻译硕士（Master of Translation and Interpreting, MTI）的培养就是要突出强调学生的翻译实战能力。换言之，学生的翻译能力，尤其是口译能力的培养已上升到了教育战略高度。本文在分析了目前我国 MTI 口译教学生态失衡的诸多问题之后，从以下三个方面对 MTI 生态型口译学习共同体进行了研究：MTI 生态型口译学习共同体的界定及理论内涵；MTI 生态型口译学习共同体的生态因子；推进 MTI 生态型口译教学的对策。通过研究，本文认为 MTI 生态型口译学习共同体是由教师、学生以及教学环境等多种生态因子构成的微观生态系统，它的构建需要一切以学生为中心、甄选教学内容、建立开放型生态口译课堂、建立多元化及个性化的学生评估体系并注重文化的导入。

关键词 翻译硕士 生态 口译 学习共同体

一、引言

随着我国对外交往的日益频繁，口译工作愈加不可或缺。2007 年，国务院

---

① 本文是天津财经大学学位与研究生教育教学改革研究项目"翻译硕士专业学位（MTI）生态型口译学习共同体研究"（项目编号：2014YJY17，主持人：郑意长）的中期研究成果。
② 作者简介：郑意长，男，文学博士，天津财经大学人文学院外语系副教授，硕士生导师。研究方向为翻译理论与实践。

学位委员会决定设立翻译硕士（Master of Translation and Interpreting，MTI）专业学位，学生的翻译能力，尤其是口译能力的培养上升到了教育战略高度，对于 MTI 学生口译能力的研究也方兴未艾。

（一）MTI 口译教学生态失衡问题表象

与笔译相比，口译活动有着诸多区别性特征，但目前我国 MTI 口译教学生态失衡问题却不容忽视。

第一，课堂生态主体与课堂生态环境的失衡。根据教育生态理论中的耐度定律和最适度原则：教育生态主体在其发展过程中，对周围生态环境和各种生态因子都有自己的适应范围和区间。随着我国 MTI 扩大招生规模，大班授课不得不成为课堂教学模式的主流，其过大的密度势必产生"拥挤效应"，对教育群体的活动和效能的发挥产生了负面影响，超过了生态主体的承受力和耐受度，出现了课堂生态主体与课堂生态环境的失衡。

第二，应试教育与口译能力全面发展的失衡。长期以来，口译课堂教学以传授知识为主要目标，以应付考试为目的，对学生口译实战能力培养定位模糊。这种急功近利的态度产生的最大负效应就是忽视了教育过程的真实价值，忽略了学生双语技能的培养，阻碍了翻译人才队伍的整体进步和全面发展，破坏了以促进译员生命个体和谐发展为本的课堂教学生态系统。

第三，教学模式与课堂生态主体学习自主性的失衡。传统的口译课堂教学是以教师为主体，无视最适度原则，片面地以教材为中心，教学古板机械；学生作为客体，扮演聆听者的角色，口译课常常演变为单向度的听力课。然而口译学生要通过体验学习来习得口译技能，而教师的课堂霸权地位忽视了学生在教学中的主体地位，阻碍了主体的个性化自主参与和自主学习的主动性，学生消极被动地接收信息，导致口译课堂教学缺乏应有生机与活力，教师的教法与课堂生态主体即学生学习自主性之间的关系出现严重失衡。

第四，课内学习与课外口译技能实际运用的失衡。目前，一些高校 MTI 口译课仍在沿用旧的教学模式，口译课已经成了简单的笔译课的变形，教学内容从书本到书本，与口译实践脱节。学生则是课上忙于记笔记，课下忙着背单词和语言知识点。这一传统的教学法扼杀了学生口译学习的积极性和主动性，使得"哑巴英语"在口译课上也成为不容忽视的现象，在课外需要口译交流的社会情景中却无话可说，造成学生长期学习积累的语言知识无法有效地转化为双语转换能力。课内学习与课外运用出现严重失衡，我们培养出来的很多口译毕业生无法在实际工作中胜任译员角色。

（二）本研究的侧重点

有鉴于此,如何充分发挥学生的语言能力、协调 MTI 口译课堂上师生之间、学生之间的相互关系、评价 MTI 口译课学生"口译质量",继而构建生态型口译学习共同体已成为亟待研究的重要课题。

我们将在现有 MTI 口译教学研究成果基础上,以现代"教育生态学"为理论参照,对 MTI 学生的口译活动进行全方位的学理审视和现代性解读,摒弃一味套用传统笔译教学研究成果的 MTI 教学模式,努力丰富 MTI 口译教学理论,赋予话语本身、口译教学环境、受众背景等口译活动客体应有的生态功能;进一步提高 MTI 学生在实际工作中的理论素养,为打造具有中国特色的口译员队伍和口译产业提供独特的理论保障;更深入地揭示英汉、汉英口译教学活动的本质与属性,摒弃传统上仅针对个别语言转换要素做静态式纠错的窠臼,进而为构建既蕴涵独有的文化内涵、又融合现代理性研究方法的 MTI 口译教学体系做出些许贡献。

二、MTI 生态型口译学习共同体的界定及理论内涵研究

教育生态学使口译学习共同体的概念有了强有力的理论归宿,生态型口译学习共同体使人们更加关注口译学习主体间的交互以及学习环境的支持作用,口译学习的生态共同体观点随之产生并初步发展。

（一）学习共同体的提出

学习共同体（Learning Community）的提出是课堂形态和教学理论的不断演变和发展的产物,传统的以"教师、教科书、课堂"为中心的"三中心论"教学模式已跟不上时代发展的步伐,学习者的需求也难以得到有效满足,课堂教育改革势在必行。然而,众多教育改革实践表明,单纯依靠课堂教学的局部改变并不能很好地达到改革的目的。因此,改变当前课堂教学所面临的困境,寻求一种全新的课堂教学形态便成为当务之急。

学习共同体正是在这样的背景下产生的一种创新性教育理念,它深刻地表达了对传统教育教学的反思与批判,在建立民主、平等的课堂观念,互惠合作的学习氛围,促进对知识的建构性学习方面发挥着重要作用。学习共同体提倡课堂教学以教师为主导,以学生为主体的"双主"理念,主张对话、合作的教

学策略，在师生、学生之间的互动中，促进学生知识运用能力、合作交往能力、自主学习能力的全面发展。

共同体一词源于社会学，是指人们在共同的条件下结成的集体。教育家杜威在《民主主义与教育》中首次将共同体的概念引入到教育教学情境中，提出了利用共同体来关注学习个体之间的互动。基于课堂的学习共同体是指在课堂教学环境中，师生双方围绕共同的主题内容，通过相互对话、相互协作、相互补充、相互竞争，分享彼此的情感、智慧、体验与观念，共同完成教学任务，从而达成共识、共享、共进，实现知识的创新和个体的成长。这一概念出现伊始，便以其平等、合作、对话等所特有的生态特质成为广大研究者关注的焦点，它改变了传统科层制学校由于权威、控制、竞争、孤立的学校文化而造成学生的主动性、创造性、个性发展等受到严重压抑的种种弊端。学习共同体理念现已外延出网络学习共同体、教师学习共同体、虚拟社区学习共同体等。应该说，学习共同体是 21 世纪的教育思想，是在课堂教学过程中教师与学生相互学习、相互倾听，在共同生活中实现对话和成长的生态成果。

（二）MTI 生态型口译学习共同体

虽然近 10 年来，我国口译课教学模式及理论基础呈现出了从传统语言学（以传统语法学和结构主义语言学理论为代表）向当代语言学理论（包括认知语言学、功能语言学、教育建构主义）转变，从以教师为中心的教学向以学生为中心转变的两大发展趋势，但这些有利转化尚未完全展开，仍处在初级转化阶段。在我国，许多 MTI 口译课堂上，语法翻译法 PPP（Presentation, Practice and Production）仍是主要的教学模式之一。

PPP 教学模式过分偏重于对学生语言结构知识的训练，而忽视了对学生语言生成能力、双语转换能力以及口译实战能力等方面的培养。在很多课堂上，教师的讲授仍占主体，学生只能处于一种被动接受的地位。尽管一些教师间或安排做一些口译练习，但因班级规模、硬件设施、时间限制等原因，一些学生仍缺乏充足的口译实训机会。因此，MTI 学生在口译课上接收到的只是大量的语言知识，而不是实际的口译活动，因而缺乏语言输出及修正输出的机会，从而也就难以形成双语转换思维所需的语言生成能力和交流能力，而且传统口译教学评价重视的是学习结果，所以大多数采用以考试成绩来评定学生学习能力的终结性评价模式。在这种单一竞争性评价模式下的 MTI 口译课堂上，学生只重视个人表现，大多缺乏相互学习的合作意识和与他人成功交往相处的基本技能，不利于学生口译能力的全面发展。

MTI 生态型口译学习共同体是在民主、平等课堂观念的指导下，教师针对 MTI 学生的特点，用民主协商的方式在教学目标设定、教材选择、课堂口译活动设计等方面赋予学生平等的参与权，努力提高口译课堂教学与学生个体需要、个人目标达成一致，调动学生对口译活动的内在兴趣，提高学生对课堂教学活动的满意度，从而形成对自己的学习具有自主权、负责任的学习主体。

因为语言交际是一种协作性活动，学习者的话语（Discourse）掌控能力、话语转换技能、保持输出流畅所需的多种技巧只有通过大量的会话建构和意义协商才能获得（Skehen，1998），所以多元参与的任务型口译活动是 MTI 生态型口译学习共同体常态的学习方式之一。教师讲授预定教材内容不再作为教学活动的主要形式，人际互动、对话交流、角色扮演、协作反思等因素被引入到课堂教学，实现了个体性活动与合作性活动的统一。

MTI 生态型口译学习共同体可被进一步划分为多个学习小组，异质小组成员间合作性对话的元语言为口译活动提供了一种支架（Scaffolding），可以说，合作学习是 MTI 生态型口译学习共同体的区别性教学特质。口译能力较高的学习者可以为口译能力较低的学习者指导正确的语言形式，从而帮助学习者提高语言生成能力、发展中介语及提高双语转换速率。

（三）MTI 生态型口译学习共同体的理论内涵

就 MTI 生态型口译学习共同体的理论内涵而言，主要分为教学内容的"最适度原则"、和谐的课堂生态位以及限制因子的治理三方面。

1. 教学内容的"最适度原则"

谢尔福德（Shelford）的耐度定律认为，一个生物能够出现并生存下来，必然要依赖于各种复杂的条件。如果对其中任何一项生态因子的性质加以改变，或增减其含量，使之超过生物耐力的界限，就可能导致该物种灭绝。简而言之，每个物种对与之相关的各种生态因子的忍耐范围是有限度的，"过"和"不及"都是不利的。这就涉及生态因子作用的三种状态：最大量、最适度以及最小量。最适度的"度"是生态因子质和量的统一。毋庸置疑，教育生态系统也要符合耐度定律和最适度原则。教育生态系统在自身发展过程中，各种生态因子都有自己特定的适应区间。

面向 MTI 学生的口译教学内容自然也要确立适合自身协调发展的"度"。我们知道，构成教学内容不同因子的组合方式可以千变万化，最终形成不同的教学效果。即使是同样的组合方式，鉴于课堂生态系统的动态性，也会形成风格迥异的教学氛围和环境。我们知道，口译作为一门集理论、技巧学习和技能训练于一身的专业技能课程（王晓燕，2003：25-30），在教学内容安排上有一定的特殊性。换言之，口译教学不同于一般的外语课程教学，它有自身的特点：技能性、实践性、仿真性"（王斌华，2009：24）。因此，针对 MTI 学生的特点，结合相关的教学目标（学生经过系统训练之后，能达到中高级口译能力，能较好地担负起商务接待、导游、一般性财经会议和商务洽谈等接续性口译任务），我们应在教学内容安排方面（例如，口译理论讲解、口译技能训练、小组活动、观摩学习口译视频资料等）遵循"最适度原则"。

2. 和谐的课堂生态位

生态位是指在一个群落中，每个物种都享有不同于其他物种的时空位置及其在生物群落中的功能定位。一个物种在生态系统中所利用的各种资源的总量的值域被称为生态位的宽度。与生态位相关联的是资源共享问题以及竞争排斥问题。众所周知，对教育生态圈的管理行为是自内而外的调控过程和内外互动的自我生成过程（范国睿，1999）。因此，构建各个因子在 MTI 口译教学生态系统中的和谐生态位自然是题中之义。

从生态学的视角来看，口译教学是教师、课堂环境、学生等要素交互作用的生态过程。作为生态主体的教师和学生与口译课堂生态环境之间相互依赖、相互作用，形成了某种动态平衡的关系。每个学生个体在班级这个生态环境中，都处于相应特定的位置，即与他有别的生态位。这种生态位的形成既有主观原因，也有客观原因。从主观上讲，一是自身的知识、能力、性格等因素，MTI 的学习主体来自五湖四海，且社会阅历也各不相同，这方面的差异不容忽视；二是自我效能感，这又与其自幼成长教育环境以及心理素质密不可分。从客观上讲，周围环境、外界评价，也都会影响学生个体的生态位。

生态位是一种客观存在，如果把 MTI 口译教学生态环境比作一个球体，每个学生个体在这个球体中所处的位置各不相同，少数处于球心或近球心位置以及球边位置，而多数同学则处于球体的内部中间区域。处于球心位置的是优秀生，其口译能力在大学本科阶段就已成熟，而处于边缘位置的往往是后进生。因此，在同一教学生态环境中，这种生态位的不同决定了学生在生态系统中的实际不平等，进而导致资源分享的不均等。

我们知道，有利的生态环境可以促成个体的超常发展，不利的、恶劣的生态环境会阻碍个体的发展。口译教师不可避免地要对这种不平等加以调节，降低不平等的程度，努力杜绝不平等。因此，我们要做好以下两方面的工作：一方面，在时空资源分配上要做到优秀生和后进生平等。让口译基础好、沟通能力强的同学在"小组活动"中充分展示，让口译基础差的同学在"技能训练"环节充分得到锻炼。另一方面，教师的生态位必须是动态的。在"口译理论讲解""技能训练"环节，教师是该教学生态的核心；在小组活动、口译视频资料的观摩学习环节，教师则应处于共同体的生态边缘。

3. 限制因子的治理

1840 年，李比希（Justus Liebig）在研究了各种化学物质对植物的影响后，发现谷类作物的产量并不受其需要求较大的营养元素的限制，而是受那些微量元素的限制，只要稍稍增加微量元素的分量，谷物的产量就会显著提高。李比希认为，当植物所需营养物质降低到这种植物的最小需求量以下时，这种营养素就会限制这种植物的生长。人们把这个规律称为"李比希定律"。后来人们把这个定律拓展到营养学以外的其他领域，并形成如下共识：当生态因子缺乏时，或在低于临界线或超过最大忍受度的情况下，就会起限制因子的作用。这一原理应用于教育，就成为教育生态学的一个重要定律。所不同的是，在教育生态系统中，几乎所有的生态因子都可能成为限制因子，都会起限制性副作用。限制作用的产生也不仅仅是由于某些因子的量太少或低于临界线，有时因子的量过高也会起限制作用。

换言之，所谓限制因子在生态学上就是指达到或超过生物耐受限度的因子。当生物体中生态因素缺乏时，或低于临界线，或超过最大忍受度的情况下，限制因子的作用就会显现。就教育生态学而言，由于教育生态系统的特殊性，教育生态学中的限制因子定律具有一定的特殊性：一方面，在教育生态学中，所有的生态因子都可能成为限制因子。限制作用的显现不仅仅是因为某些因子的量太少，低于临界线，因子的量过多也同样会产生限制作用。另一方面，教育生态系统中的有机体不仅对限制因子的作用具有适应性，而且具有创造一定条件进行反馈调节的能动性，变限制因子为非限制因子。

我们知道，口译教学是一个复杂的调控系统。它要求我们准确判断出现状与设计状态的偏差并及时修正这一偏差，使之达到口译教学的既定目标。从教育生态学的角度来看，发现这一偏差就是寻找口译教学的限制因子。传统外语授课模式大多是教师台上讲、学生台下记。教师成为主体，掌控整个教学过程；

学生成为客体，努力在顺应全部强制性教学形态，学生在教学中的主体地位被老师的话语霸权所扼杀。虽然也会有学生的发言及课堂活动，但教师的统治地位并未有本质性撼动。我们必须要打破这一枷锁，充分发挥学习者的背景知识和强劲的个体学习活力。巴黎释意学派的创始者塞莱斯科维奇（Seleskovitch）认为，"口译不是一个语言符号的转换过程，而是一种交际活动，一个以意义的理解与表达为核心的动态心理过程，这个过程和口译活动的主体译员有关"（引自张吉良，2009：16）。

对口译课堂空间限制因子进行治理，实现口译教学的生态化开放。教育生态系统是一种开放的系统，口译教学作为其子生态系统，同样也是开放的。无论从时间上还是空间上，口译教学既是有限的，又是无限的。由于 MTI 学生口译课程每周学时有限，学生进行口译训练的时间并不十分充足，大量的记忆力训练和笔记符号操练难以全部在课堂上进行。因此，在教学实践中，我们应采取课堂传授方法与课外指导相结合的口译训练模式；同时，还要充分利用多媒体技术辅助教学。一方面，在课堂上运用多媒体教学手段可以使学生更加直观地了解口译现场的操作，使学生身临其境地"体验"口译，如国家领导人的重要讲话、名人访谈、新闻发布会等的口译。另一方面，研究者利用网络技术为学生上传多种教学资料和学习资源，并提供口译学习网站链接，指导和帮助学生进行目标性知识构建。

三、MTI 生态型口译学习共同体的生态因子

口译知识和能力的生长如同植物的成长需要土壤、阳光、水分、空气和营养一样，各项口译技能的获取和习得过程，必须在一定的生态环境之中，这一生态环境为口译传授者及学习者在语言及技能的输出与输入方面提供有意义的场所，同时也影响口译学习者的学习目标、学习内容、学习方法、学习形式、学习时间、学习材料等重要方面。总体而言，从口译学习的宏观生态系统角度来看，影响口译学习者语言体系和口译技能生长的生态因子主要包括人为因子和环境因子两方面。

（一）人为因子

由于 MTI 生态型口译学习共同体主要是指一个由学习者与助学者（包括教师、专家、口译实务领域的辅导者等）共同构成的团体，所以它们具有共同的

目标，经常在一定口译支撑环境中共同学习，分享各种口译学习资源，进行相互对话、交流和沟通，分享彼此的口译体验和感悟，共同完成一定的口译任务，通过共同活动形成相互影响、相互促进的人际联系和跨文化氛围，并对这个团体具有很强的认同感和归属感。因此，拥有雄厚口译实力的教师和 MTI 学习者构成这一共同体的主要人为因子。

1. 教师

众所周知，口译课堂相对缺乏语言运用及转换的自然环境，因此教师显得尤为重要，教师的课堂口译技能、口译知识及双语输入是培养学生口译能力的重要手段之一。语言通常只是教师用来讲解知识、传达信息、传授技能的工具，但口译教师所使用的教学语言不仅是一种传授知识与技能的工具，往往也是教师要传授的知识和技能本身。因此，在课堂上，口译教师一方面要确保语言的规范性和可理解性，另一方面还要确保其言语输入要有足够的口译专业信息量。只有这样，才能为学习者营造良好的语言输入及口译技能接受环境，让学生沉浸在双语转换的氛围之中。

当然，当教师这一人为生态因子对学习者不适合时，学习者的语言习得的质量和数量就会改变。换言之，教育生态学中的"花盆效应"（又称局部环境效应）就会出现。它指人们将作物人为地移植到花盆之中，然后将其中所有生态因子都调节到最适宜作物生长的状态，让作物在这种环境中生长。这种环境虽然优越，但由于空间有限，作物生长的潜力不大。此外，一旦作物赖以生存生长的环境和条件有了变化，作物将很快凋亡（吴鼎福、诸文蔚，2000）。所以，从生态学的视角来看，用花盆来培养作物，其做法是反生态的，是完全不利于作物生长的。

在我国当前的 MTI 口译教学中，类似"花盆效应"的现象仍然存在。许多 MTI 教师正是在类似"花盆"的环境中来开展自己的口译教学的。首先，在教学内容的选择方面，目前教师多选用时政、社会、文学等材料来讲解和分析。但在实际工作中，对上述题材进行口译的机会非常有限，而商务往来、科技会议及新闻直播等实用性口译的需求则较多。这类口译活动对具体措辞及翻译美学方面的要求一般不高，但对翻译速度、译文的精确性以及对口译操作软件的应用等方面的要求则较高。然而，受教师授课和教材等方面因素的限制，目前学生在课堂上很难高频度地接触此类知识，于是这类知识的缺乏便成为导致 MTI 学生毕业后无法胜任中高级口译工作要求的一个重要原因。

其次，在教学方法方面，目前一些教师往往会给学生提供过于具体的口译指导，甚至事先将学生在口译过程中可能遇到的障碍完全清除掉。其具体做法往往是：先将生词和难词的词意告诉学生，同时还将口译过程中可能用到的复杂句和长难句的句型进行一番分析，然后再让学生翻译。这样，学生的口译虽然能令教师满意，但也因此导致了学生自己独立思考不足，导致学生难以掌握真正口译实战技能。这样培养出来的 MTI 学生，一旦开始实际工作，脱离了教师精心为他们营造出的类似"花盆"的环境，他们就难以独立完成口译任务。

2. MTI 学习者

在 MTI 生态型口译学习共同体中，教学活动绝不是简单口译客观知识的传递过程，每个学习个体都是主动的，对自己的学习有自主权。每一个负责任的见习口译员，都有权参与口译教学决策，是口译活动的主导者和问题的解决者，教师只是专家型学习者，师生之间也不再是传统的授受关系，而是共同完成口译活动的伙伴关系。

口译教与学的特点要求给学习者提供更多的合作学习机会，学习者之间通过交流协商共同完成小组学习任务。学习者之间的交流、互动和意见不但丰富了他们的语言学习环境和口译实践环境，而且可以使其相互激励，在学习者之间形成良性口译能力生成性竞争，有助于对口译知识和能力有更深层次的理解。此外，在交流过程中，学习者的口译思维和解决突发口译难题的思路会变得更加清晰，有利于建立更加完整的知识表征，从而在未来的口译生态环境中与多方达成共识和妥协，顺利完成口译任务。

（二）环境因子

"学习环境"是教育生态学理论视野下形成的新型教学隐喻，提倡以学习者为中心，教师的任务就是创设丰富的学习环境，教学的过程就是学习者在良好的学习环境中主动建构和生成意义的过程。可以说，学习环境是一种支持学习者进行建构性学习的各种学习资源（不仅仅是信息资源）组合，不仅包括信息资源、认知工具等硬件资源，还包括任务情境、人际心理支持等软件资源。

1. 学习者与任务情境的关系

主要表现在口译学习者受任务情境的驱动。在任务情境中，通过具体口译，任务学习者进行双语转换，从而提高口译各环节能力。作为一项课堂活动，任务情境必须解决某个口译或双语转换问题，要求学习者理解、操纵、产出目的语或用目的语进行交互活动。在活动中，他们的注意力聚焦于调动双语文化知识来表达意义，他们的目的在于表达意义而不是操练形式。因此，口译教学中的任务情境包括一切有利于学习用双语进行有意义交际的各种语言活动。可见，任务情境为学习者参与课堂学习、进行言语输出提供了有意义的环境。其中，教师对任务的定义及设计，决定了学习者参与课堂活动的程度与质量，从而决定了学习者言语输出的质量。

2. 学习者与信息资源的关系

主要表现在口译学习者受惠于信息资源，在口译知识、口译技能及双语知识等方面获得进步，从而形成自身的口译经验世界。信息资源指有关口译学习主题的外在的信息输入，也是学习环境中主要的学习资源，主要提供学习领域的知识和教学资料，包括课本、教师、词典、百科全书和各种基于信息技术的学习资源，包括电子书刊、网上图书馆、外语及口译主题网站、个人博客、微博、应用软件等，以帮助学习者理解和解决口译问题。

3. 学习者与认知工具以及平等共享开放的人际心理支持的关系

在学习者与教师及其他学习者的交互过程中，需要有技术工具以及平等共享开放的人际心理支持。现代信息技术可以作为中介，全方位支持学习者同学习资源以及教师、其他学习者的互动，特别是基于计算机网络的认知工具，可以为学习者提供虚拟的口译学习和交流环境。

四、推进 MTI 生态型口译教学的对策

从 MTI 生态型口译学习共同体的视角来看，学生应具有过硬的语码吸收能力、高强的语码输出能力、丰富的经验世界、敏锐的文化差异嗅觉、良好的适存能力。MTI 生态型口译教学是由教师、学生以及教学环境等多种生态因子构成的微观生态系统。各生态要素之间或制约或促进，在不断的调节中走向平衡。因此，面对教学过程中的生态失衡现象，必须将口语教学中的各种要素结合起来进行分析，并借鉴教育生态学的基本原理，方能构建一个健康、有活力、可持续发展的生态化课堂。

（一）一切以学生为中心

以学生为中心指的是教师的教学要全面围绕学生来展开思考。要大力培养 MTI 学生对口译学习的兴趣，全面提升学生的学习积极性。从内外因的角度来分析，只有学生自主学习才能从内因方面彻底解决问题，而仅仅顾及教师教学

这个外因，往往会得不偿失。为此，在日常教学过程中，教师要通过开展各式各样的应用场景来增强教师与学生之间的互动，具体可采用模拟真实情境、进行角色扮演等方式，让学生演练真实的互动。教师应当将教学方法以活动的形式表现出来，增设各样的活动载体，让 MTI 学生在活动中加深对所学知识的理解、记忆、应用，最终不断提升学生自身的听说读写能力。学生唯有通过扎实苦学和精诚修炼，才能最终取得成功，因此 MTI 的教学一定要一切以学生为中心，只有这样，才能最大限度地激发他们的学习兴趣，让他们自主学习。

（二）甄选教学内容

MTI 口译教学既不同于专业训练的口译教学，又和普通模式的大学英语教学有所区别。这主要体现在教学内容方面，除了有相对固定的教材外，还要以中英报刊、电台、电视上的国内外新闻实事和热点问题评论作为教学辅助内容，注意教学素材的时效性和新鲜度，使学生乐于学习。主题训练还需要涵盖政治、社会、科技、文化、教育等诸多领域。在教学中，要充分结合网络和多媒体资源，将国内外权威的一些新闻机构、英语学习的网站介绍给学生，帮助学生利用网上资源进行语言学习和口译练习，努力实现课堂内外学习无差别。目前各种笔译教材琳琅满目，但合适的口译教材却难以寻觅，因此教师在教学内容的甄选方面，一定要与 MTI 教学密切衔接，同时要结合网络多媒体平台，进行立体式教学，充分发挥网络和多媒体优势，结合书本、多媒体课件和网络学习平台，实现资源共享，以便于有效地开展 MTI 口译课的教和学。

此外，口译教材一般是以听、说、读、写、笔译、口译的顺序开展教学的。听、说、读、写是口译的基础，MTI 口译教学基本上也要按这个顺序展开。口译教学的展开要注意由浅入深、循序渐进，即在双语翻译操练中从词组、句子到段落、语篇的过渡，英译中练习一般先于中译英练习。在前期的语言技能培训的同时，还要适当插入一些与口译有关的基础训练，如记忆能力（故事复述和数字记忆）、口译技能、心理素质训练等，为后期的口译训练打下一定基础。在后阶段的口译训练中要特别注重将记忆能力、口译技能、心理素质这三个方面的内容细化成以下八个方面的专项训练：积极听力、短时记忆、逻辑分析、笔记技巧、语言重组、数字翻译、演讲技巧和跨文化意识。语言关、知识关、记忆关、口译技能关和心理关是学生面临的挑战。

（三）建立开放型生态口译课堂

花盆是一个在空间上有很大局限性的半自然半人工的小生态环境，它需要人精心呵护，创造适宜的环境条件方能使植物茁壮成长，而一旦离开人们的照料，就会无法承受自然的风吹雨打。课堂如同一个花盆，如果对学生的教育仅局限于学校，知识只来源于书本，那么这种封闭式的小循环会使学生脱离现实生活，从而制约学生的成长，其学得的知识也经不起现实的考验。花盆效应在MTI口译教学中体现为教学模式的知识本位、语言本位。口译课的开设初衷是培养学生用外语进行得体交际的能力。口译课的教学内容应该与实际生活紧密相连，而不应仅仅局限于书本，这就要求建立开放型的生态课堂。开放的生态课堂的最大特点是不仅"以学生为中心"而且更"以学生为导向"。"以学生为导向"型生态课堂是帕塔（Pata）于2009年提出的新观点。他认为，由教师确定教学目的、教学内容和教学活动的传统教学理念已无法满足当今外语学习的需要，即使在教学活动的设计上尽量做到"以学生为中心"，仍无法摆脱教学内容的陈旧或不切实际的花盆效应。健康的生态课堂应是学生的平等性得到尊重的课堂，学生的积极性得到激发的课堂，教学的实用性得到展现的课堂。这种课堂不仅要求教学活动"以学生为中心"，更要求教学内容"以学生为主导"，即由学生决定他们在这门课上将学到什么。就大学英语口译课而言，教师可在学期之初，通过问卷调查的方式了解学生感兴趣的学习热点，并把其作为教学内容的主要构成部分。这种"以学生为主导"的课堂教学内容通常紧扣日常生活情景、时事热点话题，有助于学生建立特定情境下合理应对的思维模式，同时也要求教师与时俱进，从生活中源源不断地吸取养分，不断完善教学知识体系。这不仅体现了生态课堂教学主体的平等性，也显示了"教学相长"、教学主体的互益性。这种因势利导、人为创设的平衡的生态系统，不仅避免了花盆效应，还有利于增强学生对口译课的期待和信心，提高其学习的主动性。

（四）建立多元化、个性化的学生评估体系

生态学中的最适度原则是指任何事物都是质和量的统一体，只有在一定的范围内，事物才能保持其自身的存在，超过了特定的范围，事物就会向相反的方向转化，教育生态系统中的各生物因子也有其一定的适应范围。在此范围内，个体能充分激活自身的才智，从而得到全面的发展；而超出这个范围，个体会因力所不能而丧失信心和前进的勇气。这就是教育、教学中应该遵循的最适度原则。在MTI专业口译教学中，由于学生个体的差异，他们所能适应的教学要求也是不一样的，也有自己能力的上限。教师在进行教学时要因材施教，在进行评估时也要力求多元化、个性化，为每个学生定制最适度的评价标准。评价

内容的多元化、个性化和最适度原则是指评价不仅仅依据学生的测试成绩，还应包括反映学习态度的一切因素，如学生的课堂参与度、团队合作精神等。口语成绩的评定还应能反映学生学习的进步程度，要把阶段性评价与整体性评价相结合，重视渐进综合性评价对教学的反向作用。教师要善于发现每个学生的变化，对每一个细微的进步表示由衷赞赏，这样才能有利于学生获得自信，形成学习的良性循环。

（五）注重文化导入

MTI 的教学任务以及教学现状，都要求教学过程中重视文化教学，提高译员的文化意识，对英语国家的政治制度、法律体系、商务环境、管理理念、经营方式等有较全面的了解，这样能更好地帮助译员了解英语国家的文化，熟悉母语文化和目的语文化的差异。

从事口译工作，译员除了要有扎实的语言基本功外，还要多渠道了解文化，因此在教学中，教师要引导学生注意随时学习，积累知识，收集资料。通过报刊、电视、网络等媒体，获得大量的文化信息，拓宽视野，加强对文化的敏感性，为做好口译工作打下基础。同时，教师还要引导学生关心国家大事，掌握各国国情的变化，同时也应注意跨越文化差异，准确理解口头表达所蕴含的文化、风俗和习惯等，并迅速进行语际转换。

参考文献

[1]Eric Ashby E. Universities of British, Indian, African: A Study in the Ecology f Higher Education[M]. London: The Weldenfeld and Nicilson Press, 1966.

[2]Liberman A, L Miller. Learning Communities: The Starting Point for Professional Learning is in Schools and Classrooms[J]. Journal of Staff Development, 2011, (32).

[3]Nida E A. Language and Culture: Contexts in Translating[M]. Shanghai: Shanghai Foreign Language Education Press, 2001.

[4]Retallic J, B Cocklin. Learning Community in Education: Issues, Strategies and Contexts[M]. London: Routledge,1999.

[5]Saville B K. Creating Learning Communities in the classroom[J]. New Directions for Teachingand Learning, 2012 (132).

[6]Skehen P. A Cognitive Approach to Language Learning[M]. Shanghai: Shanghai Foreign Language Education Press,1998.

[7]Watkins C. Classrooms as Learning Communities：a Review of Research[J]. London Review of Education, 2005a (3).

[8]柴明颖. 口译与口译教学[J]，中国翻译，2007（1）.

[9]陈圣白. 口译研究的生态学途径[D]. 上海：上海外国语大学，2012.

[10]段于兰. 大学英语教学中的"花盆效应"及其对策[J]. 教研新干线，2012（6）.

[11]范国睿. 教育生态学[M]. 北京：人民教育出版社，1999.

[12]关文信. 西方教育生态学理论对课堂教学监控的启示[J]. 外国教育研究，2003（11）.

[13]郭兰英. 口译与口译人才培养研究[M]. 北京：科学出版社，2007.

[14]洪世梅. 教育生态学与大学教育生态化的思考[J]. 高等教育研究，2007（6）.

[15]李越然. 论口译的社会功能[M]. 北京：旅游教育出版社，1992.

[16]刘鹏. 论 MTI 口译硕士能力的培养[J]. 湖北广播电视大学学报,2013(2).

[17]吕玉勇，从"罗森塔尔效应"论高校口译教学中鼓励机制的导入[J]. 中国成人教育，2014（22）.

[18]任文. MTI 口译方向专业实习探索[J]. 中国翻译，2012（6）.

[19]王斌华，叶亮. 面向教学的口译语料库建设：理论与实践[J]. 外语界，2009（2）.

[20]王晓燕. 口译特点与口译教学[J]. 中国翻译，2003（6）.

[21]文军，穆雷. 翻译硕士（MTI）课程设置研究[J]. 外语教学，2009(4).

[22]吴鼎福，诸文蔚. 教育生态学[M]. 南京：江苏教育出版社，2000.

[23]张吉良. 巴黎释义学派口译理论成就谈[J]. 中国科技翻译，2009(4).

[24]仲伟合. 译员的知识结构与口译课程设置[J]. 中国翻译，2003（4）.

专业学位研究生教育管理模式创新研究[①]

杨书文　卢宏宇　王鹏莎[②]

摘要　专业学位研究生是为了培养和塑造高层次、应用型的专业技术人才，培养具有较强的专业能力和职业素养，并能在此基础上创造性地从事职业实践工作的人才的一种学位类型。本文回顾了我国专业学位研究生培养的基本发展历程，分析了其教育管理模式及其存在的问题，提出了完善其教育管理模式的对策建议。

关键词　专业学位　研究生　教育管理

专业学位，是相对于学术型学位而言的学位类型，其设置的目的是为了培养和塑造高层次、应用型的专业技术人才，培养具有较强的专业能力和职业素养，并能在此基础上创造性地从事职业实践工作的人才的一种学位类型[③]。专业学位包括学士、硕士、博士三个层次。相应的，专业学位研究生教育分为硕士专业学位研究生教育和博士专业学位研究生教育两个层次。专业学位是具有职业应用范畴的一种学位，职业性是其具备的基本属性，同时，职业性也是专业学位研究生教育与学术学位研究生教育的主要区别之处。

---

① 天津财经大学研究生教学改革项目"专业学位研究生教育管理模式创新研究"（项目编号：2014YJZ02）。

② 杨书文，天津财经大学财税与公共管理学院副教授，研究方向为政府治理、教育管理。卢宏宇和王鹏莎为天津财经大学财税与公共管理学院研究生。

③ 王占彬，王清义. 地方高校专业学位研究生教育的探索与实践[J]. 新乡学院学报（社会科学版），2013，4：122-124.

一、我国专业学位研究生教育的基本发展历程

我国的专业学位研究生教育自 1984 年开始进行探索试点，在 30 年的发展与建设历程中，国家教育部门一直给予高度的重视。近年来，专业学位研究生教育发展一直是国务院学位委员会会议的重要议题和年度研究生教育工作的重要任务。目前，我国的专业学位研究生教育工作得到了国家层面前所未有的关注和重视。

（一）试点探索阶段（1984—1989 年）

我国的专业学位研究生教育起步较晚，这与我国特色社会主义国情和高等教育的发展背景有关。20 世纪 70 年代，由于当时国家急需高校教育师资和科学研究型人才，应社会需要，大力发展研究生教育以满足这一国家需求，当时树立的研究生教育的培养目标就是培养理论型、学术型人才。实际上，这一目标已经制约和影响了当前我国专业学位研究生教育的起步和发展。1984 年，原国家教育委员会发布了《国家教育委员会关于转发清华大学、西安交通大学等 11 所高等工科院校〈关于培养工程类型研究生的建议〉的通知》，标志着我国专业学位研究生教育进入探索试点期。这个时期的研究生教育并没有教育系统外部强加的压力，只是在高等院校自身觉悟的基础之上取得了一定程度上的发展。

这个阶段的研究生教育因为正处于发展初期，在各方面改革和试点的内容都是十分有限的，专业学位研究生只是在学术学位研究生的培养内容基础之上，对培养人才的知识结构做出了一定程度上的调整。从整体培养范围来看，当时对于专业学位研究生的培养仅限于工程领域硕士等几个领域，人才的培养范围很窄，有待开辟的领域还是很广的。这一时期标志着我国刚刚迈入专业学位研究生教育的探索，是整个专业学位研究生教育领域的开端。

（二）起步发展阶段（1990—2008 年）

在这一新阶段，国家教育管理部门在前期初步探索试点时期的基础之上，一直在积极探索并积极改革创新。1990 年 10 月，国务院学位委员会第十次会议批准了在我国设置和试办法律硕士、教育硕士、工程硕士、工商管理硕士等 6 种专业学位。这一会议对我国的研究生教育发展事业来说具有重大意义，标志着我国专业学位研究生教育正式进入起步阶段，并从此开始了我国学位与研

究生教育逐渐适应经济社会发展、培养高层次的应用型人才的不断探索，为经济建设和社会发展培养了一大批具有较高实践应用能力的复合型高层次人才。1996 年 7 月，国务院学位委员会第 14 次会议审议通过了《专业学位设置审批暂行办法》，文件指出，专业学位设置是为了完善我国学位制度，培养社会所需要的高层次应用型人才，该办法规定了专业学位是一种具有职业背景的学位，分为学士、硕士、博士三级，它与现行相应的各级学位处于同一层次，没有高低之分，一般只设置硕士层次。在这一时期，对于我国专业学位研究生教育的发展，教育部门在专业学位研究生的授受审核上，会结合多方意见，充分听取相关行业或相关部委的意见，将社会职业需求作为专业学位研究生教育的基本出发点。专业学位研究生教育取得了较为系统的发展。

这一阶段，对专业学位的概念做出了较为清晰的定义和界定，并对其与学术学位研究生的地位做出了一个权衡，即二者处于同一层次，无高低之分。我国专业学位研究生的发展也正是从这一阶段进入正式、规范的发展轨道，为其今后的不断改善和壮大做了很好的铺垫。

（三）改革发展阶段（2009 年至今）

从 2009 年开始，我国开始实施全日制专业学位研究生培养工作，这是我国专业学位研究生教育制度的重大改革。此外，专业学位拓展了 19 种硕士学位专业类别，专业学位授权单位和专业学位授权点数量也在快速增长，我国研究生教育进入了快速发展的阶段。

目前我国的专业学位设置涵盖了我国社会经济发展的重要行业和职业领域。参与专业学位教育的院校共 431 所，占我国博硕士学位授权单位总数的 60%。可以说，我国已经初步建立了具有中国特色的专业学位教育制度，为社会主义现代化建设培养了大量高层次、应用型专门人才。

近年来，专业学位研究生教育迅猛发展，到 2011 年，我国已经批准设置了39 种专业学位类型，专业学位研究生的招生比例占到了研究生招生总数的30%，培养了一批高层次的应用型人才。这契合了我国经济在当前新常态态势下的高速发展，随着产业结构的不断优化而产生的行业需求得到了一定程度上的缓和。

在这一时期，我国的专业学位研究生教育快速发展，并取得了很好的教育成果，体现在其招生数量与所占比例不断提升，同时专业学位研究生的教育培养质量也得到了很大的提高。由此可见，以培养专业学位研究生为主的研究生教育将是高校领域获得发展的必由之路，这就要求教育管理部门以及各大高校深入对该领域的探索和发现，以不断适应我国专业学位研究生教育改革的发展和社会对专业应用型人才的需求。

二、我国专业学位研究生教育管理模式及其存在的问题

在我国目前的高等教育发展体系中，专业学位研究生教育随着时间的推移逐渐形成了一套独具特色的教育管理模式，但是在很多方面仍然有亟须改进和完善的地方。

（一）我国专业学位研究生教育管理模式的特点

1. 课程设置独具特色

根据《教育部关于做好全日制硕士专业学位研究生培养工作若干意见》文件精神，全日制专业学位课程设置以实际应用为导向，以职业需求为目标，以综合素养和应用知识与能力的提高为核心。教学内容更加强调理论性与应用性课程的有机结合，突出案例分析和实践研究。教学过程也更加重视运用团队学习、案例分析、现场研究、模拟训练等方法，注重培养和提高学生研究实践问题的意识和能力。在实际运用中，教学结果也逐渐注重对专业学位研究生的培养质量的考察和评估。

各专业学位研究生培养单位根据社会职业需求，提出了不同于学术学位研究生的教育培养目标，表现出鲜明的实践性、应用性和复合性要求。比如，某培养单位将全日制教育硕士教育管理方向的培养目标表述为"培养掌握现代教育理论、具有较强的教育教学实践和研究能力的高素质的中小学教师"。有的培养单位将专业会计硕士学位的培养目标定位于"培养具有良好职业道德，系统掌握现代会计理论与实务以及相关领域的知识与技能，具备会计工作领导能力的高素质会计人才"。由此可见，各大高校的专业学位研究生教育都比较关注其培养目标的明晰性，限定了专业学位研究生的培养范围和培养目标，这样更加有利于专业学位研究生的教育和管理。

2. 学习方式灵活多样

我国专业学位研究生的学习方式主要有非全日制和全日制两种。非全日制攻读专业学位以业余学习为主，利用周末、节假日上课或集中授课的方式，进行脱产、半脱产或不脱产的学习，学习时间一般为2~4年；全日制攻读专业学

位的人员全脱产学习，学习时间一般为 2 年，同时必须保证参加不少于半年的实践教学，应届本科毕业生的实践教学原则上不少于 1 年。针对不同专业的研究生，其学习方式的类型设置也不一样。这样具有针对性的学习方式有利于专业学位研究生的学习和专业特长的发挥。多样化的学习方式，不仅适应了专业学位研究生教育对象的需求，拓宽了专业学位教育的生源，强化了专业学位研究生教育的可持续性，而且在一定程度上促进了专业学位教育理论与实践的有机结合，保证了专业学位研究生教育培养目标的实现。

3. 教学管理采用学分制

学分制是以选课为核心，教师指导为辅助，通过学生学习的绩点和学分，来衡量学生学习质和量的综合教学管理制度[①]。这种教学模式充分体现了"以人为本"的教育思想，尊重学生选课、选教师、选修学计划的自由，有利于培养学生的个性，充分发挥各自的潜能。

目前，学分制在我国专业学位研究生教育中得到了普遍的应用。一般来说，学生必须通过规定的课程的考试，成绩合格方能取得学分，只有修满规定的学分且成绩合格，方可获得研究生学位。各种专业学位研究生教育指导方案对学分的规定不完全一致，有的专业硕士要修的课程比较多，有的相对较少。学校一般会对不同专业学位研究生实行有差别的学分评定，如翻译硕士一般要求不低于 30 学分，而工商管理硕士一般要求至少修满 45 学分。学分制的实施能够激发学生的学习积极性、主动性和独立性，有利于因材施教，有效地开发学生的潜能，还能够对专业学位研究生的学习起到一定的激励和监督作用，保障了专业学位研究生学习的高效性。

4. 重视专业学位论文写作

学位论文在我国学位与研究生教育中具有重要地位，学位论文的质量是评价学位与研究生教育质量的重要指标。专业学位研究生教育承袭了这一传统，各专业学位研究生教育单位都对学位论文撰写有着明确的要求，且在水平和质量标准上要求不低于学术学位研究生。现在各大高校鼓励专业学位研究生创作和进行论文写作，还可以申报一定的科研项目。部分高校还制定了多种措施，包括匿名评审、预答辩等，以提高专业学位研究生的学位论文质量。

虽然专业学位研究生原则上要撰写学位论文，但论文形式可以多种多样，

---

① 别敦荣，万卫. 论我国专业学位研究生教育人才培养模式改革[J]. 研究生教育研究，2011（4）：77-80.

可采用调研报告、应用基础研究、规划设计、产品开发、案例分析、项目管理、文学艺术作品等形式[①]。学位论文须独立完成，要体现研究生综合运用科学理论、方法和技术解决实际问题的能力。学位论文的字数要求，也可以根据不同专业学位特点和选题，灵活确定。学位论文评阅人和答辩委员会成员中，应有相关行业实践领域具有高级专业技术职务的专家。学位论文的写作有利于锻炼专业学位研究生的理论综合能力，有利于培养应用型和理论知识型相结合的专业人才。

（二）我国专业学位研究生教育管理模式中存在的主要问题

1. 专业学位研究生教育的培养目标不明晰

目前，专业硕士招生规模不断扩大，取得了阶段性的教育成果。但是各大高校普遍存在的问题是对专业学位研究生的招生目标不够明晰，定位不够准确。一些高校将对专业学位研究生的培养等同于成人教育或继续教育，导致在专业学位研究生教育上出现了投入少、条件差、成本低、质量得不到保障的问题[②]。这里应该明确的是，专业学位是针对社会特定职业领域的需要，针对高层次、应用型的专业人才设置的一种学位类型，其目的是通过对学生读研期间的教育培养，使之具有较强的专业能力和职业素养。尽管大部分高校在专业学位研究生教育的培养方案中均有培养目标的规定，但大多都是拘泥于形式上的文字表述，并不能很好地付诸实践。例如，大多数招生单位在招收专业学位研究生入学时，往往采用与招收学术性研究生相同的招生方式，多数高校在设置入学考试时也基本采用和学术性研究生一样的试卷和试题，不注重对学生专业能力和实践操作能力的考察；在招生调剂方面，也经常会把学术性研究生调剂到没有招满的专业学位方向，而专业学位研究生却很少能被调剂到学术学位方向中去。因此，造成在专业学位录取的学生队伍中，很大一部分的生源欠缺对本专业的了解和认识，专业能力普遍不足且缺乏相应的实践工作经验。

此外，在培养过程中，培养单位对培养目标的具体实施与目标定位之间存在差异，在日常实践中，仍以培养学术型研究生人才为主，专业学位研究生的论文选题仍倾向于研究社会前沿重大课题，与专业学位研究生培养目标中提到的注重职业实际工作需要相脱节。以上这些问题都与专业学位理论上培养学生

---

① 黄宝印. 我国专业学位研究生教育发展的新时代[J]. 学位与研究生教育，2010（10）：1-7.
② 别敦荣，陶学文. 我国专业学位研究生教育质量保障体系的反思与创新[J]. 高等教育研究，2009（3）：42-48.

专业实践应用能力是相悖的，导致培养目标不能适应社会需求，对教育工作缺乏指导意义。

2. 专业学位研究生教育培养方案不完善

专业硕士课程设置要以实际应用为导向，以职业需求为目标，以应用知识和能力的提高为核心。教学内容强调理论型和应用性课程的有机结合，突出案例分析和实践研究，教学过程重视运用团队学习、案例分析、现场研究等方法。培养方案中对专业学位课程的设置，应从企业需求的角度出发，为不同专业的学生设置适合他们今后在企业发展进步的培养课程。理论上，应该增加一些与企业实际业务直接相关的课程，并大幅度删减偏理论性课程[①]。但不得不指出的是，目前我国大部分高校在专业学位研究生的教育培养上，基本上是沿袭学术学位研究生教育的培养模式，分别体现在培养方案的制定、课程设置、教材编写、教育管理环节等诸多方面。有的高校对专业学位研究生教育套用的是学术型研究生的课程教学范围和课程教学内容，在课程设置环节，专业学位研究生也多借鉴学术型研究生的课程安排，学生规规矩矩地听课，老师一板一眼地授课；对专业学位研究生在读人员仍是单一片面地向学生灌输书本上的理论性知识，在专业学位研究生毕业论文的撰写以及答辩环节，也与学术学位研究生基本相仿。实际上，这种教学方式并没有很好地将专业学位研究生和学术学位研究生区别开来，并不能使专业学位研究生在课程设置的应用理念得到充分的发挥。

3. 专业学位研究生教育的师资队伍偏学术性，实践能力弱

专业学位研究生教育不同于学术学位研究生教育的最突出的特点是，在教学过程中涵盖专业实践部分，这就要求授课教师有丰富实用的工作实践技能。而当前专业学位研究生教育的导师队伍存在偏学术性、实践能力弱的问题，这是专业学位研究生教育中现存的一个亟待解决的难题。

理论上，我国的专业学位研究生教育已经采取了双导师制。但从实际教学来看，部分高校仍是以校内导师指导为主。虽然部分高校会从相关企业为专业学位研究生聘请第二导师，他们一般都是具有一线实践工作经验的导师，但需要指出的是，高校并没有开设校外导师教学评价系统来监督其在整个培养过程中的教学表现。因此，在高校聘请的校外企业导师中，有很大一部分只是虚有

---

① 余波，陈艳，张卢水. 我国专业学位研究生教育模式研究[J]. 绵阳师范学院学报，2013（8）：130-135.

导师之名，而无对学生进行实践指导之实，不能履行对学生日常的专业实践进行到位的引导以及工作教育的义务。因此，"双导师制度"在实践能力教学上并不能很好地满足学生提升自身实践能力的需要。

4. 专业学位研究生的招生选拔政策与其职业发展需求不匹配

目前，我国高校的专业学位研究生的初始生源绝大部分都是应届毕业生，各高校在专业学位研究生教育的招生选拔政策上并没有在报考条件中突出招生人员需要有实践性，这样一来，应届生与在职人员二者在全国招生考试初试中并无优劣体现。我国专业学位研究生教育分为全日制教育和非全日制教育两种。在初试科目的设置上，各招生单位都是将理论知识的考查放在首要位置，这样在招生考试初试中，并没有对专业学位研究生的基本工作实践能力进行考查。此外，在我国的研究生招生规程设置中，复试环节本是教师近距离考查学生专业实践技能的重要环节，但是就目前我国高校在研究生招生复试中的情况来看，复试环节并没有受到招生单位的足够重视，多数高校的复试工作还仅仅停留在流程形式上，教育部门分别对学术学位研究生招生考试和专业学位研究生招生考试制定了考试大纲，但是据考查，两套考试大纲并没有突出的差别。

在培养过程中，并没有把学生所学内容的职业衔接性放在重要位置。所谓职业衔接性，是指在"以职业活动为导向，以职业能力为核心"的原则下，把教育、培养、就业和企业联系在一起。但就目前实际情况来看，高校并没有将学生的学习同其就业生涯的就业和创新能力、工作能力、职业转换能力结合在一起，以不断提高和完善其自身的工作技能，而是按照与学术学位研究生培养方案基本无异的培养模式对其进行培养教育，并没有体现出对专业学位研究生的实践能力的开发。

5. 专业学位研究生培养质量有待提升，缺乏社会认同感

我国于 2009 年招收第一批专业学位研究生，起初的几年之内，专业学位研究生教育吸收的生源有相当一部分都是调剂生，而决定调剂生生源质量的便是调剂门槛的设置，高校接收调剂生的专业主要是报考人数不多的需要扩大招生规模的专业，这些专业的调剂门槛往往处于中下水平，这就导致了专业学位研究生生源的专业技术处于中下水平。不仅如此，专业学位研究生教育的科研条件，包括科研氛围、科研设备、科研经费等都因为所受到的重视程度不够而受到诸多的限制，所以专业学位研究生并不能对自己的专业领域内的实践性学习有很好的把握，加之其因为调剂到非报考专业，学习的积极性也不够高，极容易出现消极对待毕业论文以及消极毕业的现象①。

由于缺乏专业学位教育与职业任职资格之间的有效衔接，专业学位教育与社会需求的关联度不高。这与设立专业学位的初衷产生了背离，影响了专业学位的社会定位，阻碍了专业学位研究生教育的发展，使得专业学位研究生教育质量缺乏可靠的约束机制②。

三、完善专业学位研究生教育管理模式的对策

随着我国经济的发展和社会对人才结构需求的变化，当前专业学位研究生教育被置于高等教育发展的重要位置。在现阶段，虽然专业学位研究生教育的发展越来越完善，但仍然存在一些问题需要解决。以下就是本文针对专业学位研究生教育发展过程中出现的问题及如何创新专业学位研究生教育管理模式所提出的一些建议和对策。

（一）更新教育观念，加大国家政策扶持力度

在我国专业学位研究生教育的发展历程中，由于人们的教育理念深受传统的研究生教育培养模式所影响，普遍认为学术型研究生才是高等学校培养出来的知识型人才，才是社会发展所需要的高层次科研人才。但是时代背景在改变，社会对人才结构的需求随着经济产业结构的调整发生变化，需要一大批专业的应用型人才来填充。受传统教育思维的影响，社会对专业学位研究生教育的认可度不高，往往比较信赖学术型研究生。因此，当前教育指导委员会应该向社会宣传专业学位研究生的特点和优势，提高社会对专业学位研究生的认识和接受程度。

我国专业学位研究生教育的法律法规和国家政策的扶持力度有很大的提升，当前教育指导委员会已经为专业学位研究生颁发了比较正规的学位证书，社会也比之前认可专业学位研究生的质量。但是专业学位研究生在发展过程中的制度保障仍不健全，需要进一步完善专业学位研究生教育管理的法规制度，强化其法律规范。无论是在专业学位研究生的招生政策，还是毕业就业政策扶持方面，国家应给予更多的帮扶和支持。

---

① 裴军，张彩霞. 地方院校专业学位研究生管理的特点及其对策[J]. 求知导刊，2015（7）：106.

② 别敦荣，陶学文. 我国专业学位研究生教育质量保障体系的反思与创新[J]. 高等教育研究，2009（3）：42-48.

2010 年 7 月，《国家中长期教育改革和发展规划纲要（2010－2020 年）》向社会公布，在关于高等教育发展任务部分，提出"加快发展专业学位研究生教育"①，专业学位研究生教育同时列入国家中长期人才发展规划纲要和教育发展规划纲要，成为国家层面人才和教育的重大政策，成为人才和教育中长期改革和发展的重要方面，充分体现了国家对于专业学位研究生教育的高度重视，也充分体现了加快发展专业学位研究生教育的重大意义。因此，政府应加大对专业学位研究生的宣传力度，让社会各界了解难专业学位研究生与学术型研究生的差异所在，突出其优势，提升其认可度。国家应加强对专业学位研究生的政策支持，制定和完善相关配套政策，尽快完善对专业学位研究生资格的认定工作，从根本上消除歧视现象。教育部尽快针对专业学位研究生教育编写相应的专业学位教材，学校应该重点宣传专业硕士培养的优势，消除学生对就读专业硕士可能受歧视或轻视的顾虑，鼓励学生积极报考，同时加大对专业学位研究生培养经费投入以及政策支持力度。

（二）完善学校培养过程，明确专业学位研究生培养目标

专业学位研究生教育的改革体制和创新手段与其自身培养目标的确定息息相关。众所周知，专业学位研究生的培养目标和学术型研究生的培养目标是不同的，一个是以社会实践工作人员为需求，一个是以为科研院校输送人才为导向。因此，在两者的培养目标上应该加以明确，不能混淆概念，各大研究生招生培养单位也要适时适当地改进并完善专业学位研究生的培养过程。

1. 培养目标定位于实践应用型人才，重视理论，强化实践，提高应用研究能力

其一，针对专业学位研究生教育定位不准确这一问题，建议专业学位研究生的培养目标应该定位于实践应用型人才。在培养过程中，在加强应用型知识教育的同时，要重视理论知识的系统教育。各大高校所聘请的老师都是在传统教育体制下培养出来的理论知识性老师，在课堂理论教学中游刃有余；而且在理论知识的学习中，学校在第一学年为专业学位研究生的课程体系上设置了多门课程，其数量往往多于所在校的学术型学位研究生。但是学校在重视理论知识教育的同时，不能减少专业学位研究生实践应用课程。因此，建议学校要在理论课程设置中抽出一部分时间让学生参与社会实践，这类实践课程的开展可

---

① 余波，陈艳，张卢水. 我国专业学位研究生教育模式研究[J]. 绵阳师范学院学报，2013（8）：130-135.

以大大加强学生与社会的相容度，不至于与社会脱轨。而且，现在专业学位研究生的招生不再是以在职人员为主，招生规模扩大到应届毕业本科生，这些学生在社会实践方面更加欠缺，更应该加强其专业实践的学习和社会工作的锻炼。

其二，在提倡重视专业学位研究生理论学习和实践能力的培养方面，也要关注其应用研究能力。无论是专业学位研究生，还是学术型学位研究生，我们培养的都是具有一定研究能力的高层次知识型人才，要坚持对专业学位研究生实践和研究能力的同等重视①。中国知网最近的一项调查研究表明，虽然专业学位研究生和专业学位博士生所发表的论文数目在逐年上升，但是在与学术型学位研究生和博士生的数据对比分析中，专业学位研究生的科研成果大大落后于学术型研究生。这类情况并不是高等教育模式所倡导的，专业学位研究生要在提升应用实践能力的同时加强自身的应用研究能力。比如，对于在专业中发现的问题和学科中出现的难题，要敢于提出自己的见解，发表自己的观点，敢于同导师和同学探讨、提出不同的意见。最后要整理自己的想法并形成理论性知识，以供其他同学参考和借鉴。只有既动手又动脑的专业学位研究生，才是社会发展急需的应用型人才。

2. 课程设置以职业发展方向为主导，教学方案应充分体现应用性教学

我国培养出来的专业学位研究生最终将流向社会和企业，而不是进入科研院校从事更深层次的科学研究。因此，在专业学位研究生的课程设置上，要以其职业发展为导向，重视该类专业在工作单位中的应用和发展，培养学生们独特的职业发展观，同时还要为其学习提供相关的职业培训设施。在专业学位研究生的课程体系中，安排了数目庞杂的专业课，如我校的会计专业研究生，排满了高级财务管理、高级财务会计理论与实务等相关的专业课程。然而这些课程只是强化了学生的专业理论知识，对于今后将步入企业以会计为职业的学生，职业素养和职业道德并没有涉及太多。因此，提倡在设置专业学位研究生教育的课程时，各大高校可以适当增加职业素养和职业操守的学习，这些学科有利于培养专业学位研究生形成完善的职业道德观，在现实工作中能恪守职业道德，不至于在工作中迷失自己的方向。

部分学习科目中虽然增加了职业能力的培养，在教师的相关教学方案中也应该明确体现出来。在诸如此类的教学中，教师们不应该照搬书本上的理论知

---

① 杨晓丽. 我国专业学位研究生教育的研究现状及趋势分析——基于 CNKI（2002—2011 年）的统计[J]. 国家教育行政学院学报，2012（7）：57-63.

识来教育学生，而应该以身作则。教师教书育人，本来就是一个伟大的职业，在实践教学过程中，教师应该向学生展现出自身独有的人格魅力和专业素养。在这一教学环节，学校还可与相关企业进行合作，安排专业学位研究生到大型的企业中去实习，亲临现场体验企业人员在工作中所表现出来的高标准的职业操守。

3. 加强专业学位研究生教育的师资队伍建设，完善"双导师制"

专业的、高水平的导师队伍才能教育出高质量的研究生，目前各大高校的专业学位研究生教育的导师队伍以学术型导师为主，他们掌握着非常丰富的理论知识。在理论性教学上能给专业学位研究生以专业的指导，但是个别导师还缺乏一定的实践应用能力。专业学位研究生教育应该是理论知识和应用能力的结合，这样才能培养出优秀的专业学位研究生。在专业学位研究生教育的导师队伍建设方面，可以采取"校内"导师和"校外"导师合作培养的模式。在当前专业学位研究生教育发展的大好时机，我们提倡要提高专业学位研究生教育导师的职业实践能力，完善"双导师制"。

导师在授课模式上要进行改进。以往的导师授课模式主要是传统的讲课模式，即教师在讲台上讲，学生在讲台下听。建议导师应采取多种多样的形式进行教学。案例教学已经引入到各大高校的教学模式中，该模式是指教师在现实社会中搜索与所授专业相关的经典案例，将案例引入到课堂上，与学生一起学习；有些比较新颖和复杂的案例，可以采取分小组进行讨论的方式，让学生们在课后收集数据和信息来支持自己的观点。学生们也要实事求是地进行社会调研，再把信息反馈到课堂教学中来，只有建立这样一种双向互动、双向思维的模式，才能更好地构建案例教学的体制，为教师创新教学、启发引导学生学习打下良好的基础，也能为学生自主思考提供真实的案例。现场教学也是一种很好的授课模式，在对我校的法学专业学位研究生进行采访时发现，导师会带领他们去市区监狱进行调查，实地考察当前刑法在违法犯罪领域的适用情况和该部门对现行刑法的执法力度和反馈情况。这种导师授课模式能够让学生更容易接受知识，也能更快更好地吸收专业知识。

实践教学也是一种创新性的教学授课方式，在这种方式中，"校外"导师扮演着重要的角色，"校外"导师即从企业中选派的相关职业领域中的优秀人才，他们可以通过在企业中设立企业课堂，在对内部员工进行教育和培训的同时，让自己所带的专业学位研究生来企业学习，就企业运作中出现的问题与企业员工进行探讨，对企业的整体运营发表建设性的意见等。这些授课方式在专业学位研究生教育模式中应该占据更大的比重，更应受到高校的关注和重视。

4. 改进考核体系，考核学生的基础理论水平、综合文化素质和实际工作能力

专业学位研究生的考试恰恰更注重对其工作能力和综合素质的考查，因此在试卷的内容上不能仅仅有理论知识的问答，应该加入一些与实际工作能力和综合素质相关的内容来进行考查。比如，在专业学位研究生的考试中，可以加入更多的模拟企业面试内容，也可以把企业招聘职工时的情景面试引入到研究生的面试中，考查他们的语言表达能力和现场应变能力。在研究生复试面试的现场，设置一些当下比较引起关注的社会热点和道德事件来考查学生的综合文化素质。

（三）创新专业学位研究生教育管理模式需要寻求社会支持与合作

在现阶段，随着我国经济的快速发展和社会多元化的发展目标呈现，社会对高素质、高能力、应用型人才的需求越来越大。我国专业学位研究生教育不同于国外研究生教育发展，我国专业学位研究生教育将存在发展起步晚、规模小、以往的政策不配套等问题。这些问题造成人们对专业学位研究生认识不足，社会认同感较低，阻碍了专业学位研究生教育的发展进程。因此，专业学位研究生教育的发展不仅需要国家政策和培养单位的大力引导和支持，还需要寻求社会的支持与合作。

1. 开展校企合作，构建多元化培养机制

鉴于社会对人才需求增加，建议打造校企合作共同体，以推动专业学位研究生教育的发展，即建立一种由目前多元培养主体合作形成的共同体，实施、监管专业学位研究生培养的全过程，使学习与实践环节有机结合起来，使理论与现实需求更好地衔接，使培养全过程得到监管，这是当前专业学位研究生培养主体的一种有益发展形式①。校企合作的主体通过建立这样的一个共同体机构，就可以打破学校和企业的界限，改变课程学习与实践内容的不同步现状。学生在课堂上习得的理论知识和在实践工作获得的专业技能，能够以明确的校企合作项目为纽带，有效地汇聚高校和企业的资源，真正实现高层次、应用型、职业化的专业学位研究生培养目标。校企共同体是高校与企业互相渗透、资源

---

① 李克文，刘昕，崔学荣，等. 专业学位研究生培养模式创新研究[J]. 教育评论，2015（10）：84-87.

高度整合的一种新的培养主体形态，由校企双方的相关人员进行管理，由校企双方的专家和高级技术人员兼职构成学术团队，制定统一的培养章程、目标和制度。

2. 探索高校与企事业单位合作教育的人才培养模式

从专业学位研究生就业趋势来看，大部分专业学位研究生在毕业后会走向社会实践领域，进入企事业单位工作。建议高校在培养专业学位研究生的过程中，要努力探索与企事业单位合作教育的人才培养模式。学校是向学生们传授理论知识的课堂，企事业单位可以在自己的工作场所开辟出一个企业实践教学课堂，与各大高等院校建立定向的人才对接模式。这一模式不仅完善了高校专业学位研究生的教学模式，而且还能为企事业单位及时提供人才，为企业发展注入新鲜血液。这种双赢模式有利于高校和企业的共同发展。因此，提倡在专业学位研究生培养过程中，高校应与相关企事业单位建立紧密的联系。

此外，企事业单位可以选派优秀的职工来高校为专业学位研究生做演讲或者以专业讲座的方式来给学生们讲授最新的与专业领域相关的信息。学校在这一模式中可以充当一种中介，聘请相关职业领域中的专家、名人来加强专业学位研究生在专业中的实践应用性学习。校方也要用一种包容和尊重的态度来寻求企业的帮助，加强与企业的合作教学。

3. 发展产学研合作教育，提高专业学位研究生的水平

培养和造就高水平的创新人才，激发全民族创新精神，增强自主创新能力，是建设创新型国家的基本保证，也是我国当前的重大战略任务[①]。创新型人才在当前的社会发展中极其稀缺，培养创新与能力并重的专业人才迫在眉睫。当前各大高校和研究生培养单位建立了校企合作联合培养模式，以及高校与企业合作的专业学位研究生教育管理模式，都是为了更好地实现产学研合作教育，提高专业学位研究生的专业技能和水平。

产学研合作培养专业学位研究生就是充分利用学校与企业、科研单位等多种不同的教学环境、教学资源以及科研生产实践场地在人才培养方面的各自优势，把以理论知识为主的学校教育和直接获取实际经验实践能力为主的生产、

---

① 杜伟，徐惠忠，姜付义，等. 基于产学研合作的材料学专业学位研究生培养模式创新研究[J]. 科教文汇（中旬刊），2015（5）：59-60.

科研实践有机结合①。这种模式注重"理论知识获取、基本独立科研、参与实际生产"三位一体，根据专业的性质设置适合自身特色的培养方案。学生在学习过程中，既能获得专业的理论知识，又能及时地将知识应用到实践中，边发现问题，边解决问题，在实践中开拓学生思路，提高其创新技能。因此，这种培养模式能够从根本上解决学校教育与社会需求脱节的问题，缩小学校和社会对人才培养与需求之间的差距，增强学生的社会竞争力，为社会和企业培养和输送高层次专业技术管理人才。

4. 加强专业学位研究生教育的宣传，提升社会认同感

由于社会对专业学位研究生认可度不高，专业学位研究生教育的发展还未能达到与学术学位研究生同样的高度，因此要加强对专业学位研究生教育的宣传工作，提高其社会认同感。积极利用大众媒体、互联网等渠道大力宣传专业学位研究生教育的优势和发展前景，促使社会各界人士全面认识专业学位，消除人们心中长久以来认为学术学位研究生优于专业学位研究生能力的偏见，还要加强社会各界对专业研究生教育在观念上的重视程度②。各个专业学位研究生培养单位在招生过程中，可以通过发放资料、招生视频和招生手册等介绍专业学位研究生教育的优点，使学生、家长和社会公众在全面了解专业学位研究生教育的过程中产生认同感。

此外，建议有关教育部门也要加大对专业学位研究生教育的政策导向力度，从根本上认清专业学位研究生教育不是学术学位研究生教育的衍生物。在学校招生过程中，不能随便地将学术学位研究生调剂到未招满的专业学位研究生的队伍中，这种做法会大大降低专业学位研究生在人们心中的地位。要严格区分专业学位研究生和学术学位研究生的特点，研究生招生部门和培养单位应当从各自的独特性出发，采取"各自独立"的招生方式，设置各自的招生条件，分别招收适合各自培养目标的学生，从而避免出现公众歧视专业学位研究生教育的现象，这样在提升社会对专业学位研究生教育认同的同时，也有利于招生培养单位招收到适合自己培养方向的优秀学生③。

---

① 孙跃东，王张琦，罗尧成，等. 产学研协同联合培养研究生的创新体系[J]. 学位与研究生教育，2013（8）：29-33.

② 黄晓双，李正明. 当前的专业学位研究生教育——迅速发展中的困境与路径分析[J]. 改革与开放，2015（20）：85-87.

③ 李亚平，郑易平. 新时期全日制专业学位研究生培养存在的问题与对策[J]. 教育与教学研究，2014（9）：83-85.

参考文献

[1]别敦荣，陶学文. 我国专业学位研究生教育质量保障体系的反思与创新[J]. 高等教育研究，2009（3）.

[2]别敦荣，万卫. 论我国专业学位研究生教育人才培养模式改革[J]. 研究生教育研究，2011（4）.

[3]曹洁，张小玲，武文洁. 对专业学位硕士研究生教育与培养模式的思考与探索[J]. 清华大学教育研究，2015（1）.

[4]董丽敏，吴莉玲. 浅析我国专业学位研究生教育发展的现状[J]. 高教研究与实践，2012（3）.

[5]郭跃. 法国专业学位教育的特点及其启示[J]. 研究生教育研究，2012（1）.

[6]黄宝印. 我国专业学位研究生教育发展的新时代[J]. 学位与研究生教育，2010（10）.

[7]黄晓双，李正明. 当前的专业学位研究生教育——迅速发展中的困境与路径分析[J]. 改革与开放，2015（20）.

[8]梁传杰，吴晶晶. 我国专业学位研究生教育发展历程回顾与前瞻[J]. 研究生教育研究，2014（3）.

[9]栾锦红，梁红蕾，李作章. 英国专业学位研究生教育的特色化发展及启示[J]. 职业技术教育，2013（14）.

[10]裴军，张彩霞. 地方院校专业学位研究生管理的特点及其对策[J]. 求知导刊，2015（7）：106.

[11]沈国彬. 国内外专业学位培养模式比较研究[J]. 产业与科技论，2014（13）.

[12]孙跃东，王张琦，罗尧成，等. 产学研协同联合培养研究生的创新体系[J]. 学位与研究生教育，2013（8）.

[13]天津财经大学研究生教育网[EB/OL]. http://pub.tjufe.edu.cn/department/yanjiushengyuan/Show.asp?id=251.

[14]万淼. 美国专业学位研究生教育的发展历程及其借鉴[J]. 河南工业大学学报（社会科学版），2014（1）.

[15]王磊，郭飞，郑国生. 我国专业学位研究生教育存在问题分析与质量保障体系构建探讨[J]. 高等农业教育，2010（10）：62-65.

[16]王占彬，王清义. 地方高校专业学位研究生教育的探索与实践[J]. 新乡学院学报（社会科学版），2013（4）.

[17]杨科，詹一虹.中法专业学位研究生教育比较研究[J]. 高等教育管理，2012（1）.

[18]杨科，周智. 中法专业学位研究生教育比较及对我国的启示[J]. 瞭望，2012（1）.

[19]杨晓丽. 我国专业学位研究生教育的研究现状及趋势分析——基于CNKI（2002－2011年）的统计[J]. 国家教育行政学院学报，2012（7）.

[20]余波，陈艳，张卢水.我国专业学位研究生教育模式研究[J]. 绵阳师范学院学报，2013（8）：130-135.

[21]章云，何瑞文，曾岳南，等. 地方工科院校全日制专业学位硕士研究生培养模式创新探究[J]. 高教探索，2013（5）.

[22]赵静，马晓龙. 对我国专业学位研究生教育发展的理性反思[J]. 当代教育与文化，2013（3）.

[23]郑湘晋，王莉. 关于专业学位研究生教育改革的若干思考[J]. 学位与研究生教育，2012（4）.

协同创新视角下的全日制专业学位硕士研究生培养模式①

齐 文②

摘要 作为培养应用型、复合型高层次人才的主要途径，专业学位硕士研究生教育发挥了重要的作用，越来越受到教育界和社会的关注和重视。全日制专业学位硕士研究生教育尚处于起步阶段，人才培养的各个方面仍处于探索和逐步建立过程之中，本文通过对我校全日制专业学位硕士研究生教育现状进行调研，分析了当前专业硕士培养模式存在的问题及其原因，通过对国外其他国家专业硕士培养模式的比较研究，得出对我国有益的借鉴经验，并在协同创新的视角下提出了将高校、政府、企业和社会这四大培养主体协同合作的培养模式，同时针对我校全日制专业硕士培养模式给出了具体的措施。

关键词 协同创新 专业学位 培养模式

一、导论

（一）研究背景

我国经济建设和社会的快速发展迫切需要大量的应用型、复合型高层次专门人才。作为培养应用型、复合型高层次人才的主要途径，专业学位硕士研究生教育发挥了重要的作用，并越来越受到教育界和社会的关注和重视。

① 本文是天津财经大学学位与研究生教育教学改革研究项目"协同创新视角下的全日制专业学位硕士研究生培养模式"（项目编号：2014YJY02，主持人：齐文）的中期研究成果。
② 作者简介：齐文，女，天津财经大学经济学院财政与公共管理系，助理研究员。

教育部于 2009 年起，对研究生教育结构类型进行重大改革，决定以应届本科毕业生为生源，对专业学位硕士研究生进行全日制培养，并逐年加大培养力度，推动硕士研究生教育从以培养学术型人才为主的模式向以培养应用型人才为主的模式转变。这说明专业学位研究生教育在我国未来的高等教育发展中将扮演重要角色，我国迎来了专业学位硕士研究生教育发展的新阶段。

全日制专业学位硕士研究生教育尚处于起步阶段，人才培养的各个方面仍处于探索和逐步建立过程之中，缺乏可借鉴的成功经验。以应届本科毕业生为主要生源的全日制硕士专业学位，在培养方式上属于专业学位培养类别，在生源方面又具有学术学位研究生的生源特点。因为这一特殊性的存在，全日制专业学位硕士研究生培养工作既不同于学术型硕士，又不同于此前的在职专业学位硕士。如何在满足经济社会对复合型、应用型高层次人才需求的同时，做好全日制专业硕士的培养工作，兼顾专业学位教育的可持续优化发展，成为本课题的研究缘由。基于以上问题，本课题对全日制专业学位硕士研究生培养问题进行了研究。

（二）研究意义

1. 理论意义

研究生教育作为高等教育系统的一个组成部分，有着很重要的社会功能。它一方面为社会培养高级专门人才，另一方面在科学研究中创造新的研究成果。对全日制专业学位硕士研究生培养模式进行专门研究，丰富了我国学位与研究生教育理论，有利于深化对学位与研究生教育的本质认识与培养质量的提高，促进学位制度和研究生教育的健康发展。

2. 现实意义

（1）通过对全日制专业学位研究生培养模式的研究，有利于政府对高校进行有效的实践指导。全日制专业学位与学术型研究生培养模式共同发展是时代发展的需要，所以在实践培养的过程中如何进行有针对性的培养至关重要。再加上全日制专业硕士是一个新生的事物，培养模式往往都是照搬学术型研究生的培养模式。政府政策的出台和相关的规定，是学校教育改革的有力保障，有助于政府及时合理地制定出有针对性的宏观指导政策。

（2）通过构建特色的培养模式，可以解决全日制专业学位教育中存在的培养年限短与职业能力要求高、校内学习与校外实践、理论教学与技能培养之间存在的矛盾；通过为高校提供可借鉴的改革方式，为高校与企业的联合培养提供创新协同的合作方式，对实现全日制专业学位硕士研究生教育质量的提升有着重要的实践指导意义。

（三）研究综述

在专业学位研究生培养模式方面，国外学者更倾向于利用实证方法进行实用性的多元化培养模式研究，相关研究文献数量可观，而且案例研究细致丰富，但大量的研究成果属于定性描述范畴，量化研究还不多。例如，通过阐述培养模式中的要素、结构或学科特点，对具有不同要素特征和结构特征的培养模式进行分析、设计及评价，以得出可采用的培养模式类别（Charles Cowell，2006；Tatiana Tamboiiratzis，2000；Steve Crawford，2006；Michael S. Teitelbaum & Virginia T. Cox，2007），也有通过采用不同的细节模型，运用不同理论构建多类型的培养模型（Jeffrey S. Russell，2000；Tatiana Tambouratzis，2000），以及构建组织系统、毕业要求、教学方法方面的分析模型（George Vemardakis，1998）。

而国内学者多依据自己的实践或理论基础，提出相当数量的培养模式，随着 2009 年全日制专业学位的招生，相关的研究成果迅速增加，其中包括宏观培养模式的研究和分专业类别的培养模式研究，如全日制专业学位研究生教育过程中产学耦合的机理研究（张建功、刘兴华，2011）；从实践教学基地入手，探索服务于国家战略目标的高层次应用型人才培养模式（李忠、熊玲，2010）；针对全日制工程硕士信息与通信工程领域的三段式的培养方案（聂文斐，2011）；针对全日制机械工程领域的"现代控制理论"课程教学实践探索与改革（谭跃刚、陈国良，2010）等，我国全日制专业学位硕士研究生教育尚处于起步阶段，有关其培养的专门研究还属于探索阶段，全日制专业学位硕士研究生培养的实践和理论研究仍存在较大的探索空间。

（四）研究方法

1. 文献研究法

文献法是本研究中的最基本方法。通过对有关全日制专业学位研究生培养模式的研究文献进行检索，对所搜集的资料进行分析、综合、比较、筛选与归纳，为课题的深入研究提供广阔的思路。运用多维视角剖析已有研究的观点与论证，发现已有研究的缺陷与不足，从而为本课题的研究提供参考依据。

2. 调查研究

为了获得当前我校全日制专业学位研究生培养的可靠资料，本课题结合研究问题的重点，依据研究生培养模式的核心要素设计调查问卷，对教师和学生分别进行调研，并对问卷进行整理、分析，为课题的深入研究提供有力的论据。

3. 访谈法

开放性的深度访谈是实质性资料收集的重要方法。本课题通过对全日制专业学位硕士研究生、导师、管理人员进行访谈，获取可靠的一手资料及相关建议，以确保研究立场及观点的真实性和代表性。

4. 比较研究法

在借鉴国外培养经验方面，主要选择了美国和英国作为可参考对象。选择这两者，是因为美国创造性地确立了应用型培养模式，是专业学位研究生教育的发源地；而英国的专业学位硕士研究生教育则颇具创新性。

二、全日制专业学位硕士研究生培养现状分析

（一）全日制专业学位研究生培养模式存在的问题

1. 培养目标模糊

培养目标的主要作用就是为人才培养指明方向。为了适应我国社会、经济的快速发展，专业学位教育的目的是为国家培养一批高层次的应用性专业技术人才，其培养目标为培养一批适合当前经济、社会高速发展的专业技术人才。但在调研中发现，很多学校并没有清晰界定培养目标，也没有反映出专业的定位和培养特色。例如，我校的金融、会计等专业，既有学术型硕士，也有专业硕士，对于两者培养目标的实质区别是什么，以及在培养过程中如何区别对待，并没有清楚的认识。此外，有的院校虽然制定了明确的培养目标，但在实际的培养过程中并没有按照之前制定的方向培养，导致学生不了解专业方向，不利于专业硕士的培养发展。

2. 课程设置缺乏实践性

专业课程设置之间相互的分工与配合构成了课程体系，课程体系是学校教育的核心组成部分。我国目前专业学位教育的基本定位是"培养适应社会特定职业或岗位的实际工作需要的应用型高层次专门人才"，因此在课程设置上也要紧紧围绕这一目标，人才培养要体现出一定的职业性与专业性。但是通过对我国专业学位教育的现状进行分析可以看出，专业学位研究生的课程仍偏重于理论性的学习和研究，与学术型硕士研究生课程设置趋同。例如，我校的金融专业的专业硕士和学术硕士，在课程设置方面，两者均开设了金融理论与政策、

国际金融管理、高级投资学、金融风险管理等专业课，所学课程差别不大，即使有的专业在课程名称上不一样，但授课教师为同一人，使用的教材与学术型硕士一样，有的甚至将专硕与学硕合班授课，没有考虑到专业硕士的实践能力的培养特点，缺乏有针对性的实践课程。

3. 师资队伍建设不到位

目前高校普遍存在教师资源不足，缺乏培养专业硕士的专职教师的现象，很多高校导师虽然理论基础雄厚，教学经验也十分丰富，但是仅仅是对培养学术型的教学经验丰富，对专业硕士的培养还是处于探索时期。双导师制度进展缓慢，双导师制度是我国专业学位教育普遍采用的导师体制，即设立理论和实践两位导师，对研究生进行有侧重性的指导。双导师这样的设置有利于刚毕业的本科生能够很快适应应用型的学习方式，将理论与实践相互联系起来，共同发展，从而将理论知识转化为实践能力。但是当前很多专业学位研究生培养单位由于师资的不配套，来自校外企业和研究单位的导师极为有限，因此只能按照学术研究生的培养方式来指导。即使聘请了校外导师的高校，在权责分配方面不够明确，使得校外导师的作用没有得到充分发挥。校外导师多为行业内的精英或骨干，平时业务繁重，无暇顾及对学生的指导，交流沟通极少，使得双导师制度没有落实到位，形同虚设。

4. 实践基地建设不健全

研究生"实践基地"是培养专业学位研究生实践、应用能力的良好载体，但是这一模式目前尚处于实验阶段。研究生"实践基地"的建设严重滞后，运行过程中存在很多问题，各项管理规章制度还不完善，而且单凭政府下拨的数量有限的经费也很难满足研究生"实践基地建设"的基本要求，这成为制约研究生"基地"发展的主要障碍。有的企业认为实践基地的建设并不能为企业带来长远的经济利益，因此并没有投入人力和精力来指导学生实践，再加上实习资源短缺等原因，导致不能保证每一位专业硕士都能得到充分的实践锻炼。以我校为例，虽然在各专业的培养方案中要求学生必须到现场完成不少于半年的实践学习，但是一些同学反映其在实习单位并没有得到真正的实践机会，更多的属于一种观摩学习；也有部分同学反映虽然学校帮助安排了实习单位，但是有的学生无故不去参加实践学习；最终的实践报告也是仅仅流于形式。这些现象表明学校缺乏对专业硕士的实习实践监督，对实践的考核机制落实不力，这样专业硕士的实习实践的质量就无法得到保障。

5. 考核方式单一

全日制专业硕士的考核应该对培养的各个环节都进行评价考核，但多数院校对于全日制专业硕士的考核仅仅局限于期末考核和毕业学位论文。其中期末考核仅仅是对课程环节的考核，对其他环节的考核缺乏足够重视，考核形式过于单一。通过对我校进行调研发现，很多专业课都是通过撰写结课论文的方式进行考核，大多数的同学对于这样的考核方式并没有给予足够的重视，通常是应付交差，没有认真对课程进行研究，这样就无法对培养的效果有一个真实客观的反映。

专业硕士的毕业学位论文理论上是要在校内导师和校外导师共同指导的情况下完成的。但是调研结果反映出的问题如下：一是仅仅只有校内导师的指导和修改，与校外导师几乎没有沟通；二是有的学生在整个论文创作的过程中既没有校内导师的指导，也没有同校外导师针对论文有所交流。整个过程都是在缺乏有效指导的情况下独立完成的，这样论文的质量和水平就得不到保证。

（二）全日制专业学位研究生培养模式存在问题的原因

1. 社会普遍对专业学位教育认可度低

我国的专业学位教育正式开始于20世纪90年代初，经过将近20年的发展，已经设置了包括工程、工商管理、教育等在内的19种专业。但是由于在2009年之前，我国专业学位招收的多是有一定工作实践经验的在职人员，实行的是半脱产式的管理，毕业后不颁发学历证书，因此不属于学历教育，这就导致专业学位教育长期处于学历教育的主流之外。但是在我国，学历往往是很多企事业单位在选聘职员时所看重的，因此人们不免将全日制专业学位与过去的非学历教育的专业学位教育等同起来，认为其相对于学术型研究生而言，入学容易、培养宽松、课程体系设置不合理，学位证书也不能得到社会的认可，就业前景堪忧，这就导致人们错误地认为专业学位不如学术型研究生教育。

2. 生源不足且质量下降

目前，我国全日制专业学位研究生的培养目标是高水平的实用型专业技术人员，但是从实际来看，由于我国经济发展不平衡，产业结构不合理，技术含量较低的制造业占较大比重，导致如此数量庞大的专业技术毕业生并不能被很好地吸纳。在国家政策的引导与要求下，近年来，专业硕士招生规模不断扩张，与2013年相比，2014年专业硕士的招生规模增加了2万人左右，达237237人，增幅达9.15%。此外，从2010年起，高校开始减少学术型硕士，让位于全日制专业型硕士。在 2015 年，专业硕士和学术硕士比例达 1：1。面对如此的扩招规模，不少地方高校无法完成当年的招生任务，由于社会对专业学位缺乏认同，最终需要调剂很大数量的学术型研究生，以完成招生计划，这就导致生源质量明显降低。

3. 高校对全日制专业学位研究生教育定位存在偏差

作为一种新型研究生培养模式，全日制专业学位研究生教育现在开始大规模招生，已经培养了一批毕业生，但是一些高校对它的定位仍存在明显的偏差。大多数高校之所以争取专业学位的培养点，在很大程度上是出于经济利益的考虑，而这些学校是否具备相应的软硬件设施和师资力量并没有被太多地考虑。这样不可避免地导致了专业学位培养模式的学术倾向，没有对专业学位教育的专业和职业属性深入理解和贯彻。因此，高校作为培养的主体，为了提升学生的专业技能，应该把实践能力的提高作为培养目标的核心。

三、国外专业学位硕士研究生培养模式比较与借鉴

（一）美国专业学位硕士研究生培养模式特征

1. 多元自主的入学形式

在美国，专业学位的社会威望要高于学术型学位，专业学位毕业生往往获得到较高的社会待遇。美国专业学位研究生的入学时间灵活，大部分专业学位每年都有两次以上的入学考试机会，入学形式与专业学位的职业特色紧密相关，招生标准更加强调考生的专业知识和实践能力，考试内容重点考查考生分析问题和解决问题的能力。美国采取严格的招生标准，从世界各地招收专业学位研究生，招生范围广泛、招生对象国际化。美国专业学位一般要求国内申请者具有优秀的大学成绩单、2～3 封推荐信、工作经验证明以及个人申请书等；对于国外申请者，一般还要求本科学历、英语成绩等。此外，入学考试的权力主体是各高校，政府并不直接参与专业学位研究生的招生工作，具体入学条件和招生标准由各招生单位自主确定。严格的招生标准、国际化的招生方式和招生自主权有力地保证了美国专业学位研究生教育质量。

2. 目标明确的培养目标

美国专业学位研究生教育具有明确的职业目标，在职业目标的基础上形成了鲜明的专业培养目标。研究生入学后，培养单位即专业学院对其进行专业化

的职业培养，不仅同一层次不同专业学位的培养目标各异，不同层次专业学位的培养目标侧重点也不尽相同。以美国教育学各层次专业学位为例（表1），培养目标明确地指出本层次专业学位的培养导向，教育学专业博士的培养目标对科研能力和实践能力的要求明显高于本专业学位的专业学士和专业硕士，从教育学专业学士学位至教育学专业博士学位，其入学条件和毕业条件也由易到难，呈梯度上升。美国专业学位层次化的培养目标为培养同一领域不同技能需求的专业人才提供了依据，同时也保证了专业学位教育的质量。

表1 教育学专业学位三个层次培养指标的比较

学位层次	培养目标	入学条件	毕业条件
教育学专业学士学位	培养具有实际教育教学或管理能力的专业人才	无工作经验要求	修读基本学分
教育学专业硕士学位	培养具有一定研究能力，即具有理论与实践创新能力的教育领域的教学专家	有工作经验要求	修读基本学分，参与科研项目，一般不要求撰写毕业论文
教育学专业博士学位	培养"教育领域的研究型专业人员"，主要是教育领域的管理者和政策制定者	要求必须具有一定的教育教学经验	修读基本学分，参与科研项目，要求撰写毕业论文

3. 多样化的培养方式

培养方式主要包括培养年限、教学方式、培养体制等方面。美国专业学位研究生教育的培养方式灵活多样：第一，培养年限。培养年限依据专业学位层次和生源背景的不同而不同。层次不同，培养年限不同；生源背景不同，培养年限不同；同一层次下的不同生源背景的培养年限也可能不同。专业学位硕士的培养年限一般为1～3年，不同专业学位的培养年限差别较大、同一专业学位的培养年限也存在较大的弹性空间；博士专业学位的培养年限也因专业不同而呈现明显差异。第二，教学方式。美国专业学位研究生教育的培养方式以保证教育质量为目的，实行多元化的培养方案，教学方法多样，教学时间灵活，课程设置强调实践能力，教学内容随社会需求不断调整。第三，培养体制。实行专职导师负责、导师小组联合指导的培养体制。一方面选拔科研能力强的校内导师，另一方面选聘实践经验丰富的高级专业技术人员为兼职导师。此外，美国专业院校重视与外国高校联合培养专业学位研究生，注重培养专业学位研究生的国际意识。

4. 完善的内外评估体系

美国专业学位研究生教育非常重视对学生的考核和评价，逐步建立了完善的专业学位研究生质量内外评估体系。专业学位教育质量的内部评估主要是指专业院校对本校学生的评估，外部评估主要是指社会力量要求其对某校或某专业学位进行质量检测的评估。在内部评估方面，美国专业学院具有专业学位授予权，即通过政府办学资格审查的专业院校在具有办学资格的同时就具有了专业学位授予权，专业院校以对学生的质量评估结果为依据，决定是否授予其学位。在外部评估方面，美国社会性评估力量强大，民间性质的教育质量评估机构享有较高权威，如高等教育资格认证委员会（CHEA）、专业资格认证协会（ASPA）是被美国公众普遍认可的独立的民间评估机构，社会评估机构对专业院校进行周期性评估，促使专业院校高度重视教育质量，竞相完善自身质量评估体系。

（二）英国专业学位硕士研究生培养模式特征

1. 差异化的招生方式

英国高等院校具有较大的招生自主权，并不存在统一的招生考试。招生学院自主决定入学条件，根据专业要求及学校定位，每个高校不同专业的入学形式、入学要求不一，但一般都要求通过网络申请。申请者依据申请条件提供相关材料或证明，如有良好的本科学位或同等学力，提供大学成绩单、托福或雅思成绩单、推荐信、相关工作经验等，学院对申请者的资格进行审查，对符合基本申请条件的申请者发出面试通知。与研究式学位相比，授课式学位的入学标准稍低，一般不要求提供涉及学术研究、科研潜质等内容的推荐信或要求已有研究成果。

2. 灵活多样的课程体系

英国全日制专业学位教育致力于建设积木型的课程体系，以核心课程构成积木主体，并具有完善的补充课程体系。积木型课程体系在相对固定的课程体系框架内，实现了具有拼凑性的灵活课程选择，表现出了清晰的模块递进和最大限度的自由选择。在课程学习过程中嵌入了实用性的项目工作，如牛津大学工商管理专业硕士第二学期的创业项目同时具有实践和实习的双重功能；灵活的 7～9 月夏季自选学期也提供了多元化的可选课程项目。基于灵活的课程结构，学生在修读完主体核心课程后，通过调整选修课的内容安排，进而匹配自己的职业生涯发展目标。积木型课程体系对学生的自主学习和自主计划能力有较高的要求。

3. 公开透明的质量评价方式

英国高校的专业学位教学质量由不同评价主体进行实时全面的质量监控，高质量的培养方式与高质量的评价方式互为促进。同时良好的质量评价是英国高校吸引优秀生源的有效方式。在教学质量评价方面，最主要的方式是对不同大学的课程设计进行排名，良好的课程排名也是吸引优质生源的优势途径之一。媒体类的质量评价主要表现在对不同学院课程质量的排名，以全透明的课程排名为例，依据课程排名的不同方式和方法，主要有商业周刊（Business Week）、金融时报（Financial Times）、"福布斯"排名（Forbes Ranking）等典型排名。

（三）国外专业学位教育对我国的启示

1. 改革专业学位硕士研究生招生制度

我国研究生教育正处在以培养学术型人才为主向以培养应用型人才为主的转变阶段，专业学位研究生教育的持续发展要以完善的招生制度为依托。目前我国全日制专业学位研究生的入学考试每年只有一次，并不能满足专业学位考生的报考需要。随着我国专业学位研究生招生规模的扩大，入学环节中逐渐显现的一些问题也降低了专业学位研究生教育的初始质量。借鉴美国专业学位严格的入学形式，我国应进一步完善专业学位研究生招生考试制度。在报考条件方面，应考虑试行推荐制度；在考试内容方面，加大对专业知识和个人能力的考查；在招生对象方面，扩大招生地域范围，试招收专业学位留学生；在考试时间安排方面，增加灵活性，可以尝试每年增加一次考试机会；在调剂方面，应坚持高标准择优录取。

2. 明确专业学位硕士研究生培养目标

美国与英国多元化的培养目标适应了社会经济的发展需求，做到了培养目标与职业目标的有机结合。专业学位培养目标的设定应能体现服务社会的本质内涵、满足社会需求，应以市场需求为完善基准，并随着经济社会发展和行业结构调整逐步提高。借鉴国外专业学位硕士研究生教育的成功发展经验，根据我国经济、社会、教育的现实发展需要，在进一步深化专业学位培养目标的基础上，明确各高校的专业培养目标，并细化个人多样化培养计划。应依据不同类型，采用相应的学制和培养模式，制定相应的培养方案，实行差异化培养。

同时，学校培养部门应定期对实施效果进行跟踪反馈。

3. 优化专业学位硕士研究生课程体系建设

专业学位研究生教育的课程设置既要满足市场需要，也应满足学生个体发展需求。目前我国高校在专业学位在课程设置上大多以学术型硕士的课程体系为依据，本着专业要求学什么就设置什么课程的原则，而忽略了专业学位应用型的特点，没有遵循"学生需要什么、社会需要什么"的原则。同时，理论课程与实践性课程在关联性、衔接性上还存在缺陷，忽略了课程结构的层级性。英国的积木型课程体系值得我们借鉴，该课程体系在相对固定的课程体系框架内，实现了具有拼凑性的灵活课程选择，表现出了清晰的模块递进和最大限度的自由选择，该模式为我国课程体系改革提供了可行路径。

4. 健全专业学位硕士研究生教育评价体系

我国研究生教育质量评价体系已初具规模，也已建立了系统的授权审核机制，教育质量评价呈现出评价主体多元化、评价对象多样化、评价指标合理化、评价程序规范化的发展趋势，但在一定程度上仍带有强烈的行政管理色彩，内部的高校自我评价不强、外部的社会评价不全；社会性评价机构数量少、独立性低、权威性弱。基于美国、英国等国家社会评价的成功之处，我国专业学位研究生教育质量的评价主体应进一步吸纳社会力量，为进一步完善我国专业学位研究生质量评价体系，应重新定位高校、社会和政府在评价体系中的地位和作用。高校应承担起保证专业学位研究生教育质量的主要义务和责任，加强对专业学位研究生教育质量保障体系的研究与探索，构建适合不同专业学位的科学的校内评价方法，同时建立高校与企业间的反馈机制，引入社会评价，提高专业学位硕士研究生培养与企业实际需求的紧密贴合度，充分发挥社会教育机构、用人单位、媒体等社会力量的外部监督作用。

四、协同创新视角下的全日制专业硕士研究生培养模式

（一）协同创新培养模式的运行方式

协同创新培养模式发挥作用的关键就是协同合作，即高校、政府、企业和社会四大主体之间的相互协作、相互作用、联合培养。该培养模式具体的运行方式为四大主体两两之间的协同运行，通过这种多元协同运行方式下的交互合作，不仅可以达到联合培养的既定目标，实现培养体系的优化，还可以实现经

济、政治、教育等社会领域的多元良性发展。协同运行方式如图1所示。

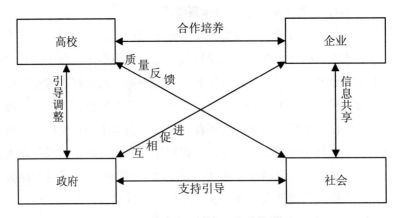

图1 协同创新培养模式运行方式

1. 高校与政府间的纵向协调

高校与政府间的纵向协调是指高校的教育行为与政府制定政策的一致性以及双方依据教育培养现状进行的相互协调。全日制专业学位硕士研究生教育的发展是社会、高等教育发展的必然，而高校的发展目标是受社会的发展需求和教育政策所指引的。协同创新培养模式强化了高校与政府之间的双向互动影响，高校在这一政策引导下，稳定发展专业学位研究生教育；而政府根据各高校的发展实际调整宏观发展政策。

2. 高校与企业间的横向合作

高校与企业间的横向合作是指加强高校与企业或行业部门之间的协同培养，突出职业能力培养，强化实践教学，推进双导师制度。专业学位的职业特性是促成高校与企业合作的主要因素。高校自身在实践基地、实践教学师资队伍建设等方面存在不足，而企业在这些方面可为高校提供帮助；同时企业在科研创新能力提高、高素质人才引进等方面也存在需求，而高校可以为其输送人力资源。

3. 高校与社会性评价机构间的质量衔接

在协同创新培养模式下，高校与社会性评价机构将形成质量评价的协同合作。合作内容主要包括三个方面：第一，人员合作。高校从事研究教育管理的研究人员、从事质量监控的研究人员可以在社会性评价机构中任职，可以为评价机构带来科学、专业、前沿的研究方法。第二，共享科研成果。教育质量是高等教育研究的重要领域之一，高校关于质量评价的科研成果应与评价机构共享，并结合其实践经验，这样高校既可以检验科研成果的可行性，也可以促进评价机构改进工作思路和方法，实现相互促进、相互完善的协作局面。第三，评价结果的互惠。社会性评价机构对高校客观的评价结果，可以使高校清晰地认识到自身存在的问题，并为高校提供相应的改进建议，同时评价结果的客观性、准确性也可不断提高评价机构的权威性。

4. 政府与企业间的相互促进

在协同创新培养模式中，政府和企业的相互促进表现为作为经济力量代表的企业与作为政治力量代表的政府在全日制专业学位硕士研究生教育中的协同促进作用，是推进该协同模式稳定发展的推动力量。经济发展是专业学位设置并大力发展的社会根源，政府则是专业学位设立的政策支持和发展方向的有效指引，无论缺少哪一方，专业学位教育的发展状态都将发生倾斜，无法使协同创新培养模式正常运转，产生应用的效果。

5. 政府与社会性评价机构间的支持引导

政府与社会性评价机构之间的引导支持循环协同方式是指社会性评价机构的产生需要政府力量的引导，其发展又会成为政府履行社会职能的强有力支持。一定社会形态中的政治因素对其社会组织的构成产生一定影响，社会性评价机构作为多种力量集聚的非营利性组织，其成立及评价权威、社会地位的形成均离不开政府的政策引导与资源支持。此外，还要充分发挥社会性评价机构的社会服务功能，充分做好教育质量评价工作，致力于成为教育质量评价的权威有效组织。

6. 企业与社会性评价机构的行业合作

在协同创新培养模式下，企业与社会性评价机构通过在全日制专业学位硕士研究生培养活动中的协同合作，实现各自的组织目标。两者的行业合作，可以实现全日制专业学位教育质量评价标准的确立与相应职业领域任职资格要求的高度契合。社会性评价机构与企业的密切合作，是建立专业学位及其相应职业领域准入制度的有效保证。同时，体现职业特性的质量评价工作将更有效地为行业提供高质量的对口人才。

综上所述，高校、政府、企业和社会性评价机构这四大主体全员参与到全日制专业学位硕士研究生教育协同培养中，在培养实践中，这四个主体两两合作，必然产生传递效应，最终形成四个主体的全方位合作衔接，实现四个主体分别将研究生培养工作纳入组织目标的战略规划，实现人员、信息、知识等资源的有效交流，拓展各主体的发展空间。

（二）协同创新视角下的全日制专业硕士研究生培养模式——以我校为例

在协同创新的培养模式下，高校作为最重要的主体，其培养模式的构建，与企业、社会、政府之间的合作等直接决定着人才培养质量的优劣，因此，本课题以我校为例，对全日制专业学位硕士研究生培养模式进行研究，该培养模式应遵循社会经济发展需求、个人需求和学校自身特色，综合资源优化配置，使其协调发展，输出高质量的应用型人才。我校为财经类院校，专业型硕士研究生的培养应该以关键能力为特征确立培养目标，以实用为特征调整和完善课程教学体系，以实践为特征拓展教学模式。这些内容涵盖了整个培养体系，本课题将从六个方面来对我校专业硕士的培养模式提出具体的措施。

1. 制定明确的培养目标

目标是行动的指向标，因此制定合理的目标是专业学位硕士能够良性发展的基础和关键。培养目标就是回答"培养什么人"的问题。我校是财经类院校，由于自身职业性的特征决定了其在对专业硕士进行培养时，除了要培养出高素质应用人才外，还要求培养的成果保持自有的经济和管理的特色优势。因此，在制定专业硕士的培养目标时应该更突出强调对职业性特征的培养，这就要求培养成果不仅要有扎实的经济管理理论基础，还要有能满足实际工作的能力。我校全日制专业硕士研究生的培养目标如图2所示。

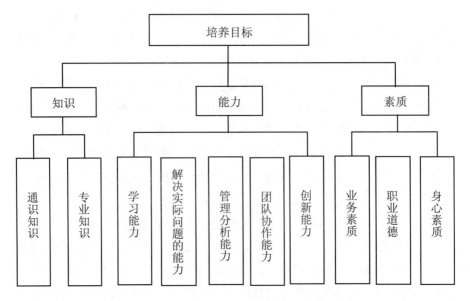

图2　全日制专业学位硕士研究生培养目标

2. 拓宽生源，实行灵活的学习方式

目前，我校全日制专业硕士招生人数较少，且多为调剂生，在生源质量上与专业硕士的培养目标差距较大。为此，我校应积极拓宽生源和改革录取制度，以保证生源的数量与质量。首先，加大招生宣传，详细介绍专业型硕士的特色和优势，让更多的学生了解专业学位，从而让更多的学生报考我校的专业学位，吸引优质生源。其次，由于专业型硕士研究生将来主要从事应用性强的实务工作，可以考虑招收更多的在职学生，因为这些学生具有比较强的实际工作经验。例如，我校的金融、保险、税务等专业，专业课业务实践性较强，如果本科阶段没有相关学习经验，则无法达到预定的培养质量，可加大与相关企事业单位的合作，招收具有实际经验的在职研究生，从而提升培养质量。最后，招生要注意宽进严出，我校专业硕士所招收的生源应届毕业生占主体，他们都没有经历社会实践的过渡，因此没有良好的实践基础，不能保证生源的质量。因此，应该打破看重笔试忽视复试的现象，在复试过程中可以对考生的素质、能力、知识进行全方位的考查，从而可以更公平合理地对人才进行选拔，同时也能够保证选拔人才的质量。

3. 优化课程体系建设

在日常的教学过程中，我校已经有了一套较成熟的课程体系，但也存在一些不足。因此，我校应该根据各专业硕士的特点，在保证基础专业知识稳健的基础上，侧重于实践和管理方面的内容。一方面，现阶段专业硕士主要课程可以分为核心、必修、选修三个类型的课程。在保证学生必学核心课程之外，其他课程都应该注重培养学生的实践能力。考虑到实务当中的高级应用人才工作环境的复杂性及复合型知识的需求，建议在设计培养方案的时候应该加大选修课的学分，选修课的学分在原则上不能低于总学分的 1/3。在选修课中，应该多增加一些经济、管理类的基础科目，强化培养学生在经济、管理领域的意识与理解能力。另一方面，在教学方法上突破现有的千篇一律的模式，采用一些灵活多样的教学方式，加强案例教学、参与式教学、探究性学习、团队学习、模拟实践等相结合的形式，让学生参与到教学过程中来，激发他们主动学习的积极性，来培养他们的创新精神和实践操作能力。

4. 构建校内外双导师制度

构建校内外结合的双导师制度，是专业硕士实践能力培养的关键，我校应明确双导师各自的职责，并且邀请具有丰富实践经验的企业家、具有优秀技能

的技术人才、在专业领域表现突出的专家进行交流，让其参与到教学的实践过程中来。

对于校内导师要严把质量关。首先，在导师遴选方面，一定要建立科学、合理的评价体系，从导师的责任心、专业水平、科研能力、教学经验等多方面进行考核，通过专门的学术委员会进行评选。其次，在导师的配备方面，应该着重对教师的知识、年龄、学习结构进行综合比较，构建复合型导师队伍。最后，我校的专业硕士导师都是从学术型研究生导师转变而来，在实际的专业型硕士的培养过程中，或多或少存在转变的不合理，所以必须进行导师的再指导培训，选取代表送到一些实际的相关部门进行锻炼，使其获得实际的工作经验，在导师层面进行实际与理论的结合。

对于校外导师，应该相应地制定双导师管理制度，强调制度环境的建设，对校外导师进行一定的培训，强调校外导师的重要性，提高其使命感和责任感。与此同时，要增强校内外导师的相互合作意识，鼓励两位导师加深交流，并为两位导师的沟通交流提供一个良好的平台。此外，还应该扩大导师的管理权限，在录取、培养、科研、就业推荐等方面发挥应有的作用。建立多导师对一学生的指导制度，充分发挥导师在其所在领域的指导优势。这种方式不仅加强了师生之间的交流，促进多方思维碰撞的同时，激发彼此的创新意识，达到教学相长的目的，同时也大大地提高了专业型硕士研究生的实践质量，对学生的培养形成强大的推动力。

5. 加强实践教学基地的建设

我校应该根据社会人才需求的要求，对学生进行针对性强的理论专业知识的培养规划。在教学模式上，可以选择"协同式"模式，这种模式成功将学校与企业相联合，把专业型研究生投放到各个企业中，实现理论知识与实际操作能力的完美融合，对于企业存在的一些问题，可以从学术研究方面进行分析，促进学生的创新研究能力。为校外导师和在实践一线的企业专家搭建一个第二课堂，将当前最突出的新情况、新问题及时地分享给在校的同学。除此以外，毕业论文的选题也鼓励对从实践中发现的企业问题进行分析、大胆提出假设、努力进行创新，相对于传统学术气息浓厚的毕业论文来说，更加具有针对性、实用性和推广研发价值。毕业论文的形式也不局限于一种，可以采用调研报告、案例分析等多种形式。

6. 完善评价考核机制

目前我校对专业型硕士研究生的培养目标是培养理论知识与实践能力全面发展的专业型人才。所以应该从两方面进行评价，一是理论知识综合评价机制；二是应用知识能力综合评价机制。理论知识的考核主要侧重于所学专业课的考核，同时也要注重考查学生的创新意识；实践能力的考核主要通过社会实践效果和毕业论文设计两方面进行考核。

要对培养成果进行科学真实的评价，就应该打破传统的笔试考核方式，改为笔试与面试相结合，综合考查学生素质的新的考核方式。学生不仅要通过传统的笔试试题作答，还要通过展示自身专业素质和良好的自身表现能力进行相关企业的模拟面试，通过这两方面的综合评价，给出学生成绩。

对于社会实践部分的考核，不能全部依靠社会实践报告的内容，应该由校内校外两个导师从三方面进行全面评价：首先是社会实践期间的表现情况的考核，由校内校外两个导师共同评价；其次是社会实践结束后的心得交流；最后是实习报告的成绩。具体开展模式如下：在第二学期的初期，统计专业型硕士社会实践的方向，在社会实践的后期，校内导师应该与学生所在的实习企业进行沟通，综合评价学生在实习期间工作能力，进行定期与不定期的抽查，了解学生的具体状况，以学生小组为单位经常进行社会实践的成果交流；社会实践结束后，再以班级为单位，开展新的交流会，为学生相互交流与学习提供一个平台，并根据交流结果进行评价；最后要求学生提交实习报告。综合这三阶段的考核，保证学生的实习实践质量。

专业型硕士研究生的论文应该以实际工作中的一些问题为切入点，从理论分析、实际操作可能性分析等几个方面来提出论题，并运用自己所学专业知识提出合理化解决方案，同时根据企业所处行业的特性提出有应用价值的发展假设。

参考文献

[1]曹健. 研究生培养模式论[M]. 镇江：江苏大学出版社，2011.

[2]段丹，林洪. 构建全日制专业学位研究生职业指导体系的探析——基于提升培养质量的视角[J]. 黑龙江高教研究，2012（8）：50-52.

[3]耿有权，彭维娜，彭志越，等. 全日制专业学位研究生培养模式运行状

况的调查研究——基于全国 14 所重点高校问卷数据[J]．现代教育管理，2012（1）：103-108.

[4]郭洪利．研究生专业学位教育培养模式创新和管理体制改革实用手册[M]．北京：高等教育出版社，2010.

[5]胡琳玲．我国高校研究生培养模式研究——从单一走向双元模式[M]．上海：复旦大学出版社，2010.

[6]黄正夫，易连云．协同创新视野下研究生培养模式的转换[J]．学位与研究生教育，2014（4）：7-10.

[7]李森，王振华．中美教育专业学位研究生培养模式比较研究[J]．中国高教研究，2011（2）：37-40.

[8]秦发兰，陈新忠，汪华，等．关于全日制专业学位研究生特色化培养的思考[J]．中国高教研究，2012（4）：56-60.

[9]宋强，裴金宝．全日制专业学位研究生指导教师队伍建设的探讨——以教育硕士为例[J]．中国成人教育，2011（7）：68-69.

[10]田学真，张俊．美国专业学位研究生培养模式及其启示[J]．研究生教育研究，2012（3）：91-95.

[11]英爽，康君，甄良，等．我国研究生培养模式改革的探索与实践[J]．研究生教育研究，2014（2）：1-5

[12]张东海，陈曦．研究型大学全日制专业学位研究生培养状况调查研究[J]．高等教育研究，2011（2）：86-89.

[13]甄良，康君，英爽．建构我国研究生培养模式的改革思路[J]．学位与研究生教育，2013（1）：14-18.

学位点自我评估体系与方案研究①

刘　辉②

摘要　学位点是地方高校科学研究和人才培养的载体，学位点自我评估是其自身得以优化且可持续性发展的主要途径，也是其不断健全质量保证体系的重要保障，而如何做好学位点自我评估实施方案则是学位点建设和评估的关键环节之一。本文从实施方案的起草制定、组织实施、成效提升三个阶段加以分析和研究，并针对其中问题提出优化建议。

关键词　学位点　自我评估　评估指标体系　评估方案

高等教育发展的关注点是规模、质量、结构、效益。中国研究生教育发展的历史并不长。中华人民共和国成立以前，高等教育发展极为缓慢，只有少数高等学校招收过一些研究生。1935—1949 年，仅有 200 多名研究生被授予硕士学位。中华人民共和国成立后，研究生教育有了一定的发展。1950—1965 年，共招收研究生 2.3 万人。1966 年，由于"文化大革命"，研究生教育中断了长达 12 年之久。研究生教育真正开始有较大的发展是在 1978 年恢复研究生招生制度以后。1980 年，全国人大常委会通过了第一部教育法《中华人民共和国学位条例》。1981 年，开始招收攻读硕士、博士学位研究生。从此，我国的研究生教育进入了蓬勃发展的新时期。多年的发展基本上解决了规模问题，如何保证高等教育质量、优化高等教育结构、提升高校的办学效益成为当前我国高等教育发展的重要问题。高等学校的根本任务是培养人才、进行科学研究和服务社

① 本文是天津财经大学学位与研究生教育教学改革研究项目"学位点自我评估体系与方案研究"（项目编号：2014YJ15，主持人：刘辉）的中期研究成果。

② 作者简介：刘辉，男，辽宁省海城市人，天津财经大学研究生院副院长，副教授。

会，学位授权点是现代大学培养高层次创新人才的重要载体，是研究生培养的基础，是研究生教育的重点工作。

学位授权点建设与发展是研究生教育的重要基础和立足之本，建立科学的学位点评估监督机制意义重大。在我国，高等学校和科研机构只有获得国家的授权后，才具有学位授予权。我国学位点经历了从无到有、从少到多，以及层次、学科、区域分布不断调整的过程。为适应社会发展对学位授权提出的要求，学位授权审核制度不断改革，审核权逐步下放，学位授予单位的主体性突显。但同时也应该看到，现阶段培养单位自我约束、自我发展的机制尚未完全建立，我国的学位授权审核制度要求与博士、硕士学位授予单位和学位学科、专业的基本条件和办学水平还有差距。特别是有的学位授予单位或学位授权学科、专业经过若干年的变迁，可能出现学科梯队老化、学科带头人流失、学科水平下降等现象。国务院学位委员会定期开展学位授权点的定期评估，是我国学位授权制度的一次重大改革和质量保障机制的完善。

学位点评估标准是学位点质量保障的重要条件，也是学位点建设的基本依据。纵观全国高校，在如此大规模的学生资源情况下，学位点建设合格与否是关乎学校、学生切身利益的关键点。开展学位授权点自我评估工作是国家层面对各个学位授权点的检查，反之，各个学科点也可以发现自身存在的问题，并分析造成这些问题的原因及症结所在，研究解决这些问题的制约因素，及时采取有效的整改措施。

一、学位点自我评估概述

（一）自我评估的定义

学位点是指在教师队伍、课程设置、科研条件和管理制度等方面达到一定条件，经国家或培养单位的审核，具有硕士、博士学位研究生培养资格的某一学科专业，它是研究生培养和教育管理的基本单位。因此，学位点的管理工作，直接影响着高校整体学科建设的质量，制约着研究生教育质量的提高。学位点自我评估是学位授予单位为加强学位点的管理，保证提高研究生培养质量，促进学位点的建设和健康发展，而采取的自我诊断式评估，是对本单位学位授权点和质量保证体系建设情况的检查。评估内容主要包括学位授权点的发展目标、人才培养、师资队伍、学科水平、研究生教育资源配置与条件保障、建设规划，以及本单位质量保证体系建设成效。学位点自我评估可在一级学位授权点层面进行，也可在二级学位授权点层面进行，本文主要探讨一级学位授权点层面的自我评估。

自我评估机制的建立和完善是学位与研究生教育评估体系的重要组成部分，也是学位与研究生教育走上健康发展轨道的根本标志之一。加强自我评估，就要将自我评估纳入本单位的发展规划、学科建设等各个方面，成为本单位研究生教育运行机制整体中不可或缺的组成部分。今后几年，随着质量监督体系的日臻完善和研究生培养单位质量意识的不断增强，自我约束、自我评估的运行机制将得到建立和完善，并成为研究生培养单位的自觉行动。

（二）自我评估的必要性

学位与研究生教育的制度化、规范化首先决定了必须在高校内部建立学位与研究生教育的自我评估制度，开展自我评估工作。研究生教育是我国最高层次的教育体系，承担着培养高层次人才、创造高水平科研成果、提供高水平社会服务的重任。自 1978 午恢复研究生招生制度开始，经过 30 多年的探索与实践，我国已逐步建立了一系列学位与研究生教育的规章制度和文件，如《中华人民共和国学位条例》和《中华人民共和国学位条例暂行实施办法》等法规性文件，这些文件规定了研究生培养的统一规格要求和质量标准，使我国的学位与研究生教育从招生、培养、学位授予等各环节逐步制度化、规范化。2013 年，教育部、国家发展改革委、财政部先后出台《关于完善研究生教育投入机制的意见》《关于深化研究生教育改革的意见》等文件，明确要求要"坚持全面提高质量""强化培养单位质量保证的主体作用"。因此，研究生教育走以质量为核心的内涵式发展道路，构建以学位授予单位质量保证为重心的学位点评估制度势在必行。

高校自身的可持续发展必然要求在高校内部建立学位与研究生教育的自我评估制度，开展自我评估工作。近年来，随着国民经济进一步发展，社会对研究生教育提出了新的挑战，传统的、单一的研究生培养模式已不能适应新世纪学位与研究生教育的发展和社会需求，培养模式和规格的多样化，合理优化的专业结构和布局，稳定适当的招生规模，人才培养的高质量已成为各高校学位与研究生教育可持续发展的目标。但是如果不注重在研究生培养过程中的检查、监督工作，研究生的培养质量就有可能偏离质量目标，达不到培养要求，或者在培养过程中出现问题，不能及时解决。因此，在高校内部建立和完善学位与研究生教育自我评估制度，定期开展自我评估工作，不仅是保证和提高研究生培养和学位授予质量的根本需要，同时也是建立高校学位与研究生教育自我发展、自我完善、自我监督和自我约束机制，使之走内涵发展道路以获得持续发展的根本需要。

二、学位授权点自我评估存在的问题

（一）评估机制需要进一步完善

学位授权点评估以官方评估为主，对学位点自评开展得不够。由于自我评估在学位授权点评估中十分重要，对于高校学科建设和研究生培养具有重要意义，因此应当加强自我评估机制的完善，以有利于促进学科的良好发展。同时，自我评估的结果应当指导学科建设和发展，以达到自我评估的目的。

（二）评估中需强化研究生教育质量保障意识

学位授权点评估与研究生教育质量保障具有密切的联系，评估中应当强化质量意识，进一步完善研究生教育质量保障机制，强化研究生培养工作的质量意识，促进研究生培养和学位授予质量的不断提高。

（三）评估主动性不够

单一、强制的考核评估无法从根本上长期调动各方参与的积极性，建立一系列与学位点建设配套的，事关各院系、人员切身利益的激励机制，对于提高学科构建和评估热情有着重要作用。

（四）评估指标体系需要进一步完善

学位授权点评估存在"一刀切"的现象，所有相同门类的学科均采用统一标准进行评估，未考虑某些学科自身的特殊性。在学科评估过程中，如何确定评价指标和配置权重是评估的一个难点，也是直接影响评估结果科学性、合理性、有效性的关键。目前，国内关于学位点评估体系设置已有较多的研究，但对于选取哪些指标，为什么选取这些指标，怎样分配权重，为什么这样分配，目前还没有形成统一的意见。纵观国内外学科评估和排名情况，我们认为，构建指标体系时至少应处理好以下几对关系：数量与质量的关系，科学研究与人才培养的关系，定量与定性的关系，共性与个性的关系。

（五）评估方法有待进一步改进

近年来，各高校学位授权点增长迅速，传统的采用分批次实地考察的方法开展比较困难。因此，传统的学位授权点评估方法有待进一步改进，以有效地提高评估结果的准确性和可靠性。

三、国外学位点自我评估的模式及特点

开展学位点自我评估、制定评估标准、设计自我评估的指标体系，既要遵循以往国家统一进行的学科评估基础，也要考虑学校自身的特点，还要借鉴国外成熟的实践经验，参考国际惯例。西方高等教育实施学科自我评估由来已久，以英、美两国最为典型，分别形成了一套较为成熟的学科自我评估体系。

（一）注重教学的学科评估模式——英国 QAA 学科评估

成立于 1997 年 3 月的英国高等教育质量保证机构 QAA，作为一个独立的、半官方的高等教育评估机构，以 6 年为一个周期进行学科评估，主要集中于教学质量与学术方面，致力于为英国的高等教育提供综合完整的质量保证服务。

在评估的标准上，依据学校的学科教学目标而评估。各学校的任务、学科的具体目标不尽相同，展示的是成功完成各门课程学习后取得的学习结果和经验。QAA 评估委员会实地走访，在了解学校所提供的学科教学目标的情况下，检查学校在完成自己所设目的和目标方面的达成程度。

在评估的主要内容上，重视对教学的评估。QAA 主要是根据学科教学目标的完成情况，分析学习经验和成果的六个方面：课程设置和组织，教学、学习和评估，学生的进步和成绩，学生的支持和指导，学习资源，质量管理和提高。根据目标的实现程度，分为四个等级标准，分别赋予不同的分值。而对于学科学术评估，QAA 评估委员会主要评估两个层面：一是在每一学科领域内，对学科的学术标准进行评估；二是对于学校提供给学生的学习机会及质量加以判断。

（二）注重科研的学科评估模式——美国的 ESI 评估体系

基本科学指标 ESI 数据库是美国科学情报研究所（ISI）于 2001 年推出的有关科学研究绩效、科学发展趋势的基本分析评价工具，是基于 ISI 引文索引数据库所收录的全球 7000 多种学术期刊的 900 多万条文献记录而建立的计量分析数据库。ESI 从引文分析的角度，针对 22 个专业研究领域，分别对国家、研究机构、期刊、论文、科学家进行统计分析和排序，主要的指标包括论文数、引文数、篇均被引频次等。利用该数据库，用户可以了解达到一定级别的科学家、科研机构（大学）、国家和学术期刊在某一学科领域的发展和影响。只有近

10 年按论文总被引次数排在 1%的学科方可进入 ESI 国际学科排名。用户还可以了解某一学科领域内哪些论文被引用的次数、哪些国家在某一学科研究领域影响力最大等。目前，我国教育主管部门和"985 工程"建设高校已经开始以此作为评价高校学科发展的指标。

（三）注重核心竞争力的综合评估模式——英国的泰晤士和美国的院校认证

不同评估标准的侧重点各不相同，注重评估学校整体核心竞争力的英国民间机构《泰晤士报》（*The Times*）发布的商业性大学排行榜有两种：一是大学按综合情况排名，二是大学按学科排名。

作为教学、科研、人才培养等综合评估模式的典型代表，美国的院校认证是为了证明整所学校的教育质量和整体实力，其特点是根据学校的整体工作模式和学校的预定发展目标，采用定性方法评估学校，以尊重高校的多样性和自主权。院校认证主要分为院系层面的评估和学生层面的评估，院系层面的评估主要是学院（系）的发展情况，包括本科生和研究生的培养，以及对围绕学术发展的各种软件和硬件条件的评价。评估范围不仅包括人才培养，还包括了科研等学术事务，是一个综合评价的过程。评估主要着眼于该学院或系的未来学术发展，目的是提高人才培养、学科发展、科学研究等综合学术水平。学生层面的评估一般由院校研究生办公室承担，主要是对学生产出的调查研究，包括考试成绩、基本技能、就业情况、学习成果、校友调查等针对学生个体的评估。

（四）经验借鉴

总体而言，英、美、中三国的学科自我评估的指标既有共性（如以教学和科研为重），也各具特色。通过对三国高校学科自我评估的不同特点进行比较分析，可以得出国内外高校学科在进行自我评估的过程中必须关注的重要因素。

1. 关注研究生教育过程的输入和产出

评估指标既考查学科的"加工"质量，也反映了学科的吸引力。例如，英国 QAA 强调学生产出（所应达到的最低学习绩效）；泰晤士大学排名将入学门槛和毕业生发展两项指标置于与科研和教学并列的位置；美国的院校认证也有专门针对学生层面的评估。

2. 关注学科特色及学校自身发展

除一些营利性的商业机构外，包括英、美以及部分国内开展国际学科评估的高校在内，多数评估都淡化了竞争性的排名。反映出的新趋势是结合学校整体战略规划，关注学科建设的自我完善、未来发展，提高学科内部的质量保障能力，如英国 QAA 学科评估原则用"质量提高"取代"问责"。

3. 关注学科多样性和指标差异性

英国 QAA、中国学位中心都依据学科特点设计不同的评估指标，而美国的院校评估更是从高校的某学科内部自下而上发起评估，充分体现差异性。除学科分类评估外，指标的重要影响程度也体现出差异性，如 RAE 分别对三个一级指标赋予不同的权重。

四、学位授权点自我评估方案制定

（一）自我评估实施方案的起草制定阶段：坚持理念、明确思路、确定原则

1. 坚持理念，以质量提升为核心，实施内涵建设

在当前形势下，与部属院校相比，地方高校应清醒认识到自身的短板：资源短缺和经费紧张，如果只是想以学位点的数量和规模来提升本单位的影响力和竞争力将越来越难，因为从国家建校目标和经费投入方面，部属院校具有先天的优势和相当高的起点，两类高校本身就存在较大的差距，所以地方高校应加快转变观念，紧抓质量建设，打造优势特色和支柱学位点，突出重点，从内涵和建设深度着手，形成学位点的名牌效应，做出一个或者几个明星学位点，以点带面，以重点特色学位点带动一般基础学位点，才会真正提升本单位的整体办学水平和学术水平。

2. 明确思路，以规范性程序为牵引，形成良性循环系统

学位点自我评估最终目的就是自我剖析和改进以达到自身提高和发展，所以在开展自我评估之前，应做到思路清晰，即定目标（目标定位）—找问题（现状分析）—寻对策（措施制定）—抓落实（质量保障）—上水平（自我提高）—再定目标（新一轮循环）。这样在每轮自我评估中对于学校、学院、学位点各层主体具有很好的导向性和指引性，易于操作，有利于形成良性有序的循环系统。

3. 确定原则，以顶层设计与个体定位相结合，兼顾不同类别学位点的发展

当前，各地方高校本身都或多或少存在着学位点层次和类别的差异性，即博士和硕士，学术型和专业型。因此，作为高校首先应按国家和当地政府相关文件的大框架，制定本单位的自我评估实施方案，尤其是评估标准，做好学科门类的顶层设计，在学科方向、人才培养、科学研究、平台条件、师资队伍、

保障设施等方面设定必要考察环节，设立基本合格标准，确保学位与研究生教育的开展。同时各二级学院、学位点根据自身特点拟定细则办法，这样学校既可以把握整体布局和宏观调控，也可以赋予二级学院和学位点更大的自主权，有利于形成办学特色，突出学科优势，找准各自问题所在。不然简单制定统一标准，势必造成不公平，也无法形成分层次分类学科建设体系，容易造成学校学位点同质化无特色现象。此外，实施方案不断反复修改论证的过程也是各学位点摸清家底和找准对策的有效途径。

（二）自我评估实施方案的组织实施阶段：设立机构、健全体系、做好保障

1. 设立机构，以专门机构的设立促成学位点自我评估工作的常态化和长效性

学位点的建设水平是学校办学层次和实力的重要标志，而学位点的自我评估是各地方高校合理布局和规划建设的主要手段，也是提升学位点质量的重要途径。因此，学位点自我评估不是一次性的评估，应是时间相对固定的周期性的评估，这样才会不断总结经验，凝练特色，促进和带动各地方高校相关建设的发展。而专门机构的设立可有效保障学位点自我评估模式常态化和长期化，有利于各项数据存档和对比分析。此外，学科自我评估主要是对本学科的学科方向、人才培养、科学研究、队伍建设、平台条件等内容进行自我诊断、自我管理、自我发展，是一个系统工程，涉及学校多个部门的业务范围，如研究生管理部门、人事部门、科技管理部门、二级学院、实验室管理部门等，如果单由其中一家承担，将无法很好完成该项任务，所以应成立专门机构，专事专办，能够及时做到上情下达、下情上报，在很大限度上避免推诿扯皮、走过场和搞形式现象发生。

2. 健全体系，以校、院、学位点三级管理体制明确参与评估主体的分工职责

学位点自我评估实施方案的目标、思路、原则是一个方向标，专门机构是运转平台、信息收集载体和协调指挥中心，但是如何做好参与评估各主体的分工是学位点自我评估做出实效的关键。因此，应进一步健全学位点管理建设体系，实行校、院、学位点三级管理体制。首先，在学校层面，成立校学位点建设领导小组，作为学位点建设工作的领导机构。组长由校长担任，成员由相关校领导、发展规划处、研究生院、人事处、科技处、实验室管理处、资产处等部门负责人组成。其次，二级学院成立院级学位点建设领导小组，作为学位点建设的责任单位。组长由院长担任，成员由相关院领导、学科带头人和专家组成。最后，学位点成立工作组，作为学位点建设的具体执行主体。组长由学科带头人担任，成员由本学科主要研究方向的学术骨干和学科秘书组成。这样，三级管理体制不仅分工明确，权利落实到人，同时也可以保障信息渠道通畅，各级主体各负其责，避免主体越位或者不作为现象。

3. 做好保障，人财物适当配置，增强学位点自我评估研究的深度和广度

在当前国家推进行政管理改革的前提下，精简机构，控制编制，如何把学位点自我评估的专门机构的各项配套做到实处，将是评估工作的重要环节。由于在地方高校，对于校内很多新生事物多为搭建临时组织，如本科评估，大部分高校成立了评估办或评估小组，待本科评估结束后自动解体，在评估中发现的问题和拟采取的措施，需要很长时间去消化和督促，才能真正做到以评促建，使学校办学水平上升一个新台阶。因此，对于地方高校来说，做好硬件配套工作是开展学位点自我评估的前提，同时由于专人管理和专项投入，将在很大程度上克服一人多岗或多个牌子一套管理团队现象，不仅可以熟练处理日常事务性工作，同时也有精力做好评估的深层次研究，为学校的建设出谋划策。

（三）自我评估实施方案的成效提升阶段：评定结果、动态调整、完善规划

1. 评定结果：以量化数据和主观判断为基础，做出科学合理的评估结果

对于评估结果的认定，首先需要提升认识高度，就是通过学位点自我评估，查找问题，明确发展方向，凝练办学特色，改善办学条件，创新培养模式，从而进一步促进高校学位点的良性发展和整体水平的提高。其次，学位点自我评估主要侧重于以培养质量和学位授予质量为主的研究生教育过程监控；而学位点水平评估主要侧重于以科学研究和人才培养的结果为主的学位点整体实力对比。再次，学位点自我评估的过程中应掌握相对性与绝对性原则。相对性就是指同类学科水平间的差距，绝对性就是指某单一学科水平与绝对标准间的差距。在操作过程中，既要使参评的学位授权点分开档次，又要确定哪些学位点不合格，不具备培养研究生的水平和条件。

因此，对于学位点自我评估的结果，各地方高校应做好各学位点数据收集和整理工作，从不同主体、不同视角看待问题，找出成因，形成报告，同时参照国内同类学科的发展情况，不仅做校内对比分析，同时要放在国内大环境下进行横向和纵向比较，这样有利于做好学位点的定位。同时，各学位点要合理地使用评估结果。评估结果既是对学科建设状况的一种检验，也是对学科建设过程中经验和问题的一次总结。应认真看待学科评估结果，真正通过学科自我评估达到进一步建设和改革的目的。

2. 动态调整：以本单位学科结构和各学位点发展情况为出发点形成动态调整机制

我国以前的评估模式大多是政府主导型，严格按照国家评估结果执行，学位点的调整一般以政府行为为准，高校的自主权相对偏弱。而 2014 年初教育部关于印发《学位授权点合格评估办法》（学位〔2014〕4 号）明确了学位点评估形式：学位授权点合格评估分为学位授予单位自我评估和教育行政部门随机抽评两个阶段，以学位授予单位自我评估为主。从以前的"要我评估模式"转变到"我要评估"模式，高校的办学自主权得到了很好体现，高校能够按照本单位的学科结构和各学位点发展与实际经济社会需求进行调节，把真正培养条件不具备的学位点剔除，集中精力，汇聚资源，打造大平台，为大成果产出创造条件。同时，也需要各地方高校的各级行政领导班子要敢于担当，科学论证，在学位点设置和调整方面切实做到有所为、有所不为，打破学科壁垒，打造特色，避免高校学位点同质化现象。

此外，对于地方高校来说，在目前国家学位点授权布局趋于收紧形势下，应转变思想，按一级学科归类建设，且敢于用减法思维开展学位点建设，建立健全有效的竞争机制，不仅可以激发各学位点的活力和动力，也可以使高校真正合理调整和整合教学和科研资源。

3. 完善规划：以每轮学位点自我评估为契机，加速学校学位点的战略调整和布局

在每轮学位点自我评估之后，各地方高校都应以科学发展观为指导，遵循高等教育发展的规律，适应国家和地方经济建设、科技进步和社会发展的需要，坚持实事求是、强化特色、注重实效的原则，正确处理需要与可能、数量与质量、当前与长远、局部与整体、特殊与一般的关系，从而对学位点规划进行适度调整，这样有利于高校各类科研教学资源的优化配置与共享，有利于学生素质教育和能力培养，有利于提高研究生培养质量和学位授予质量，形成合理的学科结构与布局。

各地方高校应以每轮学位点自我评估为契机，准确了解情况，认识不足，充分挖掘和论证优势和长处，积极培育和发展自身特色，努力走具有自身特点的道路。同时，应及时总结经验，健全规章制度，完善自律机制，增强评估意识，摆正评估目的，进一步完善能上能下动态调整机制，健全评估原则和评估方式，始终把学科自我评估置于高校建设过程中的重要地位。各地方高校应清醒认识到做好学位点自我评估工作，是为满足提升学科水平、优化学科布局、整合学科资源的需要，更是研究生教育质量保证体系和学位点建设的有效诊断手段。

五、学位授权点评估指标体系的构建

（一）确定指标体系的原则

第一，导向性原则。评估指标体系是衡量学位点建设水平的尺度，应充分考虑学位点建设与研究生教育发展的方向，要具有一定的前瞻性。指标体系应该引导各学位点提高质量、提高水平、突出特色，要找准存在的主要问题。在运用导向性原则时，应认真研究指标体系中各指标之间的相容性，如果将几个相互矛盾的指标放在同一指标体系中，势必会干扰导向性原则的正确运用。

第二，科学性原则。评估指标体系应该能够反映学位点建设和发展的客观规律，反映影响学位点建设与发展的主要因素及内在联系。在运用科学性原则时，应注意三个问题：首先，各项指标之间应尽可能避免显而易见的包含关系，对于隐含的相关关系，要在评估模型中用适当的方法消除；其次，指标体系应从系统的角度全面综合地反映评价内容的整体情况；最后，指标要与评估目标保持一致，要能够充分反映目标，并且各指标在评估体系中的权重系数要与其在评估系统中的重要性相吻合，以保证评估结果的可信度。

第三，客观性原则。评估指标要尽可能地避免主观因素的加入，指标含义应尽量明确，要注意确定入选指标的普适性和代表性。指标应当明确具体、计算简便、易于操作，数据收集应当方便简捷。

（二）评估指标体系设计

基于上述三个基本原则，结合学位点建设与研究生教育的基本内容，本文构建了学位点年度自我评估指标体系，主要评价点中列举的内容可根据学位点所在学科门类选用（参见表1）。

表 1　学位点年度自我评估指标体系

分指标体系名称	一级指标（权重）	二级指标（权重）	主要评价点
学位点综合评价	师资队伍（0.35）	主要学术带头人（0.20）	学术水平、教学水平、师德师风、职称、学历与年龄
		队伍结构（0.15）	导师队伍的学历、职称与年龄结构，一年以上海外经历导师占比，海外博士学位导师占比
	研究生培养（0.20）	生源与培养结构（0.10）	985 高校生源占比、留学生占比、招生规模、生师比
		毕业生去向（0.10）	就业率、升学率、出国留学率
	科学研究（0.35）	研究方向（0.15）	研究方向的稳定性、前沿性、特色是否鲜明
		科研成果（0.20）	省部级以上科研获奖、ESI 学科贡献度、ESI 高被引论文或热点论文、SCI/SSCI/AHCI 论文篇均被引频次、授权与转让发明专利情况、学术著作、决策咨询报告
	管理水平（0.10）	—	学位点建设规划与实施情况、学术规范、规章制度的制定及执行情况、信息管理情况
研究生培养方案评价	培养目标（0.15）	—	培养目标是否明确、科学，是否适应学科发展要求和经济社会需求
	研究方向设置（0.25）	—	研究方向是否具有前沿性、特色鲜明，是否符合国家重大需求
	课程体系（0.20）	—	课程体系是否科学合理，基础课与专业课比例、理论课与实践课比例是否适当
	培养方式（0.25）	—	培养方式是否恰当，对研究生提出的学习、科研要求是否合理
	执行情况（0.15）	—	是否依照培养方案开展研究生培养方案开展培养工作
研究生培养条件评价	培养经费（0.45）	—	生均培养经费投入、生均科研项目经费
	科研条件（0.55）	科研平台（0.45）	省部级以上科研基地、研究场地面积、大型仪器设备或图书资料数量
		科研环境（0.10）	生均研究室、实验室面积

分指标 体系名称	一级指标 （权重）	二级指标 （权重）	主要评价点
研究生培养质量评价	科研活跃度（0.15）	—	研究生参与科研活动情况、研究生科研项目立项情况
	科研产出（0.25）	—	生均 SCI/SSCI/AHCI 论文数量
	科研影响力（0.25）	—	生均 SCI/SSCI/AHCI 论文被引用频次
	培养效果（0.35）	—	省级优秀硕士、博士论文，学位论文通过率和优秀率
	毕业生评价（0.10）	—	用人单位对毕业生的满意度评价
研究生导师评价	学术水平（0.35）	科研项目（0.10）	国家级科研项目数、科研经费总数
		科研成果（0.25）	省部级以上科研获奖、ESI 学科贡献度、ESI 高被引论文或热点论文、SCI/SSCI/AHCI 论文篇被引频次、学术著作
	教学水平（0.30）	教学效果（0.15）	教学手段、对所授知识的熟练程度、学生到课率、学生学习效果
		教学成果（0.15）	省部级以上教学奖励（含国家名师）、国家级教学团队、"十二五"规划教材
	师德师风（0.25）	—	为人师表、学术规范、关心学生、言传身教、甘于奉献

　　学位点综合评价是对学位点的总体评价，从师资队伍、研究生培养、科学研究、管理水平等多方面较为全面地评价学位点的建设情况。研究生培养方案评价、研究生培养条件评价、研究生培养质量评价、研究生导师评价均为专项评价，分别侧重于评价研究生教育的某一个方面。本套指标体系中既有体现研究生培养水平与质量的优秀论文奖励、教学科研奖励等国内评价标准，也引入了 ESI 系列指标、师生比等国际评价标准。总体评价和专项评价可单独使用，也可组合使用，视实际需要而定。上表中的权重信息仅供参考，可根据学校情况设定。

六、自我评估的实施

学位点自我评估是一项涉及面很广的系统性工作。首先，应充分发动广大师生，统一思想，严格按照国家教育方针来指导评估工作；评估过程要实事求是，力求实效，保证评估信息收集和数据处理的准确性、公正性。其次，学校有关领导、相关职能部门和学位点均应积极参与评估工作，一方面可以促进他们提高管理水平，改进领导作风，有利于对学校学位与研究生教育的宏观管理和科学决策；另一方面有利于学位点之间互相学习，取长补短。在评估结束后，应以适当的方式公布评估结果，并引入竞争机制，奖优罚劣，增加学位点的忧患意识，更好地发挥自我评估的激励作用。此外，还应结合校情坚持定期开展自我评估工作，及时根据学校学位与研究生教育工作中的重点、难点和其他条件的变化对指标体系、评估方法进行修订，以进一步优化评估指标体系和评估过程，提高评估效率。同时，应注意高校学位与研究生教育评估新技术、新理论、新方法的学习和运用。

以下结合上述学位点自我评估体系，介绍自我评估工作的具体实施。

（一）年度自我评估的实施

年度自我评估可结合学校实际情况，每 1～2 年开展一次，总体评价和专项评价可同时进行，也可交替进行。其中学位点综合评价、研究生培养方案评价、研究生培养条件评价、研究生培养质量评价由学校层面组织，一般由研究生院负责具体实施工作，院系、相关职能部门予以配合。研究生导师评价由院系层面组织实施，可与教师的年度考核相结合，评价工作完成后院系将评价结果上报学校。学位点年度自我评估实施过程中需要对大量的综合信息进行收集和处理，这是影响评估工作效率的重要因素之一。

作为衡量一所大学办学水平的重要标志，教育管理的信息化已经成为当今高水平大学提升教育管理水平的重要措施之一。随着我国学位与研究生教育制度的不断完善和国家信息化进程的加快，建立更好、更完善的教育管理信息化服务系统已势在必行。为便于学位点自我评估工作的顺利高效开展，可建立高校内部全覆盖的信息管理系统，各归口部门及时补充和更新相关信息，开展学位点评估工作时可从系统中一次性采集所需信息进行统计分析，不仅大大节省了研究生教育管理部门的工作量，也可避免给院系增加过重负担。图 1 为年度自我评估所需的主要信息模块及归口部门示意图。

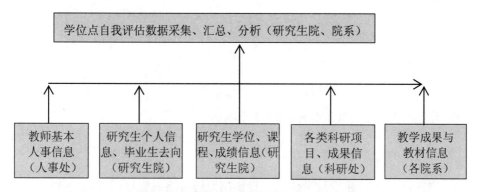

图 1　自我评估所需主要信息模块及归口部门示意图

数据采集工作完成后，研究生院和院系分别根据预先设计的指标体系对各学位点建设情况和研究生导师进行年度评估，计算并公布学位点评估结果。

（二）中长期自我评估的实施

中长期自我评估可每 5～6 年开展一次，学校层面组织，由院系和相关职能部门共同负责具体实施工作。有条件的情况下，可开展国际评估。中长期自我评估分为前期准备、通信评议、现场评估、结果应用等阶段。研究生院与参评学位点所在院系共同制定评估方案；院系通过自评报告充分展示学位点建设成效及亮点并进行竞争态势分析，同时提出学位点的建设发展规划。院系准备自评报告的过程中，必要时相关部门应积极予以配合。学校确定评估专家遴选原则，院系与研究生院共同选定专家；研究生院承担评估全过程中的各类沟通协调工作，并配合院系组织现场评估。现场评估完成后，院系与研究生院共同梳理专家评价意见并形成评估报告，学校对评估工作进行总结并为后续工作做好准备。学位点在通过专家诊断、明确自身优势与不足后，结合学位点实际情况研究制订新的发展计划，经学校审定后实施，相关职能部门跟踪发展计划实施进展情况，并协助推进落实。一段时间后，对发展计划执行情况进行回顾，并可根据学位点建设状况进行适当调整，以便其更好地适应学位点发展。

高校在研究生教育质量保障体系中处于基础性地位，以自我评估、自我约束、自我发展为核心的高校内部质量保障活动是质量保障的基础和前提。一所高校的学科建设状况、学科建设水平，只有学校自己最清楚。对高校而言，学位点的自我审视与评价应当作为一项必不可少的质量保障环节。通过不断的、形成性的自我检查和反省，日积月累，才能使保障机制运行起来，从而有效地促进研究生教育质量的不断提高。

参考文献

[1]樊文强，雷庆，冯厚植. 从他组织到自组织：我国学位授权体系发展的转向[J]. 学位与研究生教育，2013（4）.

[2]甘阵，罗云，孙志强. 完善学位点评估标准的策略选择[J]. 中国高等教育，2011（24）.

[3]何培. 学科建设与学位点建设协同发展策略研究[J]. 科教导刊（上旬刊），2012（8）.

[4]黄文峰. 构建我国学位点评估标准的若干思考[J]. 西南农业大学学报（社会科学版），2012（9）.

[5]林梦泉，等. 学位点质量评估协同机制探究[J]. 学位与研究生教育，2013（7）.

[6]罗云，孙志强，甘阵. 完善学位点评估标准需要理念创新[J]. 学位与研究生教育，2012（4）.

[7]宋晓平，梅红. 我国学位授权审核的历程与动因分析[J]. 高等教育研究，2009（8）.

[8]吴太山，张均，刘雪梅. 学位点立项建设：促进学科建设的有效手段[J]. 学位与研究生教育，2003（2）.

[9]谢安邦，朱宇波. 我国学位与研究生教育发展30年：回顾与展望[J]. 教育研究，2008（11）.

[10]张海防. 学位授权点的自我评估与思考[J]. 教育与职业，2007（24）.

关于财经类高校研究生培养质量监控的研究[①]

贺硕怡[②]

摘要 研究生教育作为国民教育的顶端和国家创新体系的生力军，在我国科教兴国战略中占有最有力的地位，承载着"高端人才供给"和"科学技术创新"的双重使命，在社会经济生活中发挥着越来越重要的作用。《国家中长期教育改革和发展规划纲要（2010—2020 年）》提出"全面提高高等教育质量，提高人才培养质量，改进教育教学评价，建立科学、多样评价标准；开展由政府、学校、社会各方面共同参与的教育质量评价活动"。所有这些都表明，质量已成为研究生教育必须关注的重大课题。

关键词 研究生 质量建设评估

一、国内外研究生质量培养现状

（一）国外研究生培养研究

1. 英国

英国的大学和学院有较大的自治权，教学质量主要由自己负责，组织学术专家进行评判，大学实行学术自由。英国最初是由办学机构自己对研究生教育质量进行评估，高校内部质量评价机构非常完善，形成从校到院、系、所的分层质量保障与评价机构。质量评估委员会规定："自我评估是自我批判和分析式的，应由那些具有本学科渊博知识，同时承担最合适职位，还能对学科的宗旨

① 本文是天津财经大学学位与研究生教育教学改革研究项目"财经类高校研究生培养质量监控指标体系研究"（项目编号：2014YJY27，主持人：贺硕怡）的中期研究成果。

② 作者简介：贺硕怡 女，山东夏津人，天津财经大学研究生院教师，主要从事研究生质量评估工作。

和目标进行评估的人来完成。"

在生源明显不足的今天，英国大学仍然秉持着从源头筛选优秀学生的原则，严把招生质量关，为下一步的教学培养创造良好的基础。英国研究生教育协会主席马尔科姆麦克雷认为，如果教师放宽了研究生的招生标准，即便是录取进入学校，学生因为前阶段的学术水平未达到标准而须付出更多的努力，如果为使这些学生顺利毕业而降低学术标准，即使他们开始工作，也不具有相应学位的资格能力。

2. 德国

德国高等教育强调科研能力的训练，课程教学采取讲座式、讨论式、实验室指导式的方式进行，于是便形成了德国独特的师徒制人才培养模式。由于科研经费的短缺，博士研究生多数担任教授的助手并参与课题研究，这样恰恰提升了研究生科研实践能力。在教学上几乎很少有正规的课程安排，更倾向于科研过程中的讨论，重视实验操作的指导和训练，实验室和讲座制被广泛用于传授知识和提高研究技能。

在学科的建设中，德国的研究生院是一个跨学科的科研集体，该集体有一个明确的研究方向，以学生为中心，教授来自不同的学科专业领域。博士生在研究生院进行科研实践可以得到跨学科的指导，学习交叉学科，促进学科的相互渗透。

3. 美国

美国高等教育评估起步早，研究生教育评估活动也很活跃。美国教育评估主体是非官方机构，大多数经民间的高等教育鉴定委员会和官方教育部认可。各高校并非被动地接受评估，而是主动、积极地参与到质量认证与评估中来，这是美国质量评估的特色。非官方机构进行质量认证与评估，是另一大特色，是由非政府的同行专家组对高等院校和学科进行评估，评估所参照的质量标准是根据专业自定的教育使命及鉴定机构的准则。美国高质量的研究生教育除了政府部门的扶持、社会工业的推动等外在条件外，培养单位自身重视对研究生教育质量的保障监控实施。

（二）国内财经类高校关于研究生培养质量研究

1. 上海财经大学

高水平的学科建设是提高研究生教育质量的基础。上海财经大学在持续推进"造峰填谷"的学科发展基础上，构筑优势学科的"高峰"和"高原"战略；

扎实推进研究生教育的学科布局；根据经济社会发展需求，努力优化二级学科结构；高度重视专业学位研究生培养基地的建设，努力推动各专业学位点和校外企业或机构联合建立形式多样的专业学位研究生培养基地，形成产学研相结合的培养模式。加大跨学科科研组织和平台建设、学科交叉和学科群建设的力度，使得学科建设、科学研究和人才培养有机结合。通过持续加强学科建设，为高水平研究生教育奠定坚实学科基础。

上海财经大学在加强质量监控方面，引入国际评价标准，改革质量评价机制，适应不同层次、类型研究生的培养目标，建立科学规范、多元复合的质量评价机制。加强培养过程质量管理，强化教学指导委员会的作用，定期开展自我评估；建立质量信息平台和研究生质量信息分析和预警机制，定期向社会发布学校研究生教育质量报告，主动接受社会监督。

2. 中央财经大学

中央财经大学研究生部采取定期检查和不定期抽查的方式组织进行研究生教学检查和监督工作。教学检查和监督的内容主要包括：教师教学纪律、教学质量；研究生出勤情况；学校规章制度执行情况等。定期公布教学检查结果，并反馈给学院和当事人。对于违反教学管理规定的，情节轻微应予以批评教育，情节严重的按照学校相关管理制度进行处罚。

3. 中南财经政法大学

中南财经政法大学为维持稳定的教学秩序、稳步提高教学质量，研究生部协同学校高等教育评估中心等有关部门，依据研究生培养方案和教学计划，采取多种方式对研究生课程教学进行严格的定期或不定期检查、指导或评估，逐步建立完善的评价机制和指标体系，对于检查和评估结果差的学院和教师，学校将责令整改和依照有关规定处理；对于结果优秀的，学校将给予表彰和奖励。

各学院除了积极协助研究生部、高等教育评估与研究中心等部门完成各种教学检查、评估外，还定期开展符合本学院实际情况、有特色的教学自我督查与评估，全面及时听取学生和任课教师的意见，了解各门课程的教学情况，不断提高教学质量。

二、我国研究生培养质量管理存在的问题

我国的研究生教育在经历了多年的扩招以后，研究生教育主管部门和高校

将工作重心从研究生数量的扩大转移到了质量的提高上来。总体上看，研究生教育在适应经济社会发展的多样化需求，培养与国际先进水平质量相当的人才方面还有较大差距。虽然教育部研究生教育主管部门以及各高校已经认识到了扩招后带来的质量下降等问题并采取了一系列改进的措施，但是我国研究生在培养过程的质量管理方面，仍存在很多问题，有待我们进行研究改进。

（一）质量文化缺失

与传统的质量管理观念相比，教育质量保障特别强调教育质量文化及质量意识的建立。但是在我国现行的教育模式下，还存在着很多不利于教育质量文化生长的传统因素。

我国目前研究生教育质量保障工作的原则是：以评估促进改进，以评估促进建设，评估和建设相结合，重点在于建设。希望学校把主要的精力投入到加强高校内部建设和改革管理体制机制上，在评估工作的鉴定性功能和诊断性功能中，更重视诊断性功能。但是，对于在办学资源配置、捐资办学情况和高考志愿填报等更为广泛的社会领域中，如何充分利用评估共建及其结论来进行研究的考虑甚少。在实际操作中，"以评促建""以评促改"往往是因政府评估而重视、而投入、而改进，表现出较强的临时性、短效性。有人将其称为"运动化的范式"。这种由政府组织的外部评估活动发生的频率比较低，而且学校处于被动地位，其主动性难以发挥，更多的时候只是一种应付甚至对立的状态。

（二）我国研究生培养过程存在的问题

1. 学科建设

（1）学校定位、学科定位不科学

学校科学的定位是一切教育活动顺利开展的前提。高校办学宗旨是学校定位最典型的体现，高等教育大众化的今天，对生源的吸引、争夺成为一部分地方高校的主要任务。不少高校片面追求办学高层次却舍弃了过去自己的优势和特色，片面强调高层次，忽视了人才培养上的求异，在人才培养定位上出现了明显的偏差，导致高校人才培养规格雷同。同时，部分高校为了提高自己的社会声誉，科研职能不断被强化，通过不切实际的学校定位"拔高"自己。在我国"打造世界一流大学"的口号下，不合理的培养目标也就被"孕育"出来。在知识经济时代，创新能力、创新思维、创新理念是时代特征，一味"人云亦云"地从众将失去立足的空间，"有所为，有所不为"才是行动的指南。高校所在的地域不同，师资力量不同，办学形式不同等一系列的"差异性"必须有与之相符的学校定位、学科定位，科学、合理的培养目标的制定必须基于合理的定位。

（2）专业设置与社会需求脱节

学校科学的定位需要综合各方面的信息，以市场需求为导向开展研究生教育。但由于我国目前有些高校人才培养模式与市场需求相脱节，高校在专业设置和教学理念上未能有效地围绕市场来调整，导致人才培养和市场需求相偏离。很多学生对自己的专业不满意，有的专业领域太宽，有的专业领域又过窄，专业设置与社会需求脱节，培养目标定位模糊。研究生教育是需要培养比本科生更为专业的研究者，这一"专业"并非限制在一个狭窄的视角里做学问，而是在科学定位的基础上，明确学科研究和稳定研究方向，目的是建立合理的知识结构。在培养方向上，还须拓宽、规范、科学地建立宽口径专业研究生培养模式，以顺应科学技术引领未来的趋势。

（3）招生工作存在问题

优秀生源不足以及各个专业之间生源质量分布的不平衡，也是高校降低研究生培养质量的重要原因。谁有充足的生源，谁就有发展的可能，这是高校争夺生源的写照。为了获得足够的生源，高校在录取时抛开了"择优录取、择优施教"的原则。我国高校的硕士研究生招生采取全国统一考试的方式，部分考研学生基于兴趣选择跨专业学习，没有本科对基础理论知识的系统学习做基础，仅仅经过4个月的集中复习就顺利通过考试。以往很多的文献调查显示，我国研究生的培养"严进宽出"，而事实上随着高校"生源争夺战"的加剧，"严进"对于当前的录取环节也不那么真实贴切了。学生经过集中性的复习通过初试，很多高校在学生复试的时候只在乎考生是否来自国家级重点院校，而忽视考生应变、社交、知识迁移等实际能力，导致一些综合素质较高、专业发展潜力较大，但初试发挥失误的本科生未能被录取。

（4）导师队伍建设欠完善

研究生招生规模的迅速增长并没有带来指导教师数量的相应增长，我国研究生指导教师队伍虽每年稳步发展，但在校研究生的迅速增长，使导师平均指导研究生的人数逐年增加，很多高校逐步出现了导师少、研究生多的结构性矛盾。而符合导师条件的青年教师则因为政策限制等原因，没有加入研究生导师的队伍当中，使得研究生导师资源不足的现状仍将持续一定的时间。

2. 教学环节

（1）课程内容新颖性不足，授课方式缺乏多样性

进行课程学习是研究生生活的一个重要环节，研究生教育区别于本科阶段教育的立足点就在于"研究"，但进行科学研究，就必须以丰富的理论知识积累作为前提条件。目前，教育主管部门以及高校都已认识到课程是研究生进行科学研究的基础，至关重要，并且对研究生课程的内容、形式等方面做出了积极改进及调整。但是，研究生学位课程内容陈旧、授课方式刻板单一等仍然是普遍存在的问题。研究生课堂的授课内容仍然延续着本科阶段的知识体系，课程设置更多是出于纵向考虑，即根据专业的培养目标来设置该专业培养计划的专业课程安排，对专业的考虑过多，因此也就侧重于培养"专才"而不是高素质的"全才"。课程主要分为学位课（含公共学位课和专业学位课）、必修课与选修课，它们之间的比例不太合理，关系没有处理好。还有就是课程要求过于僵化，缺乏灵活性，因此有的课程课时数过多，既挤占了研究生做论文的时间，也使得其他应安排的课程最终未安排进培养计划。有的专业培养计划还被安排进了与本专业相关性不大，但与培养单位的整体学科特色有关系的课程，而忽略了自身专业知识结构需求的问题。

（2）科研创新能力不足

研究生科研能力可细化为发现科学问题的能力、科学实践的能力、研究论文的写作能力。发现科学问题是研究生进行科学研究的起点，发现科学问题才能使所做的科研课题具有先进性和创新性。但是相关文献表明，目前我国研究生普遍存在"等"导师给课题的现象，自己发现科研问题进行研究的微乎其微，研究生科研创新能力明显不足。

（3）导师对学生指导少，师生间缺乏沟通

我国研究生培养实行的是导师负责制，因此导师的指导是影响研究生质量的一个至关重要的因素。随着各高校研究生招生规模逐年扩大，研究生导师的数量也在逐渐增多，但是导师数量的增长规模远远跟不上研究生的增长规模，师生比例严重失调，整体上导师指导量快速增长，给导师本人、研究生以及学校都带来了不利的影响，导师出现了职业倦怠以及责任心淡化等倾向，对研究生的指导常常分身乏术，严重影响研究生的科研发展。基于研究生导师由于所指导的研究生数量多，无法顾及每个学生，师生之间必然缺乏良好的沟通。某些导师因为行政职务繁忙等原因对研究生的指导时间少，指导不投入，对于研

究生的生活关照也比较少。长此以往，不仅对研究生的指导产生影响，研究生的培养质量有所下降，对于导师自身的科研能力发展也会造成一定的影响，进而影响我国科研事业的发展。

三、研究生培养过程质量管理的改进建议

2013 年 7 月，教育部、国家发展改革委、财政部联合发布《关于深化研究生教育改革的意见》（教研〔2013〕1 号）。2013 年 7 月 10 日，全国研究生教育工作在北京召开，国务院副总理、国务院学位委员会主任委员刘延东强调，要深化改革，提高质量，推进研究生教育内涵式发展，为全面建成小康社会提供高端人才支撑。研究生教育作为国民教育的最高层次，是培养高端人才的重要途径和国家创新体系的组成部分，是高等教育质量和国际竞争力的直接体现。当前研究生教育综合改革面临前所未有的良好环境，高校必须重视研究生教育深化改革，充分认识提高研究生培养质量的重要性和紧迫性，加强研究生培养的过程管理，将全面质量管理理论运用到研究生培养过程管理当中，提高研究培养质量。

全面质量管理理论在研究生培养过程管理中的运用主要体现在管理的全员性、全面性及全过程性上。高校在研究生培养过程管理中应以全面质量管理理论的"三全"思想为基础，将质量意识贯彻到研究生培养的每项工作中，切实提高我国研究生培养质量。

过程是基础，全面质量管理理论最重要的一个特点即为质量管理的全过程性，国务院学位委员会下发的《学位授予单位研究生教育质量保证体系建设基本规范》中指出，从研究生培养的全过程和基本特点出发，加强、完善研究生教育过程管理制度。高校必须高度重视与研究生培养质量有关的每一个过程、每一个阶段，制定阶段性目标，在培养过程中不断进行检查和修整，确保学校各项工作能紧紧围绕提高研究生培养质量这一目标，将目标管理与过程管理结合起来，实施研究生培养的全过程管理，做好各环节的质量管理工作。

（一）明确培养目标，科学定位培养理念

目标是行动的指向标，随着我国积极参与国际合作，拥有大批的创新人才成为国家发展的软实力，财经类大学因其学科专业特色，更应该培养具有国际意识、富有个性和创新精神的经济、管理、金融人才。因此，目标的合理制定

是财经类院校的专业研究生能够良性发展的基础和关键。财经类院校由于自身职业性的特征决定了其在对专业研究生进行培养时，除了要培养出高素质应用人才的目标外，还要求培养的成果要保持自有的经济和管理的特色优势。从另一个层面来看，财经类院校在制定研究生的培养目标时应该更突出强调对职业性特征的培养，这就要求培养成果不仅要有扎实的经济管理理论基础，还要有能满足实际工作的能力。此外，专业型硕士研究生的学制短，有明显的职业倾向和较强的就业目的，可以将专业型硕士研究生的培养分阶段进行，可以是连续的，也可以是多个阶段的，通过学习和实习的交叉进行，帮助学生积累工作经验，提高学生的实际工作能力。

（二）因材施教，科学制定培养方案

人才培养方案是实现人才培养目标的关键，是教学过程的依据。人才培养方案是依据一定的办学指导思想和市场发展要求，为完成人才培养目标而对教育教学内容和教学过程进行计划安排，以形成一定的课程结构和教学环节。

研究生管理与本科生管理差别较大，研究生学习阶段自主性时间较多，因而统一管理难度较大，往往不能"一刀切"。在打好基础的前提下，突出专业特色，在进行专业课程设置时，需要高校根据专业的研究方向有针对性地选择科研工作和生产生活中实际运用多、实践性强的课程，减少一些基础课和理论课的设置。

经历本科阶段的学习和培养后，研究生已经对所学专业有了一定的知识积累，同时有相当的自学能力，而且研究生培养的最终目的是为国家输送高层次创新型实用人才，因此在进行课程设置时应偏重于知识的深度和知识的前沿性。各高校普遍存在研究生专业课程设置或多或少都存在内容陈旧老化的问题。学科基础知识和理论、运用的方法和公式、经验性的公理和定理基本上不会更新或更新速度不会太快，且这些内容大多应在本科生阶段掌握，不应占据研究生阶段的大量课时。鉴于研究生培养目标实用性和创新性的要求，教师无须采用固定教材，可将需要掌握的基础知识和理论等内容的出处告知学生，由学生自行查阅资料，或整理后交由学生自学完成，并定期组织答疑课，就学生自学过程中遇到的问题进行解答；课程讲授重点应以学科最新观点、理论成果和技术为主要内容，以学术讨论或专题讲座为主要形式展开，并预先将学习或讨论的内容告知学生，以便学生查阅相关资料，增强对课程内容的理解和思考，也有利于学生参与到讨论中来，使其创新思维得到发展，科研能力得到提高。

（三）严格审查毕业论文，提高毕业论文质量

研究生毕业论文的创作是一个复杂且严谨的过程，一般要经过查阅资料、选题、开题、立项、实验、实践、调查（问卷法、访谈法等）、实地考察、与导师沟通、中期汇报、预答辩以及正式答辩等环节和检查程序，学校应重视研究生毕业论文的审查过程，研究生对于每个环节都不应忽视。

学位论文中期检查是保证学位论文质量、工作进度和研究生培养质量的重要措施。原则上要求硕士生应在第 4 学期末进行中期检查，其中 2 年制专业学位硕士生应在第 3 学期末进行中期检查。中期检查应由学部（学院）集中组织 3～5 名本学科领域专家以答辩的方式进行。硕士生进行口头陈述、答辩，专家组给出开题报告考核成绩和是否通过的意见，经学部（学院）学位评定分委员会签字审核后，报送到研究生院。硕士生通过中期检查后方可参加学位论文答辩。第一次没有通过中期考核的学生，可在 3 个月后申请第二次中期考核。第二次中期考核未通过的研究生，将考虑对其做延期毕业的处理。

（四）加强导师队伍建设，增强导师指导的有效性

我国研究生培养实行的导师负责制要求导师指导研究生培养全过程，导师在对研究生进行指导的过程中，不仅负责指导学生进行科学研究，对学生所做科研给予总体的把握和引导，努力培养学生良好的学风和严谨的治学态度，而且对研究生的日常生活也要给予关心和照顾，形成融洽的师生关系，促进学生知识、能力、素质协调发展。导师是研究生培养的第一责任人，因此高校应制定导师工作规范，加强导师队伍建设，提高导师指导质量，进而提高研究生培养质量。

首先，导师的职称评定及奖金发放等要参考所培养研究生的质量。目前我国研究生导师在职称评审、经费分配以及奖金发放等方面，主要是以其科研成果来衡量，很少考虑所培养的研究生质量，因而导师就容易将大部分的时间和精力放在做科学研究以及项目申请上，对研究生的指导则不是十分重视。因此，研究生的培养质量势必会受到影响，直接影响到研究生教育质量的持续提高。其次，增加导师对于研究生指导的频数。从导师对研究生指导的频数上来看，根据调查数据显示，目前仍然存在研究生与导师沟通交流机会少的问题，高校应具体规定导师指导研究生的频次，增加导师与学生之间的沟通次数，借鉴国外相关做法，安排固定的时间和地点与学生沟通交流，定期检查学生的科研进展情况。导师在与研究生的沟通中，不应仅局限于面对面的交流方式，还要结合利用先进的网络技术进行学术交流，避免因空间等距离问题而影响到导师对学生的指导，使导师与学生之间的沟通更便捷、更有效。最后，建立导师指导记录制度，加强导师对研究生培养过程的管理。记录册既包括学校的一些关于研究生培养的规章制度，也包括研究生在课程学习、导师的指导以及实践活动等方面的详细记录，通过导师指导的记录制度，一方面可以使导师加强对研究生的指导，另一方面也可以使高校了解导师对研究生的指导情况，使研究生培养有据可循。

（五）搭建科研创新实践平台，提高研究生创新能力

为了提高研究生的创新能力，教育部于 2003 年正式启动了研究生教育创新计划。通过研究生教育创新计划的实施，不断丰富各种形式的支持计划，并已经初步形成了激励和支持研究生创新的良好氛围。通过继续深入对新形势下研究生教育特点、规律的探索，不断更新研究生教育观念，深化教育改革，推进研究生创新工作，最终建立起高效的研究生教育体制和运作机制。同时，应加强研究生培养基地的建设，推动研究生教育优质资源的共享，加强各研究生培养单位的交流与合作，明显改善研究生培养条件。更为重要的是，要通过完善研究生教育创新计划，建立健全研究生科研创新激励机制，营造期望研究生积极参与创新的良好氛围，强化研究生的创新意识、创新精神，培养出具有较强创新能力、综合素质较高的研究生，从而使我国的研究生培养质量和研究生教育的整体水平尽快接近或达到发达国家的水平。在研究生教育创新计划的实施过程中，要注意增加国际化因素，以国际化的观点来运作研究生教育创新计划，资助研究生参加国外的学术会议，帮助其开阔视野。此外，还需要继续增加创新计划的支持项目，并加强制度建设，提高指导教师和研究生参加研究生教育创新计划的积极性。

（六）积极建立研究生培养质量自我评估制度

研究生培养质量是高校研究生教育的生命线，如何保证研究生培养质量，提高学位授予水平，已成为学位与研究生教育的根本问题。《国务院学位委员会教育部关于加强学位与研究生教育质量保证和监督体系建设的意见》（学位〔2014〕3 号）提出：加强质量保证和监督体系建设，在学位与研究生教育事业发展中具有重要作用。面对高层次人才培养的新形势，提高质量是研究生教育改革和发展最核心、最紧迫的任务，亟须进一步完善与研究生教育强国建设相

适应、符合国情和遵循研究生教育规律的质量保证和监督体系。因此，为确保研究生的培养质量，高校必须根据国家的有关规定，根据自身实际情况，在外部评估的基础上，在学校内部建立研究生培养自我评估制度，内部评估与外部评估相辅相成、互相促进，共同为高校研究生培养质量的提高服务。高校在研究生培养过程中，应在过程管理的每个方面进行积极检查与调整，发现偏离目标方向以及薄弱环节及时进行反馈和处理，使培养过程更加规范化和科学化。将外部评估与内部自我评估相结合，利用先进的评估方法，在保证不影响正常教学秩序的基础上，对研究生教育和学位授予质量定期进行自我评估，逐步建立一套完善的研究生教育自我评估机制。

研究生培养过程管理质量评估系统向过程管理质量监控体系提供决策依据，研究生培养过程管理质量评估包括以下三项主要功能：一是培养过程的状态评估；二是培养过程各个环节的有效性评估；三是培养结果评估。过程管理评估是质量监控体系的最主要环节，通过评估发现问题，总结经验，调整制度，改进方案，达到优化培养过程、提高培养质量、满足研究生教育目标的要求。研究生培养过程质量评估主要包括以下几个方面。

1. 教师工作质量评估

教师工作包括研究生的课程教学和导师指导工作。目前，我国的研究生培养模式由传统的学徒式逐步走向多样化，形成多模式并存。不管是采取哪一种模式，大部分研究生培养单位都遵循研究生指导教师是研究生培养过程的最主要实施者，是研究生培养的第一责任人的基本要求。因此，学生将来的事业发展和在校几年的学习收获，在相当大的程度上主要依靠导师，研究生导师的品格、学识以及指导研究生的方式等都对研究生的成长和发展有着直接的重要的影响。虽然绝大多数的研究生导师在对学生的培养过程中尽职尽责，但是随着研究生教育的迅速发展，由于师资总量不足，结构性短缺，前沿型、领导型导师尤其缺乏，更有不少教师在指导过程中因精力、时间等投入不足，一定程度上影响了研究生的培养质量，也制约了研究生教育的发展水平。通过建立科学的研究生教师教学工作评估标准，对研究生教师的教学、导师的指导状态进行评估，是保证研究生培养质量的一个主要内容。评估教师工作状态的主要内容包括：①研究生教师教书育人的情况。是否按有关教学管理文件的要求对研究生进行教育和管理，做到既教书又育人；研究生导师是否把全面培养研究生的素质当作自己必须承担的责任，注重激发研究生的创新意识，全面培养研究生综合能力。②研究生教师专业知识发展的情况。从研究生教师近几年的教学、指导情况和科研成果的增长情况来判断研究生教师的专业水平是否在不断提高。从教师专业水平的提高来评价教师的学术能力及水平。

2. 研究生课程评估

我国研究生教育主体是学历教育，强调课程学习与科学研究并重。但是从目前各培养单位的实际情况来看，研究生课程教学质量在一定程度上存在着被弱化的现象。一方面，课程体系的设置老化，综合性不强；另一方面，课程考核手段单一，仅依靠考试等老程序，缺乏对个性、创新性的考核。由于管理部门对教师的评价注重科研成果，部分教师对教学方法的改革和研究热情不高，相当一部分的教师习惯于沿用讲授式的教学方法进行授课，而忽略了对研究生综合能力的培养。课程评估建议主要开展以下工作：一是聘请专家评估课程设置体系；二是制定课堂教学质量评估指标体系。针对研究生教学的特点进行指标体系的构建，强调在传授新知识的同时注重开发研究生的创造潜能，培养他们的创新能力及创造性，突出对培养研究生独创性和个性的考核。

3. 研究生教材评估

教材是研究生培养过程中传授知识和培养能力的重要载体，是掌握科学知识、体会科研方法、形成科研品格、提高科研水平、激发创新意识的基础，因此，教材建设是研究生教育的一项极为重要的基础性工作，加强对研究生教材评估是保障研究生教育质量的重要工作。高校研究生教材建设应根据研究生教育的特点和研究生教育的目标，紧密联系当代科技特别是要能够反映科学规律，跟踪学科前沿，服务经济建设，推动科学实验，促进理论发展，激发研究生创新意识，培养研究生的综合能力。

4. 研究生学习质量评估

研究生学习质量包括课程学习质量和科研能力。研究生学习质量评估，可以通过评估研究生的课程学习的状态成绩和科研工作情况来反映。在培养过程中，研究生是教学活动的主体，为了提高学习质量评估结果的有效性，必须对研究生学习的动态过程进行严格要求，必须在规范考试工作的三个环节过程进行课程学习评估：严格试题质量，规范考试过程，严格评分标准。评估研究生科研能力可以从参加科研工作的状态进行评估，重点评估科研态度、学术交流活动及表现、科研工作量、发表论文的等级和数量等。

5. 研究生研究质量评估

研究生研究质量评估分为文献阅读、学位论文选题和开题、学位论文中期检查、学术活动四个阶段，是过程管理监控的主要内容。为了保证学位论文选题的科学性，使学位论文确实符合研究生的毕业要求，研究生在开题报告前进行文献检索和前期探索实验。在完成文献综述方面，对研究生阅读的文献质量和数量要有具体要求。学位论文选题和开题是研究生进行学位论文研究工作的开端，也是对研究生进行科研训练的重要环节。选题是在导师指导下，由研究生独立完成学位论文选题，主要对论文选题的科学性、创新性、先进性等进行评估。学位论文的中期检查是对研究生学位论文工作进行阶段性检查，主要对论文完成的阶段性成果存在的问题、完成的可能性进行评估。学术活动是开阔学生的研究视野、追踪学术前沿、拓宽知识面的有效途径，学校要建立学术活动制度，制定相应的定量指标，严格考核内容和流程。

6. 学位论文和答辩质量评估

论文完成阶段的评估主要考察论文作者的写作能力以及论文的学术水平和意义。重点从以下几方面评估：选题有重要的理论意义和实用价值；阅读广泛、综述全面、掌握本学科国内外研究动态；本人明确研究的方向，具备坚实宽广的基础理论和系统深入的专门知识，有很强的科研工作能力、研究思路和方法；可行性强、数据真实可靠、有一定的创造性；在理论和实际中有独到之处，条理清晰、层次分明、逻辑性强、文笔流畅、图表规范、学风严谨。严格学位论文答辩督查制度，重点评估答辩组织是否科学、程序是否规范、结果是否公平公正等。

研究生教育管理是一项系统工作，需要政府以及高校内部相关人员等全方位的管理与配合，才能实现规模的增长与质量的提高之间协调发展。高校在研究生培养质量管理过程中，除运用全面质量管理方法进行全方位管理和培养外，还须综合相关科学知识，探索出符合中国国情和我国研究生教育现状的科学管理方法，提高我国研究生培养质量，为我国社会经济的发展提供高层次人才。

参考文献

[1]Kenneth C Green. 美国：留美研究生招收人数大幅增长[J]. 徐贝，译.

国外研究生教育动态，2011（16）：8-9.

[2]陈芳媛. 财经类院校全日制专业硕士培养模式研究[D]. 太原：山西财经大学，2015.

[3]国务院学位委员会、教育部《关于加强学位与研究生教育质量保证和监督体系建设的意见》学位〔2014〕3号.

[4]韩国防. 构建过程管理质量监控体系，确保研究生培养质量[J]. 当代教育科学, 2010 (3).

[5]李慧. 我国研究生培养质量过程管理研究[D]. 大连：大连理工大学，2013.

[6]刘延东.在全国研究生教育质量工作会议暨国务院学位委员会第三十一次会议上的讲话（2014年11月5日）.

[7]徐瑞. 构建研究生培养质量监控体系的研究[D]. 长沙：湖南农业大学，2012.

[8]周从周. 财经类大学专业评价指标体系研究[D]. 北京：首都经济贸易大学，2012.

我校专业学位研究生培养质量监控体系的构建与实践①

郭　昱②

摘要　当前，我国正处于由研究生教育大国向研究生教育强国迈进的关键阶段，研究生培养质量是研究生教育的生命线。本文主要以上海财经大学、中央财经大学、西南财经大学等为调查对象，总结了这些高校专业学位研究生招生、培养、学位管理等全过程质量保障和监控的较好做法，考察借鉴了美国专业学位研究生培养质量保障与监控的有益经验,试图探索建立由质量管理系统、监控督导系统、信息反馈系统构成的专业学位研究生培养质量监控体系，努力构建适应我校研究生教育发展特色的专业学位研究生培养质量监控体系，全方位保证我校专业学位研究生的培养质量。

关键词　专业学位　研究生质量监控　质量保障

一、我国专业学位研究生教育发展概况

从 2009 年起,教育部开始扩大招收以应届本科毕业生为主体的全日制专业学位研究生，这标志着我国专业学位研究生教育进入一个新的发展阶段。这一研究生教育方向性的重大举措，既是对以前研究生培养中过于偏重学术、严重

---

①本文是天津财经大学学位与研究生教育教学改革研究项目"我校专业学位研究生培养质量监控体系的构建与实践"（项目编号：2014YJY25，主持人：郭昱）的中期研究成果。

② 作者简介：郭昱，女，山西太原人，天津财经大学经济学院公共管理（税务）专业硕士项目办公室主任，在读博士研究生。研究方向：高等教育，公共经济与公共管理。

脱离人才市场需求，从而导致"知行脱节"等种种弊端的一种完善，也开拓了当前培养高端应用型人才的一条重要途径。

与西方发达国家相比，我国专业学位研究生教育起步较晚。从 1979 年国家决定招收在职研究生，至 1990 年开始实行专业学位教育制度，中国专业学位研究生教育已走过 35 年的发展历程。具体而言，在专业学位类别上，从 1990 年开始试办第一个专业学位，至 2009 年底已成立 19 个专业学位类别，到现在已经有 39 个专业学位类别。在招生数量上，1990 年，国务院学位委员会第 9 次会议审议通过了《关于设置和试办工商管理硕士学位的几点意见》，正式开启了我国专业学位研究生教育的新纪元。自此之后，我国专业学位研究生教育开始迅速发展。为了更好地满足社会主义现代化建设对高层次应用型人才的迫切需求，2009 年 3 月，教育部颁发《关于做好全日制硕士专业学位研究生培养的若干意见》，决定自 2009 年扩大招收以应届本科毕业生为主的全日制专业硕士范围，开展全日制硕士专业学位研究生教育，开始了专业学位研究生教育的新时代。同年，教育部决定从 2010 年起实行推荐优秀应届本科毕业生攻读专业学位研究生的制度，逐步增加专业学位推荐生的数量和比例。2010 年 7 月 29 日，国家公布的《国家中长期教育改革和发展规划纲要（2010—2020 年）》中也提到"加快发展专业学位研究生教育"，明确提出当前高等教育发展的中心任务以及建设高等教育强国的基本要求是提高质量。同年，国务院学位委员会在第二十七次会议提出我国在未来五年要实现硕士研究生教育的战略转变，逐渐由培养学术型人才为主转向以培养应用型人才为主。2011 年，又增加审计专业硕士学位，到目前为止，共设立 39 个专业硕士学位，专业硕士占硕士研究生的比例达到了 20%。2012 年，教育部出台的一系列政策法规的颁布实施皆充分体现出国家对全日制硕士专业学位的高度重视。

根据教育部《2012 年全国研究生招生计划》的统计数据，2012 年全国硕士研究生招生总规模为 517200 人，其中学术型硕士 329709 人，专业学位硕士 187491 人，专业硕士占硕士研究生的比例达到了 36%。《教育部关于做好 2013 年招收攻读硕士学位研究生工作的通知》中指出，要进一步优化研究生教育结构，积极发展专业学位研究生教育结构，加快培养国家所急需的高层应用型人才。在这一背景下，研究构建全日制硕士专业学位研究生培养质量监控体系显得尤为重要和紧迫。2013 年，全国硕士研究生招生总规模为 539000 人，其中学术型硕士为 321650 人，专业型硕士为 217350 人，专业型硕士占硕士研究生的比例约为 40%。2014 年，全国硕士研究生招生总规模为 560000 人，其中学术型硕士为 322763 人，专业型硕士为 237237 人，专业型硕士占硕士研究生的比例约为 42%。2015 年，全国硕士研究生招生总规模为 574300 人，其中学术型硕士为 322028 人，专业型硕士为 252272 人，专业型硕士占硕士研究生的比例约为 44%。

从以上数据可以看出，专业型硕士的招生规模呈逐年递增趋势，因此可以说，专业硕士研究生在未来会成为我国硕士研究生的培养主体。

学术学位与专业学位共同构成了我国学位制度的整体。但是由于专业学位研究生教育存在一定特殊性，社会对专业学位研究生教育还存在一定的偏见与误解，认为专业学位只是提高学历的一种途径，还有些研究生由于分数等原因，"迫不得已"被调剂到专业学位，更加认为专业学位就是"山寨版"的学术学位，无法与"正统"的学术学位相比。事实上，这种观念的存在也的确暴露了我国专业学位研究生教育存在的一些问题。

二、我国专业学位研究生教育发展的瓶颈

通过回顾我国专业学位研究生教育的发展概况，可以看出我国专业学位研究生教育整体上是朝着健康、科学的方向发展，招生规模和招生质量都在稳步提升。近年来，我国专业学位研究生教育发展较迅速，但从总体上看仍处于起步发展阶段，在具体的培养过程中，专业学位研究生的培养方式大多还是照搬学术学位研究生的模式，许多高校在专业学位研究生培养的具体实施过程中，仍然存在一些普遍性问题。

（一）培养目标缺乏创新性

为了适应我国经济社会的快速发展，专业学位研究生教育的目标定位是为国家培养一批高层次高素质的应用性专门技术人才。因此，我国的专业学位研究生教育在注重培养学生的实践和应用能力的前提下，也要特别注意培养学生的创新能力。但是目前我国的很多专业学位研究生培养单位在日常的教育教学培养过程中，其教学方法依然较为陈旧，教学内容和经济社会的发展存在脱节的现象，不能反映最新的技术成就，教学手段也缺乏创新性。

（二）教学方式缺乏特色

专业学位研究生是以培养高层次应用型、技能型专门人才为目的，但我国专业学位研究生教育的课程设置不够合理，日常教学中存在与学术学位雷同的现象，尤其是在公共课和必修课的课程设置上，专业学位与学术学位基本雷同，授课方式与授课教师也基本相同，缺乏实践性的专门教师授课，专业学位研究生的教学缺乏自身特色。专业学位课程设置倾向于"学术化"，传统教学方式占主导地位，从而导致专业学位研究生教育不具有自身特色，不够灵活，缺乏多样性与针对性，不能满足社会经济发展对应用型、专业技术型人才的需求。

（三）导师缺乏理论与专业整合的能力

长期以来，传统的学术学位研究生教育在我国研究生教育中占据主导地位，导师队伍结构上也是以学术型导师为主，在专业学位研究生教学过程中，大多数导师侧重于理论知识的传授，较少地涉及专业技术和实践技能方面的传授。很多专业学位研究生培养院校由于实践型教师的缺位，来自校外企业和研究单位的导师也极为有限，培养单位只能按照学术研究生的培养方式来指导，而且来自校外的兼职导师由于工作繁忙等原因，对学生的指导极其有限。专业学位研究生的"双导师"制度只是流于形式，成为空洞的内容。因此，专业学位研究生指导教师结构中校外兼职导师比例较低和校内学术型导师缺乏实践性指导，都是专业学位研究生教育中不容忽视的问题。

三、基于 TQM 理论的专业学位研究生教育质量保障各要素的关联关系分析

全面质量管理理论（TQM）是一种由顾客需求和期望驱动的现代管理哲学，它旨在通过将质量控制贯穿于产品寿命循环全过程，以期获取顾客的长期满足和组织、社会成员的根本利益。该理论以突出人人参与、全程控制、系统配合、动态发展等基本准则为特色，在教育领域应该把不断发展的教育质量保障方法和体系与本国教育文化与教育实际更好地结合起来，才能更好体现其应用价值。课题以 TQM 理论为指导，结合我国专业学位研究生教育的发展特点，探讨如何更好地借助特定分析框架来梳理、归纳促进教育价值的核心要点，进而在此基础上构建专业学位研究生教育质量监控体系。

结合 TQM 理论的核心思想，可以看出专业学位研究生教育的主要参与人

包括专业学位研究生、任课教师、学位论文"双导师"、专业学位研究生教育管理者和教育的监督者、用人单位。他们共同参与的培养环节包括明确培养目标、制定入学标准、构建师资队伍、保障课程教学、开展专业实践训练、完成学位论文工作、发展职业能力、满足社会对特定职业人才的需求、为未来获得良好的职业发展奠定基础。上述参与人和培养环节通过动态发展和系统配合，实现专业学位教育实践性、职业性、应用性的培养目标。这一系统与动态的过程如图1所示。

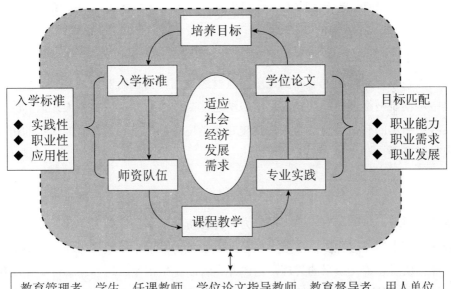

图1 专业学位研究生培养质量监控循环体系

图1可概括表述为专业学位研究生培养质量监控循环体系。在此循环过程中包含了专业学位研究生培养质量监控中的各个要点，这些活动一方面要与专业学位研究生教育的基本特点相匹配，另一方面要与社会对其职业期待相匹配，这样才能有效实现专业学位研究生教育的根本目标，最终为社会经济发展做出贡献。

在此基础上，对专业学位研究生教育的各参与者与其培养环节、培养结果之间的关联关系可以归纳为以下几个特点：第一，教育管理者多关注在校期间显性的管理环节，指导教师多关注自己参与的培养环节，学生和用人单位则更关注专业学位的应用性；第二，学位论文是所有参与人关注程度最高的培养环节，职业能力、师资队伍、职业需求依次紧随其后；第三，课程教学是所有参与人关注程度最低的培养环节，入学标准、专业实践、职业发展并列次之；第四，总体来看，参与人对入学标准、职业需求、职业发展的关注度差异最大，对师资队伍、课程教学的关注度差异最小。通过分析可以看出，如果让不同的群体参与到专业学位研究生教育的质量监控过程当中，他们对质量监控的关注点将有所不同。

四、国内重点财经类高校专业学位研究生培养质量监控的探索与实践

课题有针对性地选取国内几所重点财经类高校为调研对象，通过实地调研、集中座谈、网络调研等形式，总结归纳这些高校专业学位研究生人才培养改革实践中积累的有益经验，为探索我校专业学位研究生培养质量监控体系的构建提供借鉴。

（一）上海财经大学

上海财经大学对专业学位硕士研究生的人才培养策略是，按照应用型人才培养的要求，培养具有职业胜任能力和社会责任的高级管理人才和创业者。该校在研究生培养过程中以质量为先导，以质量为宗旨，以质量为动力，不断加强课程质量和论文质量的管理，构建并完善研究生招生、培养和学位论文的质量管理链，从招生政策的灵活探索、严格审查到培养过程的知识、能力和视野的开拓，再到学位论文和科研成果质量的监控，成为质量管理链上不可或缺的环节。

1. 生源质量监控

生源质量是人才培养质量的前提。上海财经大学以提高研究生招生选拔质量为核心，积极推进招生考试改革，不断完善生源选拔的评价机制，进一步提升研究生生源质量。近年来，该校录取的硕士研究生中，专业学位硕士研究生的数量已经大大超过了学术学位硕士研究生的数量，而且学生的生源有一半以上来自"211 工程"等重点院校。在专业学位招生中，应用统计硕士、金融硕士由经济类综合能力提升至数学一或数学三；会计硕士在复试中加试经济学、会计学两门课，并采取复试的方式，以避免大量高分考生因复试被淘汰而丧失调剂机会。

2. 教学培养质量监控

上海财经大学各专业学位点在校内均成立了教学指导委员会，围绕国家教学指导委员会的方案定期对课程设置进行研究讨论。在课程设置方面，在校内导师开设理论性课程的基础上，又聘请有丰富实践经验的校外导师参与项目的课程教学，大力加强案例库建设，强化案例教学，实现了理论性课程、应用性课程与案例教学的有机结合。各专业学位的实习实践环节主要在其建设的多样性实践实习基地进行，这种灵活且与行业紧密对接的课程设置为培养专业应用型人才打下坚实基础。

3. 实践能力培养监控

上海财经大学通过建立联合培养基地、职业导师计划，努力培养具有创新实践精神、适应经济社会发展需求的高端财经人才。该校的各专业学位点都建立了适应本专业发展特色的联合培养基地。有的企业不仅为基地设立奖学金和专业教育发展基金，还与学校共同开设课程，共同参与课题研究、指导实习生等。此外，该校的部分学院还启动了职业导师计划，聘请一批杰出校友和社会知名人士担任职业导师，为学生提供专业的就业服务与职业发展服务，学生普遍反映良好。各方参与者依托这一平台保持密切往来与见面交流，积极搭建学生和企业沟通的桥梁，同时更致力于帮助学生明确自身职业兴趣，制定适合自身的职业发展规划，提升职场竞争力，最终找到人岗高度匹配的可持续发展路径。

4. 论文质量监控

论文质量监控是研究生人才培养质量监控体系中的主要环节。上海财经大学非常重视加强学位论文写作过程管理和监控。针对所有研究生，加强学位论文答辩各环节过程管理，严格执行论文开题审查制度，加强论文预审和预抽检工作。为适应专业学位研究生培养目标和专业导向特点，该校还积极探索硕士专业学位论文基本要求和评价指标体系研制。

5. 学生评教机制监控

上海财经大学定期开展研究生评教活动。在开展的研究生教育满意度网上调查活动中，问卷内容涉及课程、教学、导师、科研实践、学生工作、生活环境等。作为教育质量监控的重要手段，满意度调查帮助学校掌握了研究生教育的一手资料，通过调查反映了现状和存在的问题，为今后改进和完善工作提供了重要依据。

（二）中央财经大学

2014年年初，中央财经大学发布了《中央财经大学专业学位研究生教育发展报告》，全面介绍了中央财经大学专业学位研究生教育的发展历程和现状，从七个方面系统梳理了取得的成绩和经验，包括：专业学位研究生生源质量显著提升；符合应用型人才培养目标的专业学位研究生课程体系基本形成；双师型导师队伍建设；教学模式和教学方法改革；学位论文；专业学位教育质量监控和认证；专业学位综合改革和秘书处建设的引领和示范作用初步显现等。这里以会计硕士（MPAcc）的培养来考察该校专业学位研究生培养质量监控的实践。

中央财经大学将MPAcc人才培养目标定位为具备"国际视野、应用导向、领导潜能、职业精神"的知行合一的高级会计实务人才，并将"行动学习法"作为人才培养的主线。行动学习法强调学生要组织学习团队，采取"学习知识—分享经验—创造性地研究解决问题—展开实际行动"四位一体的循环学习方式来完成整个实践教学过程。

"培养什么人"和"怎样培养人"是一切教育工作的出发点和最终落脚点。中央财经大学围绕"培养什么样的人"进行MPAcc人才培养模式改革的顶层设计，以"怎样培养人"为切入点，以行动学习为主线，在课程设置、社会资源配置、课程开发、行动学习成果落地等方面进行了积极的探索。

1. 构建以行动学习为主线的模块化课程体系

学校根据高层次应用型会计人才培养目标要求构建模块化的课程体系。在模块结构上，该体系将课程划分为四个模块，即专业课程模块、综合素质模块、实践课程模块和学术素养模块，合在一起构成了完整的MPAcc课程模块。每个模块课程可根据不同MPAcc研究生的特点进行自由组合和更新，以便能符合学生的实际需求，及时反映行业发展的新技术和新方法。通过模块化课程体系的构建，实现MPAcc学生综合能力的"纵向可提升"，知识结构的"横向可转移"。

2. 优化社会资源配置，实施双导师制

中央财经大学根据校内外导师的不同特点和MPAcc教育实务化的要求，实施MPAcc双导师制，为每一名MPAcc研究生配备一名校外客座导师。校内导师对MPAcc培养各个环节和培养质量负主要责任，主要工作包括课程讲授、论文指导和学生教育与管理等；MPAcc客座导师主要工作是在资源配置、实务指导、能力提升和职业生涯规划方面指导学生。中央财经大学还组建由校内导师、校外导师、毕业学生和在校学生组成的"MPAcc课程建设论证委员会""MPAcc

案例建设开发委员会"和"MPAcc 行动学习课程小组"等机构。

3. 开展专题式行动学习项目

专题式行动学习项目每学年举办一次，每次为期 3 个月，由 30 名 MPAcc 研究生、专业教师和实务界校外导师组成，围绕 5 个专题进行调研和落地。每个专题小组在企业通过在岗实训和实践调研，研究出该企业所需的定制化解决方案，强化行动学习在企业落地。

4. 开发会计信息化课程

在信息化建设方面，中央财经大学与甲骨文（Oracle）公司合作建立了"会计信息化联合实验中心"，双方基于企业业绩管理（Enterprise Performance Management，EPM）系统打造全新的会计信息化课程体系。

（三）西南财经大学

西南财经大学是中国办学历史悠久的综合性财经大学，是我国最早招收研究生的财经高校之一。西南财经大学研究生教育历史悠久，1981 年开始招收硕士研究生，1985 年开始招收博士研究生，1993 年开始招收 MBA，1995 年设立经济学博士后流动站。目前拥有 56 个博士学位培养专业和 79 个硕士学位培养专业，其中包含 16 个硕士专业学位。西南财经大学专业学位研究生教育政策的制定思路是，以教育部等规章为指导，具体如何操作由各培养院系制定细则和把握，鼓励专业学位点在国家政策指导下实施特色化、品牌化教学。

西南财经大学目前有 16 个专业学位授权点，2005—2009 年，主要以在职学员为主，从 2010 年起增设了其他全日制专业学位。目前发展规模较大的主要为 MBA、会计硕士、金融硕士。

西南财经大学研究生的培养目标是培养拔尖创新型人才和专业学位高级应用型人才。对于充满科研理想、具备科研能力的学生，要从本科开始抓起，注重锻炼学生的创新思维，为其后期硕博阶段的科研工作做好知识储备；对于把研究生的学习经历作为其融入社会的前期准备的同学，引导其向应用型人才发展。该校鼓励各专业学位点在国家政策指导下将专业特色化、品牌化。

1. 专业学位教育管理监控

西南财经大学的专业学位部目前只设 1 人，主要工作为制定专业学位相关政策，承担专业学位的规划和监督。培养和学位部门（和学硕一同）分别由研究生院培养办（5 人）和学位办（4 人）负责，学生工作由校学生工作部负责，实行二级管理。

西南财经大学设立专业学位教育指导委员会，负责制定学校专业学位发展战略和管理体制，对专业学位研究生教育各项制度制定和实施进行宏观把握和总体管理，全面指导和协调专业学位工作。按授权点设立相应专业学位教育中心，负责专业学位培养工作，强化"专业学位专家小组"职能，指导专业学位师资队伍建设、课程设置、课程教学和学位论文质量监督等工作。

西南财经大学研究生院设有专业学位部，主要工作为制定专业学位相关政策，承担专业学位的规划和监督。专业学位的政策制定原则上以国家政策为标准，具体如何操作和细化则由各培养院系制定细则和把握。这是由于国家鼓励各专业学位点做出自己的特色。《西南财经大学关于深化专业学位教育改革和发展的若干意见》指出，"全日制专业学位应保证不少于半年的实践教学，并对实践过程实行管理、服务和质量评价""学位论文形式允许多样化，可采用专题研究、调查研究报告或案例分析等多种形式""每个专业至少开设两门实务课程"，研究生院只按照国家规定出台指导意见，具体如何把握、培养模式和细则都由院系来决定。

西南财经大学加强研究生院对二级学院的督导。比如，在研究生复试、课程教学、硕导的考核、学位论文答辩等环节，研究生院都会邀请校内外督导专家进行现场检查和指导，并为二级学院的培养工作指出存在的问题并提出改进措施。

2. 专业学位培养模式创新

西南财经大学不仅规定专业学位研究生在校就读期间，依据国家和专业学位教育指导委员会标准，参加规定的职业资格考试合格后，可豁免对应课程的学习并取得相应学分；而且大力开展专业学位实务类课程建设，每个专业至少开设两门实务课程。实务课程的教学内容、教学方法、考核方式应充分考虑专业学位教育的特点及要求，强调产学研紧密结合，以提高研究生的创新能力和创新意识，增强研究生了解学科发展前沿和运用理论知识解决实际问题的能力，以适应社会发展的需要为主要目的。

西南财经大学研究生院培养办负责全体研究生的校级课程与考务。目前主要工作是推动"专业学位高端应用人才培养平台"的建设，从研究生院角度做好顶层设计，主要是从经济方面给予政策支持，具体由培养院系进行各专业学位点的特色化和品牌化。培养方案的制定由各学位点以教指委等相关政策为指导，准备启动"培养方案修订"，要求培养院系明确追赶目标，具体落实以下两个要素：核心课程和目标。对本专业点提出自己要达到的要求。预计先以 3～4 个专业为试点，提供经费支持。

3. 定期评估监控

西南财经大学专业学位教育指导委员会对学校专业学位培养工作实行过程监控和定期检查，重点针对专业学位教育课程设置、师资队伍、案例库、社会实践基地等环节实施监督，定期评估。评估结果作为向各专业学位教育中心下达招生指标、划拨经费的参考依据。

4. 其他措施

在专业学位研究生培养过程中，专业学位与学术型硕士研究生在以下方面的教育管理措施中具有一致性。

（1）硕士论文统一答辩制度中，研究生院在全校范围内随机抽取 20～30 人进行论文相关工作的检查。

（2）一般来说，研究生的答辩资格审核由各培养单位负责，研究生院一般不会提出异议。各培养院系进行全部硕士论文双盲送审，相似性检测小于等于15%。培养单位每个答辩组的最后一名须进行二次答辩。

（3）研究生院的奖学金评定制度要求学生听讲座的记录表不少于 10 次，作为评奖学金的参考。学业奖学金由学工部牵头，学工、财务、研究生院三部门协调；评奖"仲裁"须有学生代表参加。

五、美国专业学位研究生培养质量保障与监控的经验

美国拥有世界上最发达的研究生教育体系，其专业学位研究生的培养在世界上首屈一指，是美国硕士研究生教育的主体。美国高校在长期的摸索和创新中，对于专业学位研究生的培养积累了丰富的经验，主要表现在以下四个方面。

（一）严格的准入制度

在美国申请攻读专业学位的学生，不仅需要优秀的大学成绩、入学推荐表，还与研究型硕士一样，需要参加研究生入学考试（GRE），这是美国最有效的招生考试制度之一，包括普通测验、专业测验、写作评价三个部分。在这些测试中，不仅注重考查考生各种学习和学术活动的参与情况，还注重考查考生在生活和社会实践中所形成的应用能力及出众的个性品质，很少涉及死记硬背的内容，所测试的能力都不是短时间内就能提高的相关知识，因此可以较准确地测

试出考生的能力和潜力。这些严格的入学考试和录取要求从源头上确保了美国专业学位研究生的生源质量。同时，美国在专业硕士招生过程中体现出国际化，采取种种措施吸收世界最优秀的人才服务美国社会发展，为高质量的专业学位研究生教育打下了坚实基础。

（二）职业导向的培养目标

美国的硕士研究生注重培养各行各业的高级应用人才，而且近年来美国授予的专业硕士学位所占的比例均高达 70%以上。因此，美国高校始终坚持把直接满足社会、国家发展需要作为专业学位研究生培养的目的与范式。各高校拥有高度的学校自治、学术自由的权力，在制定专业学位研究生教育培养目标时，可依据学校自身实际条件和办学宗旨制定。美国职业导向的培养目标也决定了在培养过程中注重对学生进行专业培训性质的职业技能培训和提升教育素质，注重培养学生的职业知识技能和实践能力，以便向社会输送专业领域内从事开发或实践工作的高层次专门人才。

（三）高水平的师资队伍

美国大学的教授普遍与社会、市场、企业有着密切的联系，或者有在企业界、产业界工作的经历，他们了解社会的需求，能够把实践中的课题引入到教学和科研中去，重视研究生实践能力和专业技能的培养，锻炼学生对新知识的自我发现能力。同时，除了从事教学的专职教师外，在美国的很多高校还会聘请一些相应专业领域中从业经验丰富的在职高级管理者或者退休人员担任没有学校正式编制的兼职教师，向学生传授实践操作技能。

（四）公正专业的质量监控

美国高校在研究生教育质量监控中非常重视全员参与，要求管理者、教师和学生都参与到质量监控中来，这对于质量监控的顺利开展和质量的提高具有重要作用。在教学过程的监控中，美国高校尤其重视学生对教师教学效果的评价。为了避免绝对的传统公有化和绝对的私有化，在 20 世纪初的改革过程中，其将市场机制引入高等教育中，让市场来决定学校的兴衰存亡。专业学位研究生教育被纳入市场竞争中，由教育界或者专门的职业部门自己组织鉴定机构进行评估，这样就避免了行政力量的干预，有效地监督和保障了美国专业学位研究生教育的质量。

六、我校专业学位研究生培养质量监控体系的构建

在 TQM 理论的指导下，结合我校专业学位研究生教育的现状以及自身研究生教育管理工作实践，以质量管理系统、监控督导系统、信息反馈系统三个子系统为着力点，构建我校科学、有效的专业学位研究生培养质量监控体系。

（一）稳定招生规模，把好生源质量关

近年来，我校研究生招生规模尤其是专业硕士学位研究生招生规模不断扩张，对于有些专业来说，招生人数的增加直接导致教育质量下滑。因此，对于这些专业来说，不能盲目追求规模扩张，研究生招生人数要与教学科研资源相匹配，量力而行。同时应改革招生模式，选拔过程须遵循"宁缺毋滥"的原则，对考生的综合能力尤其是研究能力进行重点考查。研究生生源从本质上反映了一个学校的综合实力和吸引力，只有全面提高高校自身综合实力和学科水平，才能有效吸引优秀生源。

鉴于此，我校一定要特别注重招生复试环节，注重对考生能力的全面考查，甚至可以加大复试成绩在录取中的比例，以便择优录取那些拥有真才实学的优秀生源，保证那些已经较好地掌握了本学科本专业基础理论、专业知识和基本技能，并且具有从事科学研究或专门技术工作能力的考生能够被录取，从而保证专业学位研究生的生源质量。

（二）强化研究生培养过程管理

1. 加强师资队伍建设

教师是教育质量的实施者和落实者，专业学位研究生的教育质量能否得到保障，关键取决于是否拥有一支高水平的师资队伍。因此，要切实保障专业学位研究生的教育质量，我校必须加强师资队伍建设，特别是要搞好专业学位研究生导师和任课教师的选聘工作，努力建立一支素质高、业务精、技能强的专业学位研究生师资队伍。

实际上，专业学位与学术学位研究生教育是有区别的，无论在培养目标和课程设置方面，还是在教学理念和教学方式方面，乃至在培养模式和质量标准等方面，二者都存在差异，因而对任课教师和导师的要求也有所不同，专业学位教育的要求往往更高、更严。在专业学位研究生师资队伍建设的各个环节中，"双师制"的培育和实施是关键，导师和任课教师队伍的学术含量、职业背景和

实践经验是教学质量的根本保证。实际上，至今许多培养学校的专业学位研究生导师或任课教师多数还是由学术学位研究生导师或任课教师兼任的，有的任课教师既给学术学位研究生授课，又给专业学位研究生授课，有时甚至是一份教案、同样内容，并无明显的区别。有的导师既指导学术学位研究生，又指导专业学位研究生，其对学生的指导也没有明显的不同。

鉴于此，培养学校必须注重加强专业学位研究生师资队伍建设，切实建立健全和全面实施校内外结合的"双师制"。学校要积极动员和鼓励校内教师自觉主动地走出校门，与相关企业建立联系，合作开展相应科学研究工作，不断提高教师对专业学位研究生的教育和指导能力。同时学校还应注意遴选和聘任校外相关学科领域的专家、学者，特别是那些经验丰富的专业人员担任相关专业研究生的兼职导师，参与和承担相关的教学工作，从而把企业的优势和学校的优势紧密结合起来，使校内外导师和任课教师优势互补、相互配合，共同指导研究生，才能有助于为专业学位研究生提供成才空间，才能切实保障其教育质量。

要把专业学位研究生师资队伍建设落到实处，应该建立以下三方面机制：一是建立导师或任课教师指导能力和授课效果评价机制。无论是专业学位研究生导师，还是任课教师，一律实行聘任制，竞争上岗。聘期内，应注重对校内导师或任课教师的实践能力、校外导师或任课教师的教学能力、校内外导师或任课教师的指导与沟通成效的评价。二是建立专业学位研究生导师或任课教师动态调整机制。无论是对专业学位研究生导师，还是对其他任课教师的遴选和考核，都应该实行常规化与动态化相结合的方式，优胜劣汰，奖惩分明。一方面对那些上课不认真、讲课不给力、教学效果不佳的任课教师，必须及时调整，随时更换；另一方面要打破"导师终身制"，对那些不负责任、指导不力的导师，学生有权通过一定的渠道提出更换要求，管理部门要及时调整导师，以保证导师尽职、尽力、尽责，确保专业学位研究生的教育质量。

2. 优化培养方案

培养方案是学校对专业学位研究生进行教育的主要依据，贯穿于教育的整个过程，涵盖了教育的方方面面。高水平的培养方案是保障专业学位研究生教育质量的前提和基础。学校在具体承担和实施教育的过程中，应该针对专业学位的特殊性，根据各学科专业的特点、学校特长及学科优势，制定一个突出学校特色的、充分体现其"专业性"的、优化可行的培养方案，才能教育培养出适合社会相关职业或专业岗位实际需要的应用型人才。

专业学位研究生培养方案，虽然需要一定的稳定性，但却始终带有一定的相对性。因此，学校还应该注意根据社会对应用型人才需求的变化，从逐步完善专业学位研究生的课程设置着手，合理规划公共选修课、基础理论课、专业技术课的设置和比例，不断优化培养方案，以保证其课程设置始终有利于拓宽专业学位研究生的知识面，有利于提高其基础理论知识水平、综合素质、实践技能和技术创新能力，从而有效保障其教育质量。

3. 抓好实践教学环节

实践教学环节是专业学位研究生教育一个必备的重要教学环节，也是保障其教育质量的一个关键环节。从某种意义上说，实践教学是专业学位研究生教育质量的重要保证。因此，要确保专业学位研究生教育质量，学校必须高度重视专业学位研究生教育实践教学环节，确保其实践教学环节要真、要实、要管用、要有明显效果。通过在校企联合实践基地实习实践，使学生有机会直接参加与本专业相关的科技创新与社会实践，进行相关研究并撰写学位论文，以提高其专业素养及就业创业能力。

4. 完善学位授予质量保障体系

研究生教育质量管理中的一个很重要的环节就是学位论文的质量管理，论文的选题、开题报告、科研开展、答辩及其审核是一个系统工程，需要进行严格的管理和监控。每一个环节都需要有明确的要求并进行不同形式的考核。

学位论文是专业学位研究生教育的一项最终成果，也是其培养教育质量的直接体现。因此，论文环节既是专业学位研究生全程教育的一个重要环节，又是一个由开题、评审、答辩等若干子环节组成的一个综合系统。要抓好这个环节，必须高度重视其中的各个组成部分，尤其应该注意抓好以下四个子环节：一是注意抓好选题质量，注重选题的社会性、经济性、实用性，以及开题报告的科学性与可行性；二是必须严格硕士论文的写作纪律，严禁学术不端行为的发生；三是注意抓好硕士论文评审工作，认真实行"双盲评审制""一票否决制""末位淘汰制"等评审制度，保证硕士论文评审过程的严肃与公正；四是注意抓好论文的答辩工作，坚持公平、公正、公开原则，规范答辩程序，严格答辩标准，公正评定答辩成绩，确保高质量的硕士论文脱颖而出。对于学位论文的检查和考核，可采取评优和抽查相结合的方式，这样一方面可激发学生的积极性，另一方面也可抑制学生的不自觉性。除此之外，还可以通过创设研究生科研课题专项基金、成果奖励等制度，激励学生开展自主科学研究，积极进行科学创新。

5. 加强国际交流

当今世界的经济、科技正呈现出一体化发展趋势，国际交流与合作愈加频繁，加强国际交流也是提高研究生培养质量的一个有效途径。学校可以采取多种形式，如中外教师联合授课、中外教师互相授课、双方交换学生等，加强研究生培养的国际交流合作。不同国家、不同文化背景的学生在一起相互学习讨论，有利于思想、观念的碰撞产生新的火花。通过国际交流与合作，学生能更直接、更快速地接触到国际前沿的研究动态和研究热点，而在国内查阅文献得到的信息通常比国际实际学术思想的形成滞后 1~2 年，这是在国内查阅资料所无法比拟的优势。因此，应大力加强国际交流。

（三）建立一个教育质量监控子系统

教育质量监控既是维护国家教育政策、保护受教育者合法权益的一项重要手段，又是保障专业学位研究生教育质量的有益而必需的环节。培养学校对专业学位研究生教育各个环节实施教育质量监控，能够及时发现教育培养过程中的薄弱环节、不足之处和存在的问题，便于为学校研究生培养部门调整培养方案、改进教育政策、控制教育行为、强化教育措施等提供信息和依据，这对保障和提高专业学位研究生教育质量非常重要。

建立教育质量监控子系统，对专业学位研究生教育实施质量监控，应该特别注意引入和实施教学督导制度。学校应该选聘一些教学经验丰富且管理水平较高的专家，组成教学督导组，对其教育的各个环节进行全方位的督导检查，才能切实保障和提高专业学位研究生教育培养质量。

（四）健全专业学位研究生培养质量评估体系

完善评估体系是构建专业学位研究生培养质量保障体系的保证。《国家中长期教育改革和发展规划纲要（2010－2020 年）》指出，要建立国家质量标准和监测制度，健全动态监测机制，完善教育质量监测评估体系，加强动态监测，定期发布监测评估报告，定期发布测评结果。专业学位研究生培养质量评估体系可以划分为校内和校外两种质量评估体系。校内评估又分为学校评估和学院评估，主要评估内容包括专业学位研究生的培养方案设置、课程教学、教材建设、科研项目、学位论文、实践环节、思想政治教育等；校外评估主要是教育行政部门、用人单位、行业部门、学术组织和社会机构对学校专业学位研究生的培养质量、办学条件、科研力量、师资水平和管理水平，以及研究生毕业后的职业发展能力等进行评估。除了教育行政部门规定的评估之外，学校还应主动邀请社会各组织或团体对学校专业学位研究生的培养进行系统的评估，通过评估来影响和调整学校在专业学位方面的办学方向，学校也可以通过评估来获得社会各界的认可和支持。

结　语

专业学位研究生培养质量是研究生教育的生命线，面对当前研究生教育发展的新形势，我们必须不断研究扩招背景下高等教育出现的新情况、新问题，积极探索，从研究生教育的特点和发展趋势出发，创新研究生教育培养模式，合理构建研究生质量保障和监控体系，突出培养特色，对于全面提高研究生教育质量水平，具有十分重要的意义。

参考文献

[1]梅红，等. 专业学位研究生教育质量保障与控制要点[J]. 研究生教育研究，2014（4）.

[2]孟焰，等. 以行动学习为主线培养知行合一的高级会计实务人才[J]. 学位与研究生教育，2013（12）.

[3]上海财经大学研究生教育质量报告（2012—2013 学年）. 2013（10）.

[4]宋晓宁，等. 高校全日制专业学位研究生教育质量保障与监控体系研究[J]. 科技文汇，2014（8）.

[5]王敏，等. 全日制专业学位研究生培养质量监控体系构建研究[J]. 经济研究导刊，2015（9）.

[6]西南财经大学关于深化专业学位教育改革和发展的若干意见. 天津财经大学研究生院赴西南财经大学研究生院调研资料，2013（11）.

[7]赵金鹏. 专业学位研究生教育质量保障体系研究[J]. 山东理工大学学报（社会科学版），2014（9）.